# 目次

資本主義の本質について

本文中の〔　〕でくくられた部分は訳者による補足である。

# 資本主義の本質について

## イノベーションと余剰経済

# 日本語版への序文

本書のオリジナルとなるハンガリー語の書物を刊行した後、私はブダペストのコルヴィヌス大学で学部生向けに一連の講義を行ってきた。この講義では、本書で提示した主張に光を当てようと工夫した。「不足経済」の概念を描くために、ポーランドとソヴィエト連邦で撮影された写真を映しだし、人々が食料品の購入を待つ果てしない行列や空っぽの店棚を描いて見せた。対照的に、「余剰経済」を指し示すために、これまで何回か訪れた東京で撮影した短いビデオを見せた。巨大なショッピングモールの一階を歩く妻の姿が映しだされたのだが、棚の列という列が競い合うように大量の商品で溢れかえり、無限に溢れるようであった。棚のそばには店員が立ち、妻が通り過ぎるたびに、礼儀正しくお辞儀をする。もちろん、妻が実際には何も買っていなくともだ。この二つのイメージで、私は大学生たちに、二つの異なる市場の状態ではなく、二つの異なる社会条件、二つのシステムの型を描きだそうと試みたのだ。一方では、客は店員に従属するのだが、他方では店員が買い手にお辞儀をする。

本書はこうした二つの状況を描き、分析しようとするものであり、日本の読者にとっても有用であろう。本書は多様な形態であらわれる現象と結果の根源を詳細に論じている。特定の国を詳細に述べるわけではなく、社会主義システムと資本主義システムの概括的な説明を行おうとするものである。多くの国々にかんするデータを指し示している表のなかで日本も扱ってはいるが、他のいかなる国とも異なる日本のユニークな特徴を論じているわけではない。しかし、日本の読者が本書を読了されたとき、「そのとおりだ。本書が導く資本主義の特徴は日本にも通ずる」と思っていただけると考えている。

ハンガリー語のオリジナル版でも、各国語の翻訳版でも、もちろん日本語版でも、私は若い世代に、上級レベルのコースで勉強している大学生に届くことを狙いとしている。彼らの多くが、批判的な目でシラバスを読み、他の選択肢となる理論や異説も知ることができると確信している。

他の研究成果からおわかりかもしれないが、私の思考方法に共感をお持ちかどうかにかかわりなく、本書が好奇心旺盛な学生だけでなく、先生方にもお読みいただければこのうえなく幸いである。私は本書の読者層をできるだけ広げ、他の社会科学、とくに社会学、政治学、現代史の研究者にまで届くことを望んでいる。ひいきするわけではないのだが、経済学や公共学に関心をお持ちの教養ある読者に受け入れられるように私の研究を言葉にしてきた。もし読者が専門の視角による難解な章に出くわしたとしても、それを読みとばしてもなお主要な思考の流れをたどることができ、結論をご理解いただけると考えている。

## 半分中で半分外――「主流派経済学」と私の関係

日本も含め世界のあらゆるところで、通常「主流派経済学」にかかわるイデオロギーと方法は、高等教育における理論経済学（経済学の理論、ミクロ・マクロ経済学）を教えるときに支配的である。[1]この学派が独占を享受する研究・教育の秩序が存在している。競合するアプローチが許容されている場合もあるが、その影響は「主流派経済学」を除けば取るに足りない。

多くの要素が、主流派経済学の急速な普及に貢献してきた。ランクづけや重みづけをせずに、その要素をいくつか挙げよう。主流派経済学に分類される理論の説得力、数理モデルの厳格な論理、その知的「美しさ」、多くの主題について最先端の数理統計的手法を用いて人を納得させる実証性、言い換えれば、主流派経済学の知的な魅力こそがもっとも重要なものだろう。アメリカ合衆国の主要大学の経済学部という事例も強力な影響力の行使に貢献してきたのであり、そこでは主流派経済学が支配的であった。

アカデミックな経済学者にありがちだが、知的な横柄さが純粋な信念をあおりたてる。彼らは、主流派経済学の外側にいる者を軽蔑する。外側にいる者は取るに足りない地位に甘んじており、最新の知識や分析方法を手にすることができず、基本的にその無知は「選択肢」となる詭弁で覆い隠されていると、しばしば正当に非難してきた。支配的な教養の熱心な追随者は、何の躊躇《ちゅうちょ》もなく、異を唱える者を排除する。

本書での私の研究は主流派経済学にどう接しているのか。私は自らを主流派経済学に片足を置いていると考えているが、その一方ですでにそこからははみ出している。私は、その理論の説得力に、敬意を表している。その分析力を広く応用すべきとも考えている。と同時に、ありとあらゆる重要な経済現象がこの理論的アプローチでうまく説明しうるという考えには与《くみ》していない。主流派経済学の追随者が普遍的な説得力を有しているからといって、誇張して主張することなどあってはならない。主流派経済学の精神に宿る成果は、たくさんの重要な事実関係に光を当てうるが、その発見は部分的な真理にすぎない。

私は、自らの研究で、主流派経済学から多くの考えを取り込んできたが、本質的な点では異なる。本書において、読者は両方のケースを目にするだろう。トランプゲームの言葉を借りれば、私は、主流派経済学の切り札を切ると読者に信じ込ませるつもりは毛頭ない。試みようとしていることは、その部分的真理を、(私が確信している)他の部分的真理で取り換えること、あるいは主流派経済学では未解決なままである問題に新しい答えを与えることだ。

本書で表現したいアカデミックな態度の重要な側面を要約しておこう。

**①社会主義と資本主義の比較**

社会主義システムの研究は、西側のソヴィエト研究者や中国専門家にとって研究課題であったかもしれないが、私にとって研究課題の域を超えている。私は、社会主義国の一市民であり、最初はその強烈な支持者として、後には幻滅した批判者、知的反逆者として生きてきたからだ。私は、このシステムがいかに機能したのかを直《じか》に経験したのであり、その経験はこのシステムの研究者として蓄積してきた多くの知識に補われている。また、一九六〇年代からこの方、私は旅行者としてではなく、教師、研究者として多くの時間を多様な資本主義国で過ごしてきた。たとえば、ほぼ二〇年にもわたりアメリカ市民であった。この長い期間に、内側から資本主義システムを経験するという機会にも恵まれた。社会主義を資本主義の観点から、資本主義を社会主義の観点から比較することは、私に染みついた思考様式になってしまった。このことが、特定のシステムの内部に住んでいる人には気づかれないままでやり過ごされる類似性と相違性に、対称的な属性と非対称的な属性に、私の目を見開かせてくれたのである。主流派経済学者にとって、資本主義こそが経済システムであって、歴史上に存在する複数のシステムの一つというわけではない。彼らは、日々の新聞で、鉄のカーテンや冷戦の背後にある世界についてのニュースを読んだことはあるかもしれないが、研究者として、この地域には何ら興味がない。ピーク時には世界の人口の三分の一が社会主義システムのもとで暮らしていたのだが、典型的な西側経済学者にとっては、社会主義は退化した産物にすぎず、正常な世界の研究に従事する彼らにとって注意を払うに値しない奇形にすぎなかった。対照的に、私は社会主義システムと資本主義システムの体系的な比較から価値ある教訓が引きだされると信じており、本書にそれを記したと考えている。無論、社会主義システムが過去のものとなり、資本主義システムだけが将来性を持っているという今日でさえそう考えている。この教訓こそ、資本主義のなかに暮らす研究者に、そしてこれまで蓄積された知識に貢献することができる。

**②ポスト社会主義の移行からの教訓**

私はソヴィエト連邦の崩壊と社会主義から資本主義への転換を経験できたことは幸運であったと思っている。これまでの世界史に起こった数多くの「大転換」(カール・ポランニーの表現)のうち、これほど重要かつ刺激的なものはない。われわれ東欧の経済学者はまたとないユニークな歴史的実験の(得も損もした)主体であるだけでなく、その観察者、分析者でもあった。この実験は研究室、人工的に設定された環境のなかで生じたのではなく、まさに生体の内部で、すなわち生身の人のうえに、実存する社会的有機体のなかで生じたのである。主流派経済学に属する者は誰も現実にこの実験に関心を向けなかった。彼らはこの歴史的実験にかんする業績をほとんど取り上げなかった。一方、私は目を見開き、市場のパワーバランスの推移を追い、人々のあからさまなあるいは秘められた動機、関心、行動、他者との関係性のネットワークを観察しようとした。これらは、典型的な主流派経済学の理論経済学者が理論モデル、シミュレーション、人工的実験によって研究することのできる変動には違いないが、われわれは直接観察することで実証的に分析することができた。このすばらしい、刺激的でユニークな実験の分析が、新しい洞察力により経済学だけでなく社会科学の全領域の知識を豊富にすると確信している。

③システムパラダイム

これまでの私の研究がそうであったように、本書に収録した学術エッセイにおいて、「巨大な」システムが研究の前面にでている。私はこれまでこのアプローチをシステムパラダイム（Kornai 2008 第8章）と呼んできた。私は傑出した歴史家であるチャールズ・ティリーの *Big Structures, Large Processes, Huge Comparisons*（Tilly 1984）のタイトルを引用したが、それは意識的に彼の研究の主題を要約している。巨大な構造、大きな力のプロセス、包括的な比較、これらはとくに私が関心を持っている事柄である。主流派経済学の業績には、とりわけその内容が薄っぺらいものには、あるいはまったく迫力もないコースワークのための教科書には、まさにこうした「大胆な」描写や強烈な輪郭は消え失せている。代わりに、学生の頭は精巧に描かれた細部で叩きのめされるのだ。

④市場の記述を再考する

私の研究でとくに注意を払っているのは、生産者と消費者、売り手と買い手の関係である。市場の構図はミクロ経済学の授業で学生の頭に過度に単純化して教え込まれているように思う。問題は教師がスクリーンに抽象モデルを映しだすことにあるのではない。どのような理論も抽象化は避けられないからだ。問題は標準的モデルが本質的特徴を無視していることとであり、結果として歪められた構図が学生の心象に固定される。主流派経済学の教育を補い、あらゆる点でそれと議論することで、私はあえて、より現実的な市場の構図を描こうとしてきた。私がこうした教育を行えるのも、異なった種類の人生経験を積んできたからに他ならない。社会主義の「不足経済」を知るようになり、またそれとはまったく別に資本主義が生みだす豊富さを認知している。官僚が財やサービスを配分する配給メカニズムを熟知しているからこそ、私は市場の機能にかんして、私的生産者―売り手の競争が、どのような意味を持っているのかも熟知している。

### ⑤「実証的」説明 対「規範的」アプローチ

構造を分析し因果関係を明らかにするときに、私は状況の実証的（positive）説明と規範的（normative）アプローチとをできる限り区別するようにしている。これは、主流派経済学の思考の理論的出発点とは基本的に相いれない。それどころか、多くの主流派経済学者は自らの研究に「実証と規範」の思考様式を用いることを避けている。これは、通常、たとえば実証的な研究だけが「科学的」であり、規範的アプローチは政治家や哲学者の手に委ねなければならないと論ずることで許容されてきた。正直に、こうした二重性によって自らの見解を述べることは退屈であり、いささか時代後れと認め、規範的アプローチをなしで済ませたいという者もいる。一連の思考が導く倫理的結論にあえて直面したくないという経済学者もいる。あるいはたとえ静謐《せいひつ》な研究のなかで自らの規範的な観点に気がついたとしても、それを書き上げる強い意志を欠いてしまう者もいる。私は自らに義務的なルールを課している。すなわち、より高い価値の実現のために実証的な分析の結果を考え抜くことである。

当然誰も、刊行物の一つ一つにある種の自制として規範的観点を含めることを望まれているわけではないが、私の研究はそのように構造化されているのだ。私は、自らの取るに足りない研究に、そして倫理的な思考を表現することが重要かつ適切だと考える研究に、自らの倫理的基礎を取り入れることこそが重要だと考えてきた。本書によって、私の規範的な評価の基礎にある価値体系を読者にご理解いただければ幸いである。

## ⑥厳格さの要件

研究者として駆け出しの最初の数十年間、数理モデルと大量のデータを用いた計算が、私の研究の前面に位置していた。これと対照的に、研究人生の後半は、言葉による説明に特徴づけられる。もっとも、時を経ても、数理モデルと計量的な計算が私の論文に見出されることには変わりはない。明らかに、理論数理モデルと計量的方法に対する知的敬意は低下していないし、現実を知るうえでそれが果たす役割も認知している。私は、「反数学」のスローガンを口にする者、経済学におけるこうした研究の必要性に悪口を述べる者とは一線を画しておきたい。

問題が認識されれば、通常きわめて斬新なアイディアが生まれる。先駆的な研究者は、他の者が答えは周知であると信じ込んでいるような問題があることに気がつく。通常、こうした研究の第一局面は、創造的な経済学者の頭と原稿のなかに、「平凡にしか」生じてこない。問題を認識し、この認識と結びつけて最初の理論的な記述をすると、それはしばしば曖昧なものになる。振り返ってみると、このことは疑わしくもある。しかし、たとえ、新しい重要な認識を含む最初の草稿では最先端のところに精確さを欠いても、斬新なアイディアが生まれていることこそが大切なのである。多かれ少なかれ、そうしたアイディアが「研究産業」の主力部隊を論争に、そしていっそうの研究に駆り立てるのだ。数理モデルがとくに重要なのはこの第二局面であり、数ある手段のなかで数理統計的なチェックを経た当該の説明と実際の経験との比較において重要なのだ。こうした方法は、初期の推測をより精確かつ明確に表現する際に、より一貫した関連づけの理解にあたって大きな助けになる。

第三局面は理論研究の結果についての解釈であり、おそらく現実的な経済・政治的結論を引きだすということになる。われわれはここでも抽象数理モデルの世界から出発しなければならない。現実に近づきたいと思えば思うほど、これまで故意に無視されてきた特徴を、研究者が描く構図により多く組み込まなければならない[2]。

自分の考えを言葉で詳説するということは、何よりもこれまで述べてきたことで説明できる。すなわち、「巨大な」システム、「巨大な」連関、「巨大な」プロセスへの私の関心は強い。私は今浮かんでいる思考を数理モデル化の方法で表現できるとは思っていない。しかし、本書に述べた構造とプロセスが、少なくとも部分的にわずかな特徴に焦点を当てて、他の研究者の数理モデルで説明されるのであれば幸甚にたえない。

数学の言語が十分なもので、一連の思考の精確な表現に適していると考えるのは重大な誤りである。数学の鬼才であるジョン・フォン・ノイマンが経済学に取り組み始め、次のように結んでいる。「経済学でとくに難しいと思えるのは、カテゴリーの定義である。……その精確さの欠如が、この概念の領域から始まっている」（Neumann 1955 〔1965〕 The Impact of Recent Developments in Science on the Economy and on Economics、この引用は『コルナイ・ヤーノシュ自伝』〔以下『自伝』〕一九三ページにもあり、以上は盛田常夫訳による）。数理経済モデルが一つ以上あれば、それだけで精確さの印象を与えてくれる。しかし、モデルに現れるうわべだけの概念をはがせばすぐに、その定義はぼんやりしたものであることが明らかになる。私の仕事では（本書も含めて）、何度も周知の経済学の表現を用い、その解釈を掘り下げ、概念を明確にしようとしている。多くの読者はこうした作業が得てして退屈だと考えるだろうが、私にとっては、これこそ厳格さを求める基本部分にほかならない。

精緻さの他の要件になるのは厳格に論理的な推論であり、因果関係がどのような方向性にあるのか、その相互作用はどこに見られるのか、何を正当に併記することができるかなどが含まれる。数理モデルは論理的思考をしばしば促してくれるが、それは常ではない。数学の問題を解くことができるように、モデルの作成者は現実を理解する上で必要な思考の構成要素には関心を示さない。このような場合、たとえモデルの世界のなかで論理に瑕疵《かし》がなくとも、一連の思考は基本的に誤っている。数学も「エッセイ」も特定の関係を示すために用いられる言語にすぎないが、いずれの言語も推論が適切な説明力を有していることを保証するものではない。数学的方法を用いて自分の思考を表現しようが、用いずに表現しようが、数学的方法の表現は論理的でも不透明でもあり得る。

本書の読者は私の研究が以上の厳格さの要件を満たしているのかどうかを判断するだろう。少なくとも、私が何とかそれを達成しようと試みていることだけはおわかりいただきたい。

### ⑦経済思想史に組み込む

私の研究の概略を述べる場合、経済思想史の先行研究を描くことにしている。この数年間に重要な季刊誌に公表された論文に言及するだけでは十分ではない。それは誰もがしていることで、ほぼ義務的なものだ。私はもっと掘りさげたいのであり、必要ならば、私がその伝統に追随するあるいは論争を挑む学派を見出すために、一〇〇年も一五〇年も遡る。もはや流行りではない。多くの著者は、誰もが引用する流行りの研究に自分の研究を関連づけるだけで満足する。「ネットにのらなければ読む価値はない」という発言を聞いたときは、ひどくショックを受けた。ならば、「絶滅種」という不幸な役回りを引き受けても何ら恥ずべきことではない。私はむしろ現代科学の創設者の教えから受け取る事柄に興味をかきたてられる。私は心中、アダム・スミス（一七二三―一七九〇）、カール・マルクス（一八一八―一八八三）、レオン・ワルラス（一八三四―一九一〇）、フリードリヒ・ハイエク（一八九九―

一九九二）など、亡くなって久しい経済学者と議論している。経済思想史のさまざまな学派の傾向と私の理論的結論との知的関係を明らかにしようとすること、これが私の研究の副産物としてもっとも意識されている。

## ⑧個人的論調

本書の研究にはあちこちに私の主観をちりばめている。私の叙述は内容においても方法においても標準的な経済学研究とは異なるだけではなく、論調とスタイルでも幾分異なっている。トップジャーナルであればその編者・査読者・著者は、数学や化学の研究と同じように論文は感情を排したものであるべきということを当然のエチケットと見なしている。論文は無味乾燥であればあるほどアカデミックになる。適切に客観的で感情のないものでなければ、論文はもはやアカデミックなものではないのだ。しかし、いざこうした無味乾燥な事態に直面すると、この文脈で「エッセイ」という言葉を誰が用いようとも、「エッセイ」は侮辱的な論調で語られてしまう。

私は、何が本文を「科学的」にするのかという問いに入り込むつもりはない。[3] ここでは、われわれは哲学、とくに概念の明解さと実証に頭を悩ませる社会科学におけるもっとも困難な問題の一つに直面している。私は、自らの仕事を、あつかましいかもしれないが、科学的研究、つまり（研究の枠内で）明確にされる概念を用い、複雑な思考経路・論理的推論・実験的な観察によってそれを立証しようとするアカデミックな研究と考えている。

以上、私の仕事と主流派経済学の典型的特性を八つの特徴で比較してきた。上記の「自己記述」の項目を各々見れば、どの特徴も私に固有のものではない。幸運にもこれら八つの特徴を共有する仲間がいる。もっとも、八つの特徴をひとまとめに見れば、真に似たものを見出すことはできないかもしれない。私とまったく同じ「特性の持ち主」はいない。私はこのことを誇りにしている。私のこれまでの業績を経済思想史の既成分野のなかに配置することは簡単ではない。私の持ち味というべき知的資料、研究方法とスタイルはこれまでのどんな流れにも組み込むことができない。だが、この状況が不幸であることも告白しなければならない。主流派経済学の研究者のなかではある種の知的連帯がある。たとえ互いに論争しようとも、知的体系の主柱は多かれ少なかれ同一であり、その研究上のツールバーも同じである。彼らは同じ言語を話す。他方で、「異端派」の世界は小さく孤立した細胞からなり、ある集団は他が何を生みだしているのかに注意を払わない。彼らは結局のところ結びつくのだが、それぞれは孤独なのだ（Colander, Holt, and Rosser 2004; Rosser, Holt, and Colander 2010）。

主流派経済学の教科書や他の研究成果が通常の課程で必要文献と見なされる場合、経済学の教師は本書、すなわち、半分は正統派あるいは完全に異端派の研究成果を、推薦あるいは選択文献として潔く含めていただきたいと考えている。

## 批判の目を持って――資本主義と戦う

今日多くの人々は資本主義システムを信ずる姿勢を明らかにし、宣言することに抵抗感を持っている。おそらくは迂回路を見つけようとするだろうし、他の用語を用いようとするだろう。「市場経済」を語る方がそれほど攻撃的ではないと考えるだろう。戦後ドイツが導入した用語「社会的市場経済」ですらよく聞こえるだろう。この用語は、社会主義と資本主義の代わりに第三の道を選んだという幻想を作りあげている。事実、ドイツ、その他の先進国では、現代の資本主義システムは、とりわけ強力な再分配と国家による広範囲の公共サービスに特徴づけられて作動している。

資本主義が心地よい名前になりさえすればよいとは思わない潮流も多様にあり、それは強い影響力を持ち、彼らは社会を第三の道に導きたいと望んでいる。彼らは、社会主義と資本主義の有利な特徴が結びつけられ、両者の欠点が避けられそうなシステムを構築しようと努力する。

「急進左派」の潮流もまた存在し、彼らは明確に資本主義に反対し、その代わりに社会主義の樹立を望む。彼らの追随者は、スターリンや毛沢東の名前で痕跡を残したかつての社会主義という重大な乱用の形態ではない社会主義システムの樹立を望んでいると宣言することが必要と考えがちである。

私は、上記のいずれの潮流にも与しておらず、明確に資本主義を支持している。もっとも、私はシステムの優位性しか見ない偏屈な信者ではない。私は資本主義を「良い社会」だとは思っていない。多くの点で「悪い」と思っているが、それはちょうどチャーチルの民主主義にかんする見方と同じである。つまり、私は資本主義を、あらゆる実現可能な選択肢のなかでもっとも悪くはないものと見なしているのだ。より重要なことに、私は資本主義を、実際に行われた唯一の選択肢である社会主義よりもずっと良いと判断している。

本書の課題は、資本主義の真に重要な長所を導きだすことにある。主流派経済学の教科書は、市場の調整的・均衡的役割に分析の焦点を当てる場合、ぼんやりとしたスケッチしか描いていない。もちろんそれも重要だろう。しかし、本研究のメッセージとなる結論はそれ以上にずっと重要である。資本主義はイノベーション・技術進歩・近代化の発動力である。現在日々の生活で当然と思《おぼ》しきあらゆるイノベーションは、資本主義によって創出されてきたのだ。

システムの長所の描写は、その批判と両立する。多くの主流派経済学者は資本主義の論争的な特徴を詳細に論じてきた。その大部分は論争に判断を下す際に、一種の単純な楽観主義で満ちている。彼らは問題を「誤り」あるいは「弱点」と見なして排除し、適切な国家規制あるいは特別の介入によって防ぐことさえできると考える。その通りの場合もあるが、私はこの種の欠陥には関心がない。資本主義を含めどのようなシステムも、持って生まれた問題を抱え込んでいる。こうした問題はシステムの細胞のなかに暗号化されている。そのような問題は適切な規制により軽減することはできても、排除はできない。私の研究に繰り返し登場するトピックは、システムに特殊な特徴であり、これを作りだすメカニズムを分析することで、長所でもあり短所でもある永続的な、未熟な、生まれつきの特徴を表現しているにほかならない。読者は本書を読み進めるにつれ、問題や欠陥に対する単純な楽観主義的アプローチ（欠陥？　それではそれを正そう）と、解決できない問題があるという事実を理性的にしばしば辛辣《しんらつ》に認識すること（避けられない欠点があるが、せいぜい緩和されるべき）との違いを明確に理解するだろう。有害な影響があれば、それを捨て去りシステムを改善し、資本主義に内在するシステムに特殊な悪い特性により引き起こされる苦痛を和らげることは、意味のある貴重な努力なのである。しかし、究極的に資本主義は受け入れなければならないシステムなのである。

## 研究の不完全性

本書を出版することは簡単ではなかった。私は二つの学術エッセイからなる本書ではなく、『資本主義システム（*The Capitalist System*）』というタイトルの大著の刊行を選択したかった。それは、一九九二年に出版した六七〇ページに及ぶ私の著書『社会主義システム（*The Socialist System*）』に相当するものと言える。

本書のエッセイを執筆したのはこの数年だが、ここに提起したアイディアは長きにわたりあたためてきたものだ。それは私の博士学位論文『経済統制における過剰な集権化について』(Kornai 1959) にまで遡り、その草稿を私が完成させたのはきっかり五〇年前になる。本書のとくに第II部では私の著書『反均衡』と『不足の経済学』で焦点を当てた問題に回帰している (Kornai 1971, 1980)。ミクロ経済学の基本概念の改訂、市場均衡モデルの批判、国家と市場の非対称的状態の記述などである。私が社会主義について書く場合、目の前にはいつもその対応物である資本主義があった。資本主義はしばしば私の研究で言及されるが、資本主義が比較の標準であるだけでなく、研究の主題であるという作品を書き上げる時期に来ている。こうして、私は一回りして出発点に戻ってきたわけだ。

私が展開し提起してきたパラダイム、科学的展望、問題設定、概念の枠組みと方法は、社会主義システムとポスト社会主義システムを描き分析できるだけではなく、資本主義の作動を描き分析することも可能とする。それは、他の人が使うパラダイム、概念体系、方法と比べて特別なものを提起している。

私がここで貢献できるのはトルソーである。トルソーとは石から部分的に彫りだされただけの像である。世界は厳しい経済危機の打撃をこうむることもあるが、本書は危機論を提供しているわけではない。最近経済学の専門家の注意が、通貨・金融危機、銀行やその他の金融機関に向けられてきたが、本書は金融システムにかんする研究を含んでいるわけではない。他にも何が欠けているのかを挙げることができ、それは英語版で二〇〇ページ余りの本書と六七〇ページの大著の差を埋めるものでもある。

資本主義システムの作動を理解するため、私は本書にはないがきわめて重要な問題にも関心を持っており、おそらく読者もお持ちだろう。私はまた本書が、閉じた構造を形成していないことに気をもんでいる。読者にお読みいただくのは二つの別個の学術エッセイである。目次の一覧にあるように、私はできるだけ早く二つが別個の学術エッセイであることを明確に伝えるために、部として分けている。英語版への序文で述べているように両エッセイは共通の方法で結びつけられており、その関係は相互参照によっても示されている。しかし、ジャンルさえも完全に同一というわけではなく、重複や繰り返しを完全に排除することもできない。

本書が私の能力でできることのすべてである。日本語版が世に出るまでには私は八七歳になっている。もはや六七〇ページの「大著」を書き上げることをお約束するのは非現実的であり、ここでそれを正直に認めたい。本書のタイトルで申し上げたいのは、『資本主義システム』ではなく、ずっと控えめな表現『資本主義の本質について（*Two Essays on the Nature of Capitalism*）』である。

不完全かもしれないが、この断片的な研究がみなさんの思考に働きかけられれば幸いである。エッセイが提起する諸問題に答えを探し、本書では言葉でしか表現していないものをモデル化・実証研究しようとされる方もおられるだろう。執筆はできてはいない「大著」となるような研究にもういくつか章を追加するつもりであることをお約束したい。

上記は本書の導入部に含まれる。読者には、最後まで読み通した上で、再びここに戻ってきていただきたい。二つの学術エッセイを理解して初めて、ここで書こうとしたことをご理解いただけると思う。

本書には、若干の要約を加えた英語版への序文も含まれている。二つの学術エッセイの最初の注記と同様に、本序文の結びで、本書が拠り所とする研究に際し、ご支援を賜ったすべての方々に謝意を表したい。とくに、本書の日本語版を推進して下さった方々にお礼申し上げたい。何よりも、日本語での出版を指揮し、翻訳・出版に機動力を遺憾なく発揮した溝端佐登史の名前を挙げたい。また、彼を含め、翻訳者の堀林巧、林裕明、里上三保子による入念で献身的な作業に謝意を表したい。最後に、本書の出版をお引き受けいただいたNTT出版にもお礼申し上げたい。本書を介して、私が日本の同僚諸氏との対話を再興できれば望外の幸せである。日本からの反応があることを切に望む。

二〇一五年五月　ブダペストにて

**注**

(1) この序文で「主流派経済学」の主要な特徴を描くつもりはない。たとえそれを試みても、「正統派」と「異端派」の間に、主流派のなかにいることと外に押し出されることの間に、境界があるということなど同業者のなかでも合意がないので、根拠に乏しいということになろう。本書を読んでいただければ、筆者が自分の境界をどこにおいているのかについて手掛かりを見つけられることだろう。これまで、「新古典派理論」という表現は、今日広い意味で「主流派経済学」と呼ばれる学派を名づけるのに使われてきた。

（2）上記の三つの局面はしばしば連続的ではなく並行して生じる。この三つのパターンに対し、反例が科学史から導かれる。数学的な鎧《よろい》を身にまとった発明家の頭脳から現れる革命的認識がある。

（3）たとえば、McCloskey 1998, 2002 を参照。

# 英語版への序文

「コルナイ・ヤーノシュはジョナサン・スウィフトを穏やかにしたような人物である。西側の経済を理解しながらも東側の経済のなかで暮らし、それらを的確に観察している。そう考えると、次に彼はわれわれのことについて書くことになるだろう」。同時代の偉大な経済学者であるロバート・ソローは、一九八六年に英語で出版された『矛盾とディレンマ（*Contradictions and Dilemmas*）』という私の著書のカバーに、このようなありがたい推薦文を寄せてくれた。

「次」といわれてから、実に二六年も経ってしまった。私が社会主義システムの特性を掘り下げるようになってから半世紀以上が過ぎ、その当初から私は頭のなかで、また論文のなかで社会主義システムを資本主義システムと比較してきたが、数十年にわたって研究の焦点は社会主義に置かれたままであった。両者の継続的な比較は、西側への頻繁な渡航によって充実し、アメリカとハンガリーの間を行き来して半分の時間を西側で過ごしていた時期に、より高められた。また、この時期に資本主義は私にとって、ただ書物や統計から得るものではなく、個人的になじみのあるものになった。この持続的な両システムの並置が両者に対する私の見識と理解を深めたのである。

この比較はベルリンの壁が倒され、鉄のカーテンが開かれたときに新しい活力を得た。そのことで、私はただ社会主義と資本主義の世界を別々に比較するだけではなく、システムの変化というドラマを、それがもたらす喜びと苦しみのすべてをもって、ともに経験することができたのである。私は人生において、二つの偉大なシステムが長い時間をかけてお互いをいかに追いかけあうのかを経験してきた。つまり、はじめは社会主義が資本主義にとって代わり、再び資本主義が奪い返したのである。

このような経験を要約するのには時間がかかる。私はどのように資本主義システムを見てきたかについて書くという課題をこれまで先延ばしにし続けてきた。その課題にかんする膨大な論文や、十分に準備された専門家の最高の知性が生みだしてきた知的財産があることから、自分の考えの表明を避けてきたことを否定できない。「まだこの本も読まなくてはならない」。そう思うだろう。「この生まれたばかりの発展の経緯を待たなくてはならない」。このような考えが自分の考えを明らかにすることを押しとどめていた。

今になって私は時間切れになることを危惧している。一九八六年にソローが記した「次」をもうこれ以上先延ばしにはできない。これまでしばしば想像してきたのは、『社会主義システム』と対になる、資本主義について知り考えたすべてを理論的にまとめあげた包括的な新しい作品である。しかし私にその気力はない。ずいぶんとささやかな取り組みになってしまったこの本で自分を納得させなければならない。

この本は二つの別個の学術エッセイからなっており、それらには多少重なるところもある。それぞれを別個に読むこともできるが、内容に密接で補完的な作用があるため、順々に読み進めていくことをおすすめする。

このなかにはいくつかのテーマが含まれているが、以下の三点をここで強調しておきたい。

①経済学者のほとんどは社会主義システムが慢性的な需要超過を伴う不足経済に支配されていたことに同意する。反対に、資本主義システムにおいては供給と需要は均衡の周辺で変動しながら帳尻を合わせていることにも気づいている。この本での見解は、資本主義は慢性的な供給超過によって特徴づけられ、その継続的な状態を私は余剰経済（the surplus economy）と名づける。

②成熟した社会主義経済は製品や余剰の不足を示していただけではなく、労働も不足していた。資本主義経済は余りある財の豊富さと失業——つまり生産能力と人的資源が慢性的に十分に利用できていない状態——を同時に示している。労働市場における慢性的な余剰が存在しない限り、財市場における慢性的な不足は解消できないのである。

③この二種類の非対称的な状態にかんする説明は、ミクロレベルでの経済主体の動機や原動力、行動秩序に見出される。この本のタイトルにある「資本主義の本質について」（the nature of capitalism）に明らかなように、それらは、そこに内在する本質的な「遺伝子プログラム」を作りあげるかのように、システムの性質を形作る。システムの持つ本来の

性質は政府の財政・金融政策やマクロ経済政策によって強められも弱められもする。しかしそのシステムでの政治構造や所有権関係が所与であるように、システムのもともとの性質も所与である。

この本の英題 Dynamism, Rivalry, and the Surplus Economy は、三つの現象を強調している。まさにこの三つの現象（多くの場合相互依存的な）こそが資本主義が作動する方法を表すのにもっともわかりやすく、そしてとびぬけて重要な説明要因であることを読者に納得してもらうつもりである。資本主義システムは革新的で「ダイナミック」である。一方、社会主義システムは怠惰で、技術進歩の過程をぼちぼちと歩むというよりは、むしろ資本主義世界でなされた革新的な開発をまねる傾向にあった。資本主義経済には生産者や供給者の間に市場を獲得するという競争が存在する。さらにいえば、先に挙げたうちの①で記したように、資本主義世界にあるのはほぼ慢性的な供給超過という事例が見出せる余剰経済である。余剰経済と買い手に対する売り手の競争とは、ほとんど互換性のある表現であり、同一の現象に二つの側面から光を当てたものである。前者は資源を十分に活用していないことに言及し、後者は経済のなかでの生産者と売り手の行動の関係に触れたものである。

これらの現象にかんする検証は本書の二つの学術エッセイを貫く中心的なテーマをなしている。このことは、経済理論にかんする基本的な疑問を再考し、重要な概念を明確にし、経済現象の計測のあり方を見直す機会を提供する。

この二つの長い学術エッセイは、二つの短めの学術エッセイとともにハンガリー語でまず出版された。私はハンガリー語版を、考えがまだ凝り固まっておらず、大学で学ぶシラバスを批判的に見る用意がされるであろうことを期待して、ブダペストのライクカレッジでの若い経済学者たちの知的なすばらしいワークショップに提供した。また同じように、英語版が、大学で学んでいる、あるいは経済学者としてのキャリアを歩み始めたばかりの若い人々の手に届くのをとても楽しみにしている。教師が準備をすればするほど、また彼らが読むテキストに興味が湧けば湧くほど、批判的なアプローチをとったり、またあまり親しみのない角度から経済理論の大きな論点についての議論をする論文を読んだりすることによって、彼らが得るものはさらに大きくなっていくのである。

当然、若者だけでなく経験を重ねた同僚たちがこの本を取り上げてくれるならば喜びはさらに大きい。経験から言えば、彼らは慣れ親しんだ考え方のスキームからはみ出ることが難しいと気づいているがために、私は彼らからは喜びよりもむしろ大きな不安を感じとっている。しかしながら私のそうした不安が当たらなかったらどうするか。結局、多くの経験豊富な造詣の深い経済学者たちの頭に、われわれに対して彼ら自身を印象づけてきたドグマへの疑問を生じさせることになる。ひょっとすると、少なくとも彼らのうちの何人かは私と同じ考え方になるかもしれない。

本序文で、本書の主題は、近年の金融危機やそれに関連する不況や不景気ではないことを強調しておきたい。この本はユーロ圏やアメリカ合衆国の財政・金融政策、あるいは中国の為替レートなどにかんして特定の立場を示すつもりはない。また政府や国際機関への提言を試みるものでもない。こうしたことに関心のある（あるいはそれにしか関心のない）人はこれ以上読み進める必要はない。

幸い研究者は分業している。本書の二つの研究は今日の経済を非常に遠くから見渡そうとするものである。私は資本主義システムの長期にわたる特徴を理解しようとしている。理解に成功した限りで、私は私の理解したことを読者に――それは狭い意味での経済学者だけでなく、資本主義にかんする基本的な疑問に関心のある他の専門教育を受けた読者にも――伝えるようにベストを尽くす。経済学者でない読者は理解が難しいページを飛ばすかもしれないが、この本の考え方やだいたいの要旨を理解することはそれほどの困難を伴うものではないと確信している。

読者は今まさに、残念なことにスウィフトの魅力的な文体や鋭い皮肉ではなく、経済学という事実に即した言葉のなかで、小人の国や巨人の国、上の空の科学者の国、高貴な馬たちの国に驚き、彼がいかに資本主義を見たのか描写する別世界から来たガリバー、つまり遥か彼方からの訪問者に遭遇している。

この本の元になった研究とその最終的な定式化の両方に、数多くの助けをいただいた。それぞれの学術エッセイの最初の注にはサポートしてくれた人々の名前が一覧になっている。名前を知っている人々だけでなく、出版社が原稿を読むように要請した四人の匿名の査読者にも感謝申しあげる。多くの貴重なアドバイスを受けた。

序文の最後となるここで、執筆に際してもっとも助けてくれた人々への感謝を記したい。最初に、二人のアシスタント、リタ・フランコヴィッツとアンドレア・レメーニィに述べたい。文章を編集するにあたって絶え間ない努力と根気強い作業をしてくれた。次に、著作のほとんどを翻訳してくれている、古くからの友人のブライアン・マックリーン。十分な注意と忍耐を持ってくまなく翻訳してくれたことにも感謝している。また、ヘーディ・エルドゥシュ、クラーラ・グルゾー、ボグラールカ・モルナール、アンナ・パトコーシュ、イルディコー・ペトゥ、エーヴァ・サライ、カタリン・ヤーチ、ラースロー・トートにもさまざまな形で助けてもらったことに感謝している。そしていつもながら、妻であるジュジャ・ダーニエルは（落ち込んでいるときにはことさら）励ましてくれ、多くの建設的で批判的な意見やよい助言を与えてくれた。

まだ存続していて二〇一一年時点では閉鎖されていないが、ブダペスト高等研究所は理想的な労働環境と刺激的な知的環境を保証してくれた。ブダペストのコルヴィヌス大学にも、教授陣や学生たちの知的で励みになる環境において、私を歓迎し研究を続ける支えをくれたことに対して、深く感謝している。また二〇〇二年に退職するまで教鞭をとり研究していたハーヴァード大学にも感謝している。同僚や学生との議論から多くの示唆をいただいた。

この本を個人的につながりの深いオックスフォード大学出版から出版できることは非常に大きな喜びであり、光栄である。一九五九年に、ハンガリー語版のデビュー作を出版したばかりの無名の著者であった私の著作を取りあげてくれたのが、まさにオックスフォード大学出版であった。おかげで、『経済統制における過剰な集権化について』が西側の読者に届けられたが、鉄のカーテンの東側で書かれたために、困難で、嵐のような時代に隠れて国外に持ち出さなくてはならなかった。この最初の著作の第二版が三五年後に出版されたのもオックスフォード大学の尽力によるものであった。また、一九九二年にプリンストン大学出版との合同で数十年間の社会主義にかんする研究をまとめた『社会主義システム』を出版してくれた。こうした経緯もあって、資本主義にかんする二つの学術エッセイをオックスフォード大学出版から刊行することは、半世紀以上にわたって描かれた円を閉じることのように今感じている。こうした親近感は原稿を好意的に受け取ってもらえたことによってさらに増した。私はテリー・ヴォーン、スコット・パリス、キャサリン・ヴォルマン、ミッシェル・デリンジャーとその同僚たち、四人の匿名査読者に深く感謝している。彼らの全般的な配慮と完璧さ、そして多くの貴重な助言はかけがえのないものであった。

二〇一三年二月　ブダペストにて

# 第Ⅰ部　イノベーションとは何か

# 第1章　はじめに[1]

旧社会主義国の転換の特質は、わずかな言葉で簡単に要約できる。つまり、多くの国々が社会主義から資本主義へと移り変わった、ということである。この推移それ自体が社会主義に対する資本主義の優位のもっとも強固な歴史的な証拠である。それにもかかわらず、この二つのシステムを公平かつ先入観なく比較し続けることが経済の専門家の義務となっている。資本主義のただ一つの長所をはっきりと記しておきたい。それは資本主義の持つ革新的でダイナミックな性質である。第Ⅰ部の冒頭において、急速な革新（イノベーション）やダイナミズムは、起こるかもしれないし起こらないかもしれないといったランダムな現象ではなく、資本主義というシステム特有の性質に深く根ざしたものであることを私は主張する。その反対に、社会主義システムについても同様のことが言える。偉大な革新的な新製品を作りだせないということやその他の局面での技術進歩が後れることは、政策に誤りがあるからではなく、社会主義というシステム特有の性質に深く根ざしたものである。残念ながら、資本主義の非常にわかりやすい偉大な長所は、それにふさわしいだけの評価を受けていない。それは多くの人々に、システム選択を専門的に学ぶ者にとってさえも完全に見落とされている。このような無視を決め込むのを目にすると、怒りがこみ上げ、苛立たされ、それゆえにあえて第Ⅰ部のテーマとして選ぶよう動機づけられた。

資本主義の世界に参入することは、革新的な変化のための条件を作り、技術進歩を早め、またこの好機をその国が手に入れるという機会が増えることでもある。しかしながら、このことは直ちに完全な成功を保証するものではない。第2章、第3章では移行期の問題を論ずる。

大転換は複数の変化を組み合わせている。最初に、政治領域における変化が起こった。つまり、一党独裁制から多党制民主主義への移行である。この転換は、国家の庇護によるマルクス＝レーニン主義への特権に終止符を打ち、多様な学派の競合を許すものであった。次に経済領域で変化が起こった。国家所有の優位から私的所有の優位へと交代したのだ。所有形態が転換することで、さまざまな調整様式の相対的な影響力もまた急激に変化した。集権的官僚的統制の重要性はますます小さくなり、市場による調整やその他の分権的な方法による影響が劇的に高まった。複数のほかの変化と一緒になって、このような根本的な政治的、経済的変化がシステムの変化を意味するのであり、これが社会主義から資本主義への移行である。

旧社会主義の地域は技術進歩の領域においても、別の変化を経験した。その言葉への親しみから、私の解釈ではもっと広い現象を指す、技術進歩という言葉を用いている。技術進歩は新たな製品や技術の普及に基づくが、その影響は技術的な側面を遥かに超えて進行する。それは近代化の一角をなし、われわれの生活に根本的な変化をもたらす。技術進歩というこの言葉の意味は本書の文脈で明らかになるだろう。もちろん技術進歩は一九八九年以前にも進んでいたが、一九八九年以後は見事に加速した。

旧社会主義国の転換にかんする専門家は誰でも、この大転換の一部としての政治的、経済的、社会的な変化の研究に関心を集中させてきた。率直に言って、われわれは技術進歩についてわずかに、また簡潔にしか言及しておらず、一方でのシステムの変化と、もう一方での新たな製品と技術の創造と利用の輪郭の変化との相互作用は十分に研究されてきたわけではない。私自身、これまでこの点を見落としていた。一九八九年以後の変化の主な帰結についてまとめた論文をこれまでに二本書いてきたが、そこでは単に政治的、経済的な変化とその相互作用を議論してきただけである（Kornai 2001, 2006b）。第Ⅰ部において、私はこれまで見落としてきた点を補う。そうしたことから、第Ⅰ部の2章と3章の主題は、一九八九年以後のシステムの変化と技術進歩の加速との相互作用となる。

## 注

（1）フィリップ・アギオン、ウエンディ・カーリン、ジュリアン・クーパー、ジュジャ・ダーニエル、カレン・エッゲストン、ゾルト・フェケテ、トーマス・ゲオデッキ、バラージ・ハーモリ、フィリップ・ハンソン、ジェルジィ・ハースナー、ジュディ・ハーカツ、ラースロー・カルヴァリチ、デネク・クドマ、ミハーイ・ラキ、ルーカス・マミカ、ティボール・メッツマン、ジェラルド・ロランド、ダニエル・ロナ、アンドラーシュ・シモノヴィッチ、カタリン・サボー、ティボール・ヴァモス、許成鋼の各氏には有益なコメントをいただき、データや資料の収集を熱心にサポートしていただいた。ここに謝意を述べたい。

第I部の初稿は国連大学世界開発経済研究所のコンファレンス、「移行の回顧――ベルリンの壁崩壊から二〇年」（二〇〇九年九月一八―一九日、ヘルシンキ）にて発表された。これを全面的に改稿したものが *Economics of Transition*（18(4), 629-670）に掲載された。

# 第2章　資本主義、社会主義、技術進歩

## 2・1　一九一七年以降の革命的新製品

技術進歩の複雑な過程はいくつもの下位の過程からなる。表2・1の一一一の事例に見られる、偉大であり、突破口となり、革命的なイノベーションから始めよう[1]。革命的な新製品を生みだす際の社会主義国の役割を見るには、最初の社会主義国であるソヴィエト連邦の誕生時点にまで遡る。ゆえに、リストは一九一七年以降の時期になる。

一九一七年以来、重要なイノベーションが数多く生みだされてきた。意義だけで言えばさらに二〇～五〇件は追加できそうであり、なぜこの表に一一一件だけを載せるのかについては、議論の余地がある。このリストは恣意的に選択したものであるが、ここに挙げた狭い範囲あるいは広い範囲のイノベーションすべてが根本的に人々の日々の生活、労働、消費、レクリエーション、他人に対する関係を変えてしまうことを、指し示しているように思う[2]。オフィス、工場、輸送機関、買い物、家事、教育すべてが変わったのだ。家庭と職場の結びつきが変わり、旅行も変化した。そうした不断の大変動と生活の再編を引き起こすイノベーションの効果は、枚挙にいとまがない。現代世界は絶え間ないイノベーションの流れによって

ダイナミックになるのである。多くのより革命的なイノベーションが導入され、われわれの日々の生活に深い変化をもたらすので、初期に比べて現在のほうがよりダイナミックになっている。(3)

一一一件のイノベーションのうち、およそ二五〜三〇件はコンピュータ、デジタル機器、情報関連である。このグループが一般の世界でも学術の世界でも、もっとも注目を引いている。多くの急増する文献は情報社会の社会的効果を考察している。(4) ただし、より広範囲のイノベーションを網羅したいので、この刺激に富むテーマにはこれ以上深くはかかわらない。リスト一一一件のうち六〇〜七〇件は、情報通信領域の革命、デジタル技術にまったく関係していないか、それほど密接に関係していない。相対的に貧しいアルバニアやシベリアの農村の最貧の住民にとって、冷蔵庫の保有やスーパーマーケットの出現は生活様式に相応の変化をもたらすかもしれないが、コンピュータはずっと後になって利用されるだろう。論じたいのは、技術進歩全体が抱える特定の問題、つまり情報通信革命に関連しようがしまいが技術変化にほかならない、ということだ。

発明はイノベーションに先行する。発明家が最初の一歩をしるす。プロ・アマの研究者、学者、企業のエンジニアが新しいひらめきをもたらす。しかし、アイディアに独創性、新奇さ、創意性があればいいというものではない。次のステップで、発明はイノベーションに変わる。実際の導入が始まるのだ。つまり、生産が組織され、新製品の伝播《でんぱ》、新しい組織形態の適用が始まる（Freeman and Soate 2003、さらに Szabó 2012 を参照。発明とイノベー

表2.1　革命的イノベーション

| 革新 | 年 | 国名 | 企業名 |
|---|---|---|---|
| コンピュータ、情報、通信 | | | |
| トランジスタ | 1954 | 米国 | Texas Instruments |
| 集積回路 | 1961 | 米国 | Fairchild |
| プッシュ式電話 | 1963 | 米国 | AT&T |
| ファクス | 1966 | 米国 | Xerox |
| 光ファイバーケーブル | 1970 | 米国 | Corning |
| 電卓 | 1971 | 米国 | Bowmar |
| ワープロ | 1972 | 米国 | Wang |
| マイクロプロセッサ | 1974 | 米国 | Intel |
| レーザープリンタ | 1976 | 米国 | IBM |
| モデム | 1978 | 米国 | Hayes |
| MS-DOS OS | 1980 | 米国 | Microsoft |
| ハードディスクドライブ | 1980 | 米国 | Hard disk drive |
| グラフィカルユーザインターフェイス（GUI） | 1981 | 米国 | Xerox |
| ノート型パソコン | 1981 | 米国 | Epson |
| タッチスクリーン | 1983 | 米国 | Hewlett-Packard |
| 携帯電話 | 1983 | 米国 | Motorola |
| マウス | 1984 | 米国 | Apple |
| ウェブ検索エンジン | 1994 | 米国 | WebCrawler |
| USBフラッシュメモリ（Pendrive） | 2000 | 米国 | IBM |
| スカイプ（peer-to-peer電話） | 2003 | エストニア | Skype |
| You Tube ビデオ共有ウェブサイト | 2005 | 米国 | YouTube |
| iPad タブレット型コンピュータ | 2010 | 米国 | Apple |
| 住関連、食品、衣類 | | | |
| ティーバッグ | 1920 | 米国 | Joseph Krieger |
| 手持ち式電気ドライヤー | 1920 | 米国 | Hamilton-Beach |
| コンセント | 1920 | イギリス | Rawlplug Co. |
| 脱水機 | 1924 | 米国 | Savage |
| 自動ポップアップトースター | 1925 | 米国 | Waters Genter Co. |
| スチーム電気アイロン | 1926 | 米国 | Eldec |
| 電気冷蔵庫 | 1927 | 米国 | General Electric |
| 家庭用エアコン | 1928 | 米国 | Carrier Engineering Co. |
| ネオンライト | 1938 | 米国 | General Electric |
| インスタントコーヒー | 1938 | スイス | Nestlé |
| 電気衣類乾燥機 | 1938 | 米国 | Hamilton Manufacturing Co. |
| ナイロン | 1939 | 米国 | DuPont |
| エスプレッソマシーン（高圧） | 1946 | イタリア | Gaggia |
| 電子レンジ | 1947 | 米国 | Raytheon |
| ドライブスルー式レストラン | 1948 | 米国 | In-n-Out Burger |
| サラン・プラスチックラップ | 1949 | 米国 | Dow Chemical |
| ポリエステル | 1953 | 米国 | DuPont |
| ティファール台所用品 | 1956 | フランス | T-fal |
| マジックテープ（Velcro） | 1957 | 米国 | Velcro |
| 運動靴 | 1958 | イギリス | Reebok |
| ハロゲンランプ | 1959 | 米国 | General Electric |

| 革新 | 年 | 国名 | 企業名 |
|---|---|---|---|
| フードプロセッサ | 1960 | 米国 | Robot-Coupe |
| テトラパック（紙容器） | 1961 | スウェーデン | Tetra Pak |
| 飲料用缶 | 1963 | 米国 | Pittsburgh Brewing Co. |
| 健康 | | | |
| バンドエイド | 1921 | 米国 | Johnson & Johnson |
| ストレプトマイシン、最初の肺結核特効薬 | 1939 | 米国 | Merck |
| 連鎖球菌性敗血症用ペニシリン | 1942 | 米国 | Merck |
| 人工眼内レンズ | 1949 | 米国 | Rayner |
| トランジスタ補聴器 | 1952 | 米国 | Sonotone |
| クロルプロマジン（神経精神薬理学への貢献） | 1953 | 米国 | Smith Kline & French（現GlaxoSmithKline） |
| 経口避妊薬 | 1957 | 米国 | G.D.Searle & Company |
| 医療目的の超音波診断 | 1963 | 米国 | Physionic Engineering |
| X線コンピュータ断層撮影（CT）スキャナ | 1969 | イギリス | EMI |
| 磁気共鳴画像処理装置（MRIスキャナ） | 1980 | 米国 | Fonar |
| ロバスタチン、循環器疾患のリスク、コレステロールを下げるために用いる | 1987 | 米国 | Merck |
| レトロウイルス、HIV治療用抗レトロウイルス薬 | 1987 | 米国 | BurroughsWellcome（現GlaxoSmithKline） |
| セレブレックス、シクロオキシゲナーゼ-2（COX-2）阻害剤 | 1998 | 米国 | Monsanto Company |
| ドラッグストア商品 | | | |
| ティッシュペーパー（クリネックス） | 1924 | 米国 | Kimberly-Clark |
| ペーパータオル | 1931 | 米国 | Scott Paper Co. |
| 電動カミソリ | 1931 | 米国 | Schick |
| エアゾール容器 | 1947 | 米国 | Airosol Co. |
| 紙おむつ | 1949 | 米国 | Johnson & Johnson |
| 塗布式デオドラント | 1955 | 米国 | Mum |
| 使い捨てカミソリ | 1975 | 米国 | BIC |
| 液体洗剤 | 1982 | 米国 | Procter & Gamble |
| オフィス関連 | | | |
| セロハンテープ（スコッチテープ） | 1930 | 米国 | 3M |
| ボールペン | 1943 | アルゼンチン | Biro Pens |
| 修正液 | 1951 | 米国 | Mistake Out |
| コピー機 | 1959 | 米国 | Haloid Xerox |
| ポストイット | 1980 | 米国 | 3M |
| 娯楽 | | | |
| テクニカラー映画処理 | 1922 | 米国 | Technicolor Co. |
| スピーカー | 1926 | 米国 | RCA |
| テレビ | 1928 | 米国 | Jenkins、General Electric |
| ドライブイン映画館 | 1933 | 米国 | Hollingshead |
| インスタントカメラ | 1948 | 米国 | Polaroid |
| テレビのリモコン | 1956 | 米国 | Zenith |
| プラスチック製組み立て玩具 | 1958 | デンマーク | Lego |
| バービー人形 | 1959 | 米国 | Mattel |
| クオーツ式腕時計 | 1969 | 日本 | セイコー |

| 革新 | 年 | 国名 | 企業名 |
|---|---|---|---|
| ビデオカセットレコーダー（VCR） | 1971 | オランダ | Philips |
| ウォークマン | 1979 | 日本 | ソニー |
| ルービック・キューブ | 1980 | 米国 | Ideal Toy |
| CD | 1982 | オランダ、日本 | Philips、ソニー |
| 携帯ビデオゲーム機 | 1989 | 日本 | 任天堂 |
| デジタルカメラ | 1991 | 米国 | Kodak |
| インターネット書店 | 1995 | 米国 | Amazon |
| コンピュータアニメ映画 | 1995 | 米国 | Pixar、Walt Disney |
| DVD | 1996 | 日本 | Philips、ソニー、東芝 |
| iPodポータブルミュージックプレーヤー | 2001 | 米国 | Apple |
| iTunesミュージックストア | 2001 | 米国 | Apple |
| 電子書籍Kindle | 2007 | 米国 | Amazon |
| 運輸関連 | | | |
| エスカレーター | 1921 | 米国 | Otis |
| 合成ゴム | 1932 | ソ連 | 国有工場 |
| パーキングメーター | 1935 | イギリス | Dual Parking Meter Co. |
| スクーター | 1946 | イタリア | Piaggio |
| 自動変速装置 | 1948 | 米国 | GM Oldsmobile |
| ジェット旅客機 | 1952 | イギリス | Comet |
| ブラックボックス（航空機用） | 1958 | イギリス | S.Davall & Son |
| 衝突センサー付きエアバッグ | 1968 | 米国 | Ford |
| ハイブリッド車 | 1997 | 日本 | トヨタ |
| 商業、銀行 | | | |
| スーパーマーケット | 1930 | 米国 | King Kullen |
| ショッピングカート | 1937 | 米国 | Humpty Dumpty Supermarket |
| ショッピングモール | 1950 | 米国 | Northgate Mall |
| 特定店専用クレジットカード | 1950 | 米国 | Diners Club |
| クレジットカード | 1958 | 米国 | Bank of America |
| 自動預け払い機（ATM） | 1967 | イギリス | Barclays Bank |
| 速達宅配 | 1973 | 米国 | Federal Express |
| バーコード | 1974 | 米国 | IBM |
| eコマース | 1998 | 米国 | eBay |

注：掲載されたものは、関連する発明およびイノベーションの各種集積や一覧表から検討された数多くのイノベーションのなかから選択された。主な掲載基準は、多くの利用者を得ており、少数の専門家だけでなく大多数の人に認知されている、ということである。一覧表はシュンペーター型イノベーションのみを含む。そのため、主に軍に導かれ資金を提供されたイノベーションは除外される（概念の説明については、2・2節〜2・3節を参照）。
出所：掲載されたものの一部はCeruzzi 2000、Harrison 2003、2004、Vámos 2009による。記載されたもの各々の出典は記録されており、必要に応じて著者から入手可能である。

ションの区別にかんしては、後者に引用された文献を参照)。この第二の局面に注意を向けるならば、変化を実際にもたらすということに対し(表2・1は革新的な会社が営業する国を示している)、表2・1は例外は一つだけで他はすべて資本主義諸国の名前を挙げている。[5]この表が捕捉する時期は社会主義システムが存在した時代全体を含んでおり、わずか一つの事例をのぞいて、突破口となる革命的なイノベーションは社会主義国で生じなかったことは明らかである。[6]

## 2・2　先駆者への追随、イノベーションの伝播

革命的イノベーションは技術進歩のもっとも重要な構成要素に違いないが、ほかにもある。先駆者には追随者がいるのである。最初の革新者以外に、時間の後れを伴って、ほかの多様な組織がマイナーな質の改善、小さいが無視できない発明の履行さらに伝播(diffusion)の過程に参入してくる。イノベーションは最初特定の国に出現するのだが、次いで各国で追随される。

多くの領域で社会主義システムは資本主義国生まれの先駆的発明を後追いし、それは多様な形態をとった。模倣する場合もあったが、モデルの単なる再生産、おそらくは一時しのぎのコピーが簡単であった。秘密のベールを剝ぐのは相対的にずっとむずかしい課題であった。特許と営業の秘密に保護されたイノベーションを新たに作り直すことは社会主義経済で

表2.2　革新先駆者への追随の時間差：プラスチック製品

| 製品 | 革新者 | | 第一追随者 | | 第二追随者 | | ソ連 | 革新者に対する遅延（年数） |
|---|---|---|---|---|---|---|---|---|
| セロハン | フランス | 1917 | 米国 | 1924 | ドイツ | 1925 | 1936 | 19 |
| ポリスチレン | ドイツ | 1930 | 米国 | 1933 | イタリア | 1943 | 1955-1959 | 25-29 |
| PVC | ドイツ | 1931 | 米国 | 1933 | 日本 | 1939 | 1940 | 9 |
| シリコンポリマー | 米国 | 1941 | ドイツ | 1950 | 日本 | 1951 | 1947 | 6* |
| エポキシ樹脂 | スイス | 1936 | 米国 | 1947 | ドイツ | 1955 | 1957-1959 | 21-23 |
| | | | | | イギリス | 1955 | | |
| ポリプロピレン | 米国 | 1957 | イギリス | 1959 | フランス | 1960 | 1970 | 13 |
| | ドイツ | 1957 | | | | | | |
| | イタリア | 1957 | | | | | | |

＊この事例では、ソ連は資本主義諸国よりも早期に革新者に追随した。
出所：Amann, Cooper, and Davies 1977, 272-285

表2.3　革新先駆者への追随の時間差：工作機械制御

| | ソ連による到達年 | ソ連との比較（＋：ソ連が先行、－：ソ連が遅滞） | | | |
|---|---|---|---|---|---|
| | | 米国 | イギリス | 日本 | 西ドイツ |
| 研究開始 | 1949 | −2 | −1 | +4 | +6 |
| 最初の原型 | 1958 | −6 | −2 | — | — |
| 工業生産開始* | 1965 | −8 | −2 | +1 | −1 |
| 最初のマシニングセンタ | 1971 | −12 | (−10) | −5 | −10 |
| 最初の第三世代制御システム | 1973 | −7 | (−5) | (−5) | (−5) |
| 最初の制御用コンピュータの利用 | 1973 | −6 | (−4) | −5 | (−4) |

注：カッコ内は推計値。
＊年産50単位ないしそれ以上。
出所：Amann, Cooper, and Davies 1977, 41

表2.4　現代技術の普及：鉄鋼業、連続鋳造

| 国名 | 全生産に占める連続鋳造の比率（%） | | |
|---|---|---|---|
| | 1970 | 1980 | 1987 |
| 社会主義国 | | | |
| ブルガリア | 0 | 0 | 10 |
| チェコスロヴァキア | 0 | 2 | 8 |
| 東ドイツ | 0 | 14 | 38 |
| ハンガリー | 0 | 36 | 56 |
| ポーランド | 0 | 4 | 11 |
| ルーマニア | 0 | 18 | 32* |
| ソ連 | 4 | 11 | 16 |
| 資本主義国 | | | |
| フランス | 1 | 41 | 93 |
| イタリア | 4 | 50 | 90 |
| 日本 | 6 | 59 | 93 |
| スペイン | 12 | 49 | 67 |
| イギリス | 2 | 27 | 65 |
| 米国 | 4 | 20 | 58 |
| 西ドイツ | 8 | 46 | 88 |

＊1986年の値。
出所：Finansy i Statistika 1988, 109

は芸術の域にまで達していた。産業スパイや知財の剽《ひょう》窃《せっ》の方がはるかに可能性が高い[7]。しかし、さまざまな試みが行われたにもかかわらず、社会主義経済は資本主義経済にずっと後れをとっていた。

二つの点に注目してもらいたい。第一に、社会主義国では、こうした後れ、先駆者に対する追随者の時間の後れは資本主義諸国よりもずっと長かった。たとえば、表2・2と2・3のデータを参照されたい。より長期に見れば、この後れは縮小するどころかたいてい

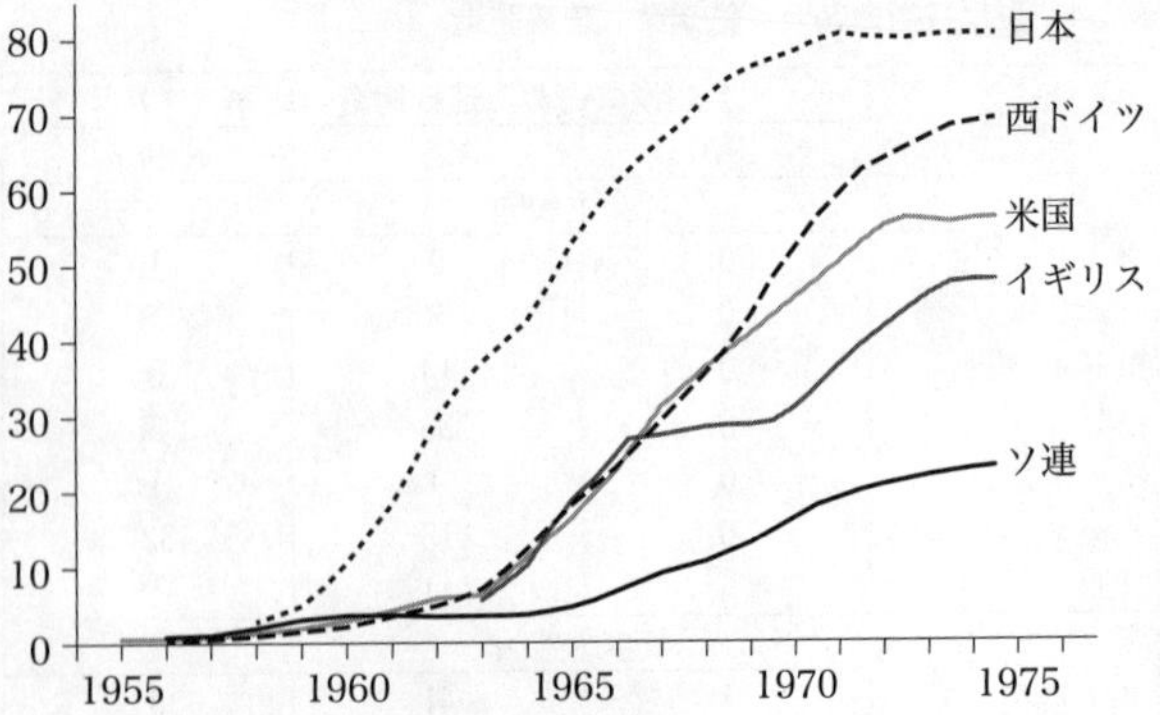


出所：Amann, Cooper. and Davies 1977, 97

図2.1　現代技術の普及：鉄鋼業、酸素製鋼法
（鉄鋼総生産に占める酸素製鋼法の比率、%）

広がっている。

第二に、新製品と新技術の伝播は社会主義経済においてより、資本主義経済においてずっとスピードが速い。たとえば、表2・4と図2・1を見ていただきたい。

図表はいずれも例証にすぎない。比較経済学の文献における多くの実証研究もまた、先駆的イノベーションに追随する場合、社会主義システムが緩慢であるという仮説を支持している[8]。

## 2・3　資本主義下で革新的企業家精神が育まれる

資本主義は突破口となるイノベーションのほぼすべてを作りだし、技術進歩の側面でもきわめてスピードが速い。歴史的経験が反駁《はんばく》できない証拠を提供してくれる。それでも、決定的なシステムの違いを因果関係で説明しておこう。資本主義では、企業家が優れた役割を果たしている。(9) 私はヨーゼフ・シュンペーター（Schumpeter 1968 [1912]）が用いる意味でこの用語を使っている。用語の使い方どころか、資本主義の発展と本質についてのシュンペーターの理論は本論の主張に強く影響している。(10)

革新的企業家精神は、たった一人の個人によって、あるいは複数のパートナーや小企業のサポートでチームを作ることによって実施できる一つの機能であり役割である。大企業であっても一人の企業家として機能しうる。重要な点は、企業家とはイノベーションが必要とする金融・人的条件、言い換えれば活動に不可欠の人的資源、物理的機器、金融資源を結び合わせる者ということになる。企業家とは実践の場所を見出す者なのであり、直接変化を引き起こすのだ。有望な発明が真の企業家に取り上げられるまでずいぶん時間がかかることはままある。(11) 発見や発明と企業家がお互いを見つけられないこともよくあるし、幸運にも両者が出会う場合だってよくある。

表2・1から、イノベーションの型がいくつかあるのが明らかになる。新製品や新しい生

産技術だけでなく、新しい組織形態もある。たいてい、シュンペーターのいう企業家は革命的イノベーションの最初の実現段階においてイノベーション過程を推進する。企業家はまた伝播、すなわち先駆的なイノベーションに後追いする過程をも推進する。

こうした順序の出発点には、創意性がある。たとえば、一九九六年にスタンフォード大学博士課程の院生であったラリー・ペイジは学位論文の題材を探していた。インターネットの検索にかんする特殊な問題のなかに注意をひきつけるものがあった。そこで、彼はもう一人の院生セルゲイ・ブリンと組んで「検索エンジン」を開発した。スタンフォードのホームページにおいて、google.stanford.edu のドメイン名がつけられた。この物語で、二人の男が二つの通常別々の役割を合体させている。彼らは、発明家であると同時に革新者なのである。プロセスを飛ばして、現在に戻ろう。グーグル社は世界最大でもっとも利益の多い会社の一つである。[12] その世界的ネットワークを二〇一一年におよそ九〇万のサーバーが利用している。[13] 軽薄な言い方はしたくないが、グーグルの影響はまさに革命的な意義を示した。資本主義の環境のもとで生じるイノベーション過程の一般的特徴を描くために、グーグルの物語に戻ろう。

イノベーション過程を可能にし、それを誘発し、不断に発展させ、推進する資本主義経済の特徴を要約しておこう。

## A　分権的創意性

ラリー・ペイジとセルゲイ・ブリンは特殊な革新的課題を解決するよう上司から命令を受けたわけではなかった。彼らは、上司から、革新的行動にかんして特別な方向で取り組む許可を求める必要もなかった。個々人、小企業の意思決定者、大企業の最高経営責任者、言い換えるとシステム内部で機能する分離した存在こそが、自らしたいことを決定する。(14)

### B　巨額の報酬

今日、ペイジとブリンは世界最大の金持ちに数えられる。(15) 所得分配の倫理的に難しいディレンマを分析することが本書の課題ではない。成果に「比して」報酬はどの程度であったのか。確かなことは次の点である。もっとも成功した革新は通常（常にというわけではないが、しばしば高い確率をもって）巨額の報酬をもたらす。(16) 報酬の範囲はかなり不均等に広がっている。この尺度の端にはビル・ゲイツ、古い世代にはフォード一族やデュポン一族といった巨額の富の所有者を置くことができる。技術進歩を導く企業家は巨大な独占的レント〔超過利潤〕を手にする。独占的地位を作りだせるので、たとえ一時的であっても最初の人間になることに価値があるのだ。巨額の金銭的報酬は通常、威信、名誉、名声を伴う。

### C　競争

これは上記の点と分かちがたい。強くて、しばしば冷酷な競争が顧客を惹《ひ》きつけるために生じている。より速くより成功するようなイノベーションは、目的を達成する排他的な手段ではなく、競争者に対して優位に立つために重要な手段である。(17)

## D　広範囲の実験

インターネットの検索に適したツールを見つけようとした企業家は何百人、たぶん何千人もいたに違いない。グーグルの創設者ほどの大成功を収めた者はごく一握りにすぎないが、それなりに大・中・小の成功を収めたイノベーションを実現できた。そのうえに、やってみたが失敗に帰した多数、少なくともかなりの数の人間がいたに違いない。事例以外に、これまで資本主義のあらゆる領域で不断に生じている大量のイノベーションの試みを、そしてそれが成功であれ失敗であれ、その試みが広範囲に分布していることを評価した者は誰もいない。この種の相当重要な活動の効果がわかる者でも、グーグル、マイクロソフト、テトラパック、ノキア、任天堂の物語のようなめったにない劇的な成功に匹敵するほどの試みの多くには、直感的にしか気づくことができない。多くの相当才能にあふれた人々は、次の理由でイノベーションに向けて動機づけられている。すなわち、ごくわずかな可能性だが並外れた成功を約束されているからであり、それよりずっと可能性は高いが、どちらかと言えば控えめであっても一層重要な成功を実現するからである。失敗のリスクをとるからにはそれなりの理由がある。(18)

**E　投下を待つ資本準備、融資の柔軟性**

グーグルの二人の創立者は革新的な活動とその提供を開始するための金融資源を手にすることができた。成功を収めた研究者であり革新者であるアンディ・ベクトルシェイムが（彼もまた偶然富裕なビジネスマンになったのだが）、その過程のごく最初にポケットの小切手に手を伸ばし、一〇万ドル小切手にサインしたのだ。革新的な企業は革新者自身の資源だけで実現されることはめったにない。これには事例もあるのだが、外部の資源に頼るのは相当一般的である。[19] 資源を見つける多様な形態には、銀行融資、ビジネス参入志向の投資家、あるいはとくにハイリスクでそして成功の場合には高報酬のプロジェクトに特化した「投資会社」が含まれる（Bygrave and Timmons 1992）。根本的に融通の利く資本がイノベーションを先駆的に導入し早急に拡散させるのに必要となり、それには結局失敗に帰す場合もあるが広範囲の実験が含まれる。

私は、シュンペーター型の企業家精神が資本主義システムのイノベーション過程を生む唯一の方法であると主張するつもりはない。非シュンペーター型の企業家も複数存在するのだが、ここでは次の三つだけを提示しておこう。

①重要なイノベーションが軍に導かれ、その資金を受けて、実施される場合がある。たと

えば、一九六〇年代に、完全に分権化された郵便サービスを生みだすというアメリカ国防総省からの要請があった。これは、たとえ郵便事業の中枢が破壊されても、文書による情報通信の崩壊が生じないことを請け合うというものであった。このような軍の要請と潤沢な研究資金援助は、革命的なイノベーション、すなわち電子メールという完全に分権的な「見えざる手」の情報通信手段を創出した。その後、無料の非営利型の電子メールシステムがより営利性の高い利潤追求活動と絡み合うことになるが、電子メールは今なお非シュンペーター型イノベーションの古典的事例にほかならない。

　競争は、社会主義のもとでは、中央集権的で官僚主義的に管理される民生経済部門において排除されていたが、ソ連とその同盟国は、西側、主にアメリカ合衆国との軍事競争に深く巻き込まれていた。この生きるか死ぬかの競争により、革新的な過程は偉大なイノベーションを生みだすに十分な圧力のもとに置かれた。ゆえに、最初の人工衛星スプートニクが生みだされたのだ。西側の軍事力の開発に追いつき追い越すという指導部の包括的な目標が、民生部門における技術進歩の停滞感を覆したのである。しかし、軍事的なイノベーションの民間利用となれば、社会主義システムはその劣位性を再びあらわにした。アメリカ合衆国では、先駆的な軍事面の応用は民間利用を目的とした衛星の利用を誘《いざな》い、それが電気通信のあらゆる分野における急速な質と効率の向上に導いた。ソ連圏では、民間目的の利用には長い時間を要し、衛星の事例は高度に集権的な官僚制下での焦点を絞った活動が華々しい成果を上げることができても、分権的な企業家精神に富む資本主義下で生じる偉大なイノベーションと同じような強力な波及効果を持っていなかった。②重要な研究とその後の発明の伝播が、民生（たとえば医療管掌機関といった政府の非軍事部門）に先導され、資金提供される場合もある。賢明で競争に親和的な政府の政策が目標とするイノベーション（たとえば、環境保護）を推進するケースが適切な事例となる。③重要なイノベーションが、研究者集団、その連合体、非政府・非営利組織によって主導され、実施されるケースもある。たとえば、もっとも重要かつもっとも革命的なイノベーションの一つであるＷＷＷ（ワールド・ワイド・ウェブ）がいかに始まったのかもこれに当たる。先駆者であるバーナーズ＝リーの回想（Berners-Lee 1999）を参照されたい。コンピュータ、デジタル機器、情報通信分野における多くの他のイノベーションもまた、非シュンペーター型イノベーションを民生分野で、非営利・連帯的に進めたものである。

非シュンペーター的過程の妥当性は認めるにしても、ブレークスルーとなるイノベーションはシュンペーター的な経路をたどっている。このことは日常生活で実際に利用される消費財・サービス市場を対象としたイノベーションに確実に当てはまる。非イノベーション的に開始しても典型的には多くの利潤志向の応用が追随し、営利志向のイノベーションは広範な伝播において大きなシェアを獲得する。

## 2・4　社会主義下で革新的企業家精神は発揮できない

社会主義に話題を変え、イノベーションの先行段階、すなわち発明に立ち戻ろう。創造的な精神は社会主義国であっても息づいていた。そこでは卓越した科学者や技術者が働き、工業や商業に応用可能な革命的重要性を持つ重大な発見や発明を成し遂げた。最初の例は、ソ連の物理学者アブラム・ヨッフェであり、今日、電子工業で基本的に重要な役割を果たしている半導体開発の先駆者の一人であると科学史においてみなされている。彼は一九三〇年代にすでに発見していたのだが、ソ連の経済的環境は半導体の工業への応用をとても許すものではなかった。ずっと後に、半導体の製造はアメリカ合衆国、日本、台湾、韓国に独占されるようになってしまい、ソ連の歩みは遅々としていて後れを取ってしまう[20]。

ポーランドの技術者・科学者であるヤツェック・カルピンスキは一九七一年から一九七三年にかけて最初の小型コンピュータを発明した。その名は、コンピュータ技術の偉大な先駆者として刻まれている。しかし、その発明は、彼がポーランドにいる間に広く普及するイノベーションとはならなかった。後に亡命し、類似の発見との競争をつうじてはじめて資本主義世界で広範に普及したイノベーションとなったのである。

もっとも有名なハンガリーの事例は、ルービック・キューブの物語である。私はこの独創的玩具をブレークスルーとなるイノベーションに含めており、妥当な地位を与えている。発明者のエルノー・ルービックは、この知的な傑作に人々が没頭する熱狂的反応を見て世界的に流通させようとしたが、控えめな結果しか得られなかった。後に、著名な真に企業家的なアメリカの玩具企業が買いつけ、世界規模のマーケティングを展開して、ルービック・キューブは夢のような成功を収めたのだ。

ハンガリーでも技術者マルセル・ヤーノシの名を知る者はまずいない。彼こそがフロッピーディスクという数百万人が使用するプラスチックで覆われたシンプルなパソコン用データ保存デバイスを発明した。一九七四年に発明した後、ヤーノシはハンガリーの製造企業、輸出業者に実用化できる試作品を持ち込んだが無駄に終わった。社会主義企業の指導者たちには発明品の巨大なビジネスチャンスが分からなかったのだ。彼らは大量生産と世界規模での流通というリスクを嫌ったのであり、特許保護の延長すら支援しなかった。この発明者は自らの知的生産物を自らの手で販売することさえ許されなかった。結局、ある日本企業がそれを「再発明」し、一般に導入されるという革新過程が進展したのである。(21)

このような挫折した発明者の悲しい物語は終わりにして、イノベーションの話に移ろう。社会主義システムにおいてさえ、企業家の才を有するものはたくさんいたのだが、発揮されないままであった。おそらく、大規模プロジェクトの指導者はある程度采配を揮《ふる》うことができただろうが、それは彼が党の人的コネではなく自分の能力でその地位に就いた場合である。それでも、システム特有の特質がシュンペーター的企業家精神の発展を認めていなかった。(22)これまで資本主義を議論する場合に検討された諸条件に一つずつ立ち返ったうえで、社会主義下での状況を検討しよう。

## A　集権化、官僚的命令と許可

技術的イノベーションの計画は国家計画の一章を占める。中央計画局は当該製品の製造技術とともに、製品の構成と質にかんして実施すべき重要な変更点を設定する。それに続き、中央計画の数値が部門、下位部門、最終的に企業の計画に振り分けられる。「命令経済」とは、ある製品をいつ新しい製品に置き換えるべきか、どのような古い機械・技術が新しいものに置き換えられるべきかについて、企業が詳細な指図を受け取ることを意味する。計画が最終的に承認される前に、企業管理者は新しい製品や新しい技術に適応する意思を示すことが認められている。すなわち、彼らはイノベーションの伝播過程に参加できるのだ。しかしながら、彼らは重要なイニシアチヴを行うに際し許可を求めなければならない。一つの行動が大規模なものになる場合には、直属の上位機関でさえ自ら意思決定することができず、ヒエラルキーのさらなる上位者に承認を求めなければならない。一つのイニシアチヴが広範囲になればなるほど、最終決定を求めて上位者に向かわなければならず、実際の行動に先立つ官僚的過程は長くなる[23]。

上記の状況とはまったく逆の事情になるが、資本主義において、イノベーションがきわめて有望な場合、最初の会社に拒絶されても、別の会社が喜んで応じるかもしれない。こうした結果は、分権化、私的所有、市場によって可能となる。中央集権化された社会主義経済においては革新的なアイディアは公式の経路で生じており、否定的な決定をいったん宣告されると、抗議は行われない。

**B　報酬の欠如（あるいはごくわずかの報酬）**

もし上位機関がある工場における技術的イノベーションを成功とみなす場合、管理者とその同僚はボーナスを受け取るが、その額はせいぜい賃金一ヵ月ないし二ヵ月分である。

**C　生産者と売り手に競争がない㉔**

生産は高度に集中している。製品グループ全体を生産する場合に、多くの会社は独占的地位か、少なくとも（地域での）独占を享受している。慢性的に製品が不足する場合や、多くの生産者が並行して事業を行っている場合でさえ、独占的行動が生みだされる。社会主義システム特有の強固な特性である「不足経済」は、イノベーションの強力な原動力、顧客を惹きつけようと戦うインセンティヴを麻痺させる（Kornai 1971; 1980; 1992, 11—12章）。生産者／売り手は新製品や改良された製品を提供することで買い手を惹きつけようとする必要はない。買い手はたとえ時代後れで品質の劣る製品であっても商店で手に入れるだけで幸せだった。

慢性的不足によって動機づけられた発明行為の事例だってある。すなわち、材料や機械部品の欠落を代替する工夫に富んだ創造物がそれである（Laki 1984-1985）。しかしながら、これらの発明者の創造的な精神はシュンペーター的な意味で広範囲に拡散し営利的に成功したイノベーションではない㉕。表2・1は資本主義国ではなくソヴィエト連邦で最初に現れた唯一の革命的イノベーション、合成ゴムを含んでいる。発明家は長年にわたりこのテーマを研究し続け、工業への合成ゴムの採用は天然ゴム不足により必要に迫られた。

## D　実験の厳格な制限

資本主義下では、数百、数千にのぼる実を結ばないおよそ成果のない試みが可能であり、それは後に数百、数千のうち一つが計り知れない成功をもたらすためである。社会主義計画経済では、誰もがリスクを回避する傾向は強い。その結果、革命的な重要性を持つイノベーションの適用は多かれ少なかれ排除される。そうしたイノベーションはつねに暗中模索を意味するからであり、成功は必ずしも予測しうるものではないからである。追随者にかんしても、すばやく後を追う経済もあれば、遅々としてしか追わない経済もある。社会主義経済は、もっとも遅い集団に属する。彼らは既知の旧式の生産手続きを維持し、旧式の十分に試行された製品を生産している。新技術と新製品には指導部の計画を困難にする不確実な特性が多すぎるのである。

**E　利用を待つ資本はなく、投資割り当ては厳格である**

中央計画局は資本形成に振り向けられる資源に困ることはない。総生産から分割される投資の比重は資本主義経済よりも一般的に高い。しかし、この巨額の投資は、事前に最後の一銭まで割り当てられている。さらに、多くの場合、過剰な割り当てが生じている。言い換えれば、すべてのプロジェクト計画を合成すると、計画を遂行するのに必要な量よりも資源の調達水準は大きくなることが明らかになる。割り当てられなかった資本が、優れたアイディアを持つ者を待っていることなどありえない。割り当て担当者はイノベーションに向けた提案を持って待機している企業家を探索したりしない。柔軟な資本市場など理解されることはない。代わりに、プロジェクトの活動に対し厳格で官僚的な規制が生じる。不確実な結果しかもたらさない活動に資本となる資源を振り向けることなど想像もできない。資金が無駄になりイノベーションが生じないかもしれないと事前に分かっているベンチャーに資金を要求する愚かな工業大臣も工場長も存在しないのである。(26)

ここで、資本主義下ならびに社会主義下での、AからEまでのイノベーションのメカニズムの解説を再度振り返る価値がある。というのは、これらの点は、資本主義システムおよび社会主義システムの基本的特性の結果にほかならないからである。これまで検討されてきた現象は、片方のシステムにおける私的所有と市場による調整の結果そのものであり、もう片方のシステムにおける公的所有と官僚による調整の結果そのものにほかならない。

ある国の技術進歩の速さが、資本主義システムによるのか社会主義システムによるのかだけに依存していると主張するつもりはない。そのほかに数多くの要因が重要な役割を果たしている。その国の経済発展状態、研究者の訓練を含む教育水準、学術研究と産業の研究開発活動に資金を提供する制度上の枠組み、軍事予算による研究などがそれにあたる。運もまた一つの役割を果たしていることは否定できない。ノキアのような会社がデンマークやノルウェーではなくフィンランドに出現し、一定期間に携帯電話の普及面で他を寄せつけない成功を収めたのは、運によるものであった。傑出した個性が一連の出来事に多大な影響をもたらしたことも確かだろう。ビル・ゲイツ、スティーヴ・ジョブズ、マーク・ザッカーバーグなしに技術進歩はなしえたと言えるだろうか(27)。とはいえ、ほかのすべての説明要因が関連すると認めたとしても、私は、システム特有の効果がきわめて強いという命題を支持している(28)。

## 2・5　政治的要因が技術進歩に与える影響

革新的過程の本質を説明する決定的要因は、システム特有の経済的特性の影響であり、無論それは結局のところシステムの政治構造に規定された。しかしながら、政治構造と技術進歩には直接のつながりがある。ここではわずかだがそのつながりに触れておこう。

共産主義者による独裁は、情報通信分野におけるイノベーションを過度に促進したが、それは政治的プロパガンダ、より一般的には公式イデオロギーの拡散に効果的な技術を提供する場合である。レーニンはプロパガンダの目的に映画を関連づけることを理解した最初の政治指導者であった。また、ソ連はテレビ放送をもっとも早く導入した国であった。それは、初期においてテレビが高度に集権化されたメディアであり、単一あるいはごく少数のスタジオに集中され、共産党の強力な政治的統制下にあったからである。さらに、ラジオ局の番組も容易に統制可能であり、僻地の村へも増幅器によって送信できた。

ラジオとテレビは、強力な中央による統制が実現可能である限り、共産主義体制に支持された。幸運にも、集積回路（ＩＣ）技術がさらに発展したために、完全な中央集権化と検閲は技術的に不可能となった。かつてベルリンに壁があり、二つの世界を隔てる境界線を越えるのを阻止したが、ラジオやテレビの電波が鉄のカーテンを越えて、西ドイツから東ドイツに、ミュンヘンから東欧全体に流れるのを阻止する壁を構築することはもはや不可能であった。電波妨害が、西側の報道やテレビ局による揺さぶりを遮断するお粗末な手段であった。社会主義システムを崩壊に導いた多数の要因のなかで、世界を行き交う声からソ連や他の社会主義国を完璧に遮断することは技術的に不可能であったことがその一つの要因になる。

社会主義圏における最後の混乱はコピー機、電子メール、インターネットがそれらの地域でも使えるようになったときに生じた。ゴルバチョフがグラスノスチ（情報公開）を求め、インターネット、電子メール、ラジオ、テレビの電波が開放されたことで、外国から情報が流入し、つづいて開かれた精神に目覚めた国民からもさらに大規模に情報がもたらされた。

それは、古い因習、凍結されてきた信念、人々を誤った方向に導く党のプロパガンダを破壊する効果を持ち、より多くの人々の精神を解放する効果を有していた（Shane 1994; Kedzie 1997a; 1997b; Stolyarov 2008）。次節で、政治構造と技術進歩の関係に立ち戻る。

## 2・6　システムと技術進歩——本章のまとめ

地球の隅々まで世界革命が成功し、資本主義はどこにも残らないというマルクス、レーニン、トロツキーの構想が実現したと仮定しよう。この場合、私たちはコンピュータ、トランジスタ・ラジオ、冷蔵庫やスーパーマーケット、インターネットやエスカレーター、CDやDVD、デジタル写真、携帯電話、このほかすべての革命的な技術の変化を手にしえなかったであろう。私たちの生活様式は、少なくともさまざまな器具や装置の使用にかんして、資本主義の最終的な敗北の最後の時点から引き継いだ水準で、多かれ少なかれ停滞したことだろう。

それゆえ、私たちはここで、人類史の長きにわたる傾向を説明し、理解するという根本的課題に到達する。すべての活動（財の生産だけでなく、そのほか個人・社会的活動）で利用される技術群（道具、器具、装置など）は、複雑な社会過程のなかで開発される。この複雑な過程は、私たちが簡潔に「技術進歩」と呼ぶものである。技術進歩のスピードやその他の特性は、いくつかの要因に規定される。本書（と私の他の著作）の基礎となっている一般的な考え方は以下の通りである。もっとも強力な説明要因は、システムである。要因の一つとしてのシステムの型（資本主義か社会主義か）と、効果としての技術進歩のスピードとその他の特性の間には、強力な因果関係が働いている。

私が用いる技術進歩概念は、一般にすべての経済学者に受け入れられている。この言葉の二つ目の単語である「進歩」は、感謝ないし賞賛の響きすらもっていることを認識しなければならない。自動食器洗浄機、携帯電話、CDが存在する世界のほうが、それらがない世界よりも生活が良いという価値判断を反映しているからである。とはいえ、それは本当に良いのだろうか。現代技術の熱狂的なファンであっても、限定や留保なしに単純に肯《うなず》く者は誰もいないだろう。火やナイフの発明以来、すべての新しい道具や技術は良い目的と悪い目的の両方に利用されてきたからだ。些細なことだが、いまだに重要な生活上の事実がある。技術進歩の最新の大波、すなわちコンピュータ、電子機器、デジタル機器、現代的情報通信技術の著しい開発は、犯罪者、性犯罪者、テロリスト、過激な政治運動の役に立ちうるし、人々を欺く――それが言いすぎであれば少なくとも困惑させる、狡猾な広告を見せる新技術の開発にも役立ちうる。人間の労働をロボットが代替することはさまざまな活動や関係の非人間化につながりうる。コンピュータやテレビの画面の前に昼夜座ることで、子どもも大人もより価値のある学習や娯楽から気をそらされることになる。技術進歩は平和のためだけではなく、軍事活動のために、さらに自国防衛のためだけではなく侵略のために、利用されてきたし、今後も利用されるだろう。しかし、私自身を含め、多くの人々は技術変化の方向を進歩と呼ぶだろう。というのも、難点や危険よりもはるかに大きい便益をもたらすからである(これが多数の意見であることを示す調査結果は後に触れる)。

このような価値判断に基づいて、私は、資本主義における技術進歩の促進効果をそのシステムの最大の長所と考えている。そして、社会主義における技術進歩を遅らせる影響力はそのシステムの最大の欠点とも考えている。

**注**

(1)技術進歩とイノベーションにかんする文献は、相互に絡み合って用いられることが多いが、新製品と新技術の二つの概念を区別している。たとえば、ゼロックス機は新製品であるが、新しい印刷技術の導入でもある。表2・1は日々の生活で目立つという理由で新製品を挙げている。

(2)特定のイノベーションはこの選択からは除外されている。除外の基準は表の下の注、後の章で説明している。

(3)「革命的新製品を生みだす革新的過程」の表現を第Ⅰ部で用いる際の意味は、影響力があり有益なクレイトン・クリステンセンの研究と関連する「破壊的イノベーション(disruptive innovation)」の概念にきわめて近い(Bower and Christensen 1995; Christensen 1997を参照)。

ここで個人的観察を付け加える。本書の執筆時に私はクリステンセンを知らなかった。

本書の編集が終わりに差し掛かって初めて私はクリステンセンに注目したので、現実にはそれを活用しえていない。明らかに、非は私にある。とはいえ、初めてのことというわけではない。というのはこの事情は多くの経済学者を「ビジネス経済学」から区分する隔たりを表しているからである。私が長年教鞭をとったハーヴァード大学経済学部はチャールズ川の一方にあり、もう片方にはクリステンセンが教鞭をとる同大ビジネススクールがある。が、私たちは会ったことすらない。この狭い川にはたくさん橋が架かっているが、なお深く隔たっている。

（4）この領域でもっとも影響力のある研究は、Castells 1996-1998 である。Fuchs 2008 も参照されたい。

（5）どの会社がイノベーションの導入者とみなしうるか、どの時点で実際に導入されたと考えるのかが明らかでない場合もある。革命的に重要性を帯びた財が、複数の段階、その拡散にかんし複数の会社を経て、導入される場合もしばしばある（Baumol 2002; Hámori and Szabó 2012）。しかし、たいていの場合、その前進を大きな成功にまで導くのは一つの会社である。

　表2・1に挙げた会社や年に疑問も生じようが、ある資本主義企業を別の企業に替えたからといって、本論で到達した一般的な結論に影響するものではない。

（6）表2・1は経済の軍事部門におけるイノベーションを除外している。軍事部門は社会主義国で最初にイノベーションを生みだすものである。この点は後に振り返る。

(7) ハイテク分野での知財の剽窃は、西側の多様な障壁で防御された。たとえば、対共産主義国への特定財輸出の厳格に実施された禁止措置、いわゆる対共産圏輸出統制委員会（COCOM）の軍事目的転用製品リストによって厳格に禁止されたが、抜け目のないスパイや専門家の協力は障壁の穴をすり抜けることに成功した。

(8) このテーマにかんするもっとも重要な実証研究は、Amann and Cooper 1982 と Amann et al. 1977 といった著作である。さらに、Berliner 1976; Hanson 1981; Hanson and Pavitt 1987 を参照されたい。

(9) すべての企業家が革新者になるわけではない（Baumol and Schilling 2008）。この研究はきわめて重要な階層、革新過程に従事する企業家に焦点を当てている。

(10) 社会科学に対するシュンペーターの貢献にかんしては、Heertje 2006 と McCraw 2007 を参照されたい。また Baumol 2002 も参照。この書物のタイトル『自由市場とイノベーション——資本主義の成長の奇跡』こそ、私がここで論じている現象の本質をついている。

(11) この後れの事例は Rogers 1995 に数多く見られる。Freeman and Soete 2003 も参照。

(12) グーグル物語にかんしては、同社の簡潔な要約（Google 2013）およびウィキペディア（Wikipedia 2009a）におけるグーグルの閲覧を参照。

(13) 私の個人的経験でも、研究習慣が大きく変化したことを認める。グーグル時代の研究者はグーテンベルク時代の研究者とは異なっている。
（14）ダロン・アセモグルは論文（Acemoglu et al. 2007）で、理論的にも実証的にも先駆的イノベーションには分権化が必要であると述べている。
（15）雑誌フォーブズの有名なランキングによると、彼らはいずれもアメリカで五位である。
（16）グーグルは、先駆的発明者と革新者の役割が同一人物によって演じられるユニークな事例と考えられる。両者の役割が分離するケースの方がしばしばであり、発明や発見から発明者が利益を得るケースもあれば、得られないケースもある。後者にあたるものがコンピュータマウスの場合である。発明者のダグラス・エンゲルバートは創意に富んだ発明品の金銭的な報酬をまったく手にしなかった。先駆的に大量に導入した革新的なアップル社が、このイノベーションに対する巨大な利益を生みだした。
（17）強い競争と急速な技術進歩の環境は企業の戦略的管理に強力に影響する。成功は、企業内で技術的・組織的・管理的なイノベーションを推進するということに依存している（Teece, Pisano and Shuen 1997）。
（18）実験の重要性にかんしては、Thomke 2003 を参照。
（19）偉大な革新期と入手可能な信用規模の拡大は明らかに結びついている。簡単に入手できるお金は技術進歩を促すが、バブルを引き起こす危険性もある。現在の危機に先立つ時期を分析する場合、シュンペーターを再読することは時宜に適《かな》っている（Schumpeter

1939とくに第4章)。この点にかんする議論は各所で引かれるが、ここでは紙幅が許さない。
(20) ヨッフェは国家の最高の賞を授与された最初の人物で、高いクラスの学術的な栄誉も得ている。スターリンの恐怖政治の末期に、彼は「シオニスト」として高い地位を追われた。地位の昇降にかかわらず、彼の発見が革命的イノベーションに転ずることはなかった。
(21) 退職後も、マルセル・ヤーノシはごくつつましい年金生活を送ったが、二〇一二年に亡くなっている。Kovács 1999とDrávucz 2004のフロッピーの物語を参照されたい。
(22) 実証研究にかんして、本章注8の引用文献を参照されたい。理論的説明にかんしては、Berliner 1976; Gomulka 1983; Kornai 1980; 1992を参照。
(23) 集権化とイノベーションの関係についての強力な理論的分析については、Qian and Xu 1998を参照。
(24) すでに述べたように、軍需産業は例外である。というのは、軍需産業分野ではソヴィエト帝国は西側との真にすさまじい闘争を繰り広げたからである。
(25) 社会主義システムだけが慢性的不足に見舞われているわけではない。戦時中、不足は資本主義国でも生じた。第二次世界大戦中、原料の不足によって(代用)原料の開発に革新的活動が動機づけられた。
(26) 融資の柔軟性、集権化、イノベーションの関係の分析については、Huang and Xu

1998を参照。

（27）ツヴィ・グリリカスの先駆的研究（Griliches 1957）に続いて、イノベーション過程における普及、先駆者、追随者の問題を論じた文献は豊富に存在している（たとえば、Davila, Epstein and Shelton 2006; Freeman and Soete 2003; Rogers 1995を参照）。ロジャーズの書物（Rogers 1995）はイノベーションの実際の課題に関心を持つビジネスマンと経営者のために書かれた文献でおそらくもっとも引用された著作である。この違った意味で優れそしてきわめて注意深く書かれた文献のなかで、シュンペーターの名前は言及されていないし、ほかのイノベーションの経済理論も言及されていない。

（28）分断されたドイツの経験はとくに教訓に満ちている。東ドイツは、チェコスロヴァキアを除いて社会主義地域でもっとも発展した国であった。東ドイツはすばらしい研究インフラを携えて国をスタートさせ、高等教育、学術研究、産業研究にふんだんに資源をつぎ込んだ。しかし、時代を画する革命的イノベーションを一つも前に進めることができなかった。第一級の高度に熟練した専門家を有していたにもかかわらず、先駆的イノベーションに追随する進度は、多くの部門で西ドイツよりも後れていた（Bauer 1999; Stokes 2000）。

# 第3章　技術進歩の転換と加速

資本主義の世界に入ることで、すべてのポスト社会主義諸国は、企業家精神、先駆的なイノベーション、新製品および新技術の急速な普及にその門戸を開いた。経済の基本的特徴の変化が、これらの国々において技術進歩を加速する条件を生みだしたのである。

上記のように述べる場合、私は慎重になるべきだと考えている。資本主義は、企業家精神、イノベーション、ダイナミズムの傾向を本来備えている。しかし、それは一つの傾向、一つの性向、一つの習性にすぎず、それ以上の何物でもない。それは必ず現実に生じなければならない物理法則のようなものではない。2・3節では資本主義におけるイノベーションを論じたが、システム特有の要因が決定的に強い衝撃を及ぼす以外に、他の環境要因もまた重要な影響を及ぼしていることを強調している。システム特有ではない、こうした他の多様な要因は、異なる移行経済の間でイノベーション過程におけるスピードに違いがあることを説明してくれる。企業家精神、イノベーション、ダイナミズムは人間の行動を通じて生みだされる以上、人間が作りだした社会的、政治的、法的環境こそが、上記の企業家精神などの傾向が躍動する度合い、速度に影響する。つまり、そうした傾向はビジネス環境に依存しているのであり、とりわけ企業家になろうとする個々人の度胸、ひらめき、能力に依存しているのである。

## 3・1　新しい革新的企業家の事例

革命的に新しい製品をもたらしたイノベーションから始めてみよう。最初の事例はスカイプであり、表2・1の偉大な革命的イノベーションのリストに入っている。イノベーションの中核のソフトウェアはエストニアで開発された。プログラマーのアハティ・ハインラ、プリート・カセサル、ヤーン・タリンがエストニアで名高い人々だ。イノベーターのニコラス・センストロムとヤヌス・フリスはそれぞれスウェーデン人、デンマーク人であるが、世界規模で配布を開始した会社はもともとエストニアに登記されていた。会社のソフトウェアチームは今もエストニアで事業を行っている。本論で適用する基準により、これはエストニアのイノベーションとみなされる。それは大変な成功であり、当初アメリカを本拠とするｅＢａｙがスカイプを買収したとき高額を支払ったほどであり、後にマイクロソフトが同社を買収した。

第二の事例に中国の自動車産業の急速な発展のサクセス・ストーリーを挙げよう。石油製品の代わりに代替エネルギーを利用する自動車は絶えず注目されており、中国の巨大自動車メーカーＢＹＤ（比亜迪汽車）はこの市場で成功している。電気あるいはハイブリッドのバス・自動車を製作しようとした同業他社もあるが、同社は環境にやさしい自動車を公共輸送に導入する際の真にブレークスルーになる会社であるとみなされている。この中国企業はFASTによる世界の革新的トップ五〇社リストに入っている。

第三の華々しくはないがそれでも注目すべき事例は、ハンガリーのハイテク企業グラフィソフト社である。発明家でありイノベーターのガーボル・ボヤールはもともと学術研究機関の上級研究員であったが、主に建築家の利用を想定した三次元デザイン用プログラムを開発した（Bojár 2007）。彼のソフトウェアは他の製品と比較してその分野では完全にユニークというわけではなかったが、エレガントで効率的であり、数ヵ国で営利的に成功を収めた。ボヤールの会社は世界規模で製品のマーケティングを行っている。これはシュンペーター型企業家の経歴の古典的事例というべきものである。2・4節のマルセル・ヤーノシとボヤールにかんする話には相違点がある。フロッピーディスクの発明家のヤーノシは一九八九年までは成功者ではなく、貧しくほぼ無名なままであったが、グラフィソフト社の創業者ボヤールは著名になり、名声を博し、巨大な富も手にしていた。

壊れたハードディスクのデータ復旧が第四の話である。これもカーダール時代のハンガリーで始まったが、この時代は中途半端な市場改革に特徴づけられる。当時すでにわずかだがコンピュータは存在したが、ハンガリーの環境のなかではかなり高額なものであった。もしコンピュータが壊れても、もっとも高価な部品であるハードディスク・ドライブは廃棄すべきものではなかった。それは修復して、中古の部品で組み立てた別のコンピュータに再利用するに値するものであった。ヤーノシュとシャーンドルのキュルティ兄弟はハードディスク・ドライブの修復に特殊な技能を持っていた。そして、創造的なアイディアが浮かんだ。ハードディスクに記録されたデータが失われた場合に同じ修復技能を応用できるという考えだ。誰もが自分のコンピュータ上の大量データを失うというトラウマを知っている。キュルティ兄弟はダメージを受けたディスクから永遠に失われたと思われたデータをよみがえらせる技術、より正確には匠の技を身につけていたのだ。一九八九年以降、このきわめて特殊な知識は市場向けのサービスになり、キュルティ兄弟は会社を興し、その匠の技を専門家に訓練した。彼らは今や全世界の顧客を相手にしている（Kürti and Fabiány 2008; Laki 2009）。こうして、彼らはきわめて成功したシュンペーター型イノベーターのもう一つの事例になったのである。

第五のストーリーはハンガリーの新しい会社プレジについてである。どのようなものであれ、口頭でプレゼンテーションする場合は、聞き手に対しテキスト、処方箋、「古代」には板に描かれた模様などが用いられてきた。技術が発展して、それはスライドに、後にはプロジェクターで映しだされるテキストや画像に、さらに今日はコンピュータが制御するパワーポイントのスライドにとって代わられてきた。プレジはパワーポイントの競争相手だが、プレゼンテーションの構成に応じて、インターネットでダウンロードできるプログラムに基づいて、テキストや画像をズームイン、ズームアウトすることができる。イノベーションはハンガリーの研究者、もともとハンガリーにある企業によって進められており、後者の企業は今や国際化し、広範に立地し、いくつもの国際的に高い地位の賞を受けている。

事例に精通した者と私の個人的なつながりのために五つの事例の内三つはハンガリー発であるが、他のポスト社会主義国にも多くの類似のストーリーは存在すると思う。

## 3・2　後追いと普及の加速

ポスト社会主義経済では、民間部門の拡大と市場調整組織の形成が推し進められているので、技術進歩は他のところで導入されたイノベーションの急速な後追いを含めて、あらゆる方法で加速された。これまで孤立した国内市場のいっそうの開放と輸入品との競争は、製品およびサービスの供給者に対する圧力になる。こうした圧力はイノベーションを促す重要な力の一つである(1)。

電話線の引き込みへのニーズはこの数十年西側では自明のことであったが、社会主義国の市民にとってはまったくそうではなかった。社会主義国では電話引き込みは供給不足にあり、特権的な者にはあてがわれたが、その他の者には数年の待機期間の後に与えられたのである。回線が十分に備わっていなかったが、それは計画担当者が回線敷設の優先順位を低く設定し、他の部門に資源を振り向けたからである。社会主義が優勢な時代には、電話サービスにおける供給と需要の関係の変化は望めそうもなかった。その後、社会主義から資本主義に体制転換し、それに伴い電話部門の事情は完全に逆転した。表3・1は比較的短期間に旧式の固定電話をすべての人が入手できるようになったことを示している。さらに、革命的な

表3.1　電話回線：比較データ

（1000人当たり固定電話回線数）

| 年 | ブルガリア | ハンガリー | ポーランド | ルーマニア | ソ連（ロシア） | ギリシャ | イタリア |
|---|---|---|---|---|---|---|---|
| 1979 | 91 | 52 | 53 | 67 | 67 | 226 | 217 |
| 1980 | 102 | 58 | 55 | 73 | 70 | 235 | 232 |
| 1985 | 167 | 70 | 67 | 86 | 102 | 314 | 306 |
| 1990 | 247 | 96 | 87 | 102 | 140 | 389 | 393 |
| 1995 | 307 | 209 | 149 | 131 | 168 | 484 | 436 |
| 2000 | 360 | 372 | 286 | 176 | 219 | 515 | 476 |
| 2005 | 322 | 339 | 310 | 201 | 279 | 564 | 427 |
| 2010 | 297 | 298 | 200 | 209 | 314 | 517 | 355 |

出所：2005年以前のデータはUnited Nations Statistics Division 2009b、2010年のデータはWorld Bank 2012

表3.2　EU諸国における現代通信技術の普及：EUの旧加盟国15ヵ国（EU15）対ポスト社会主義の新規加盟国（EU10）

| 指標 | 測定単位 | グループ | 1995年 | 2001年 | 2007年 |
|---|---|---|---|---|---|
| GDP | 2000年価格（米ドル）による1人当たり額 | EU15 | 19,706 | 23,747 | 26,781 |
| | | EU10 | 3,469 | 4,425 | 6,295 |
| GDP | 2005年を基準年とするPPP（米ドル）による1人当たり額 | EU15 | 25,831 | 31,134 | 35,058 |
| | | EU10 | 9,758 | 12,286 | 17,570 |
| パソコン | 100人当たり | EU15 | 16 | 35 | 37 |
| | | EU10 | 3 | 12 | 33 |
| インターネット利用者 | 100人当たり | EU15 | 3 | 32 | 64 |
| | | EU10 | 1 | 14 | 48 |
| ブロードバンド契約者 | 100人当たり | EU15 | NA | 2 | 24 |
| | | EU10 | NA | 0 | 12 |
| 携帯電話契約者 | 100人当たり | EU15 | 7 | 77 | 116 |
| | | EU10 | 1 | 40 | 118 |

注：数値は各グループにおける単純平均。欠損値（NA）の詳細については出所を参照。
出所：World Bank 2008

新製品である携帯電話が電話市場を席巻した[2]（表3・2〜3・4を参照）。このようなサービスの浸透は目を見張るものであった（Cooper 2009）。電話利用が供給面で制約されなくなったので、現在では需要制約のみが効いている。

資本主義と電話サービスの豊富な供給の明確な因果関係はいくつかの段階で見ることができる。開かれた市場経済に基づく私的所有への移行は不足経済に終止符を打った。電話サービスは国内あるいは外国企業が電話事業から利益を得るために供給されている。固定電話は携帯電話に代替されるために、独占を維持することはできない。それどころか、電話会社間の熾《し》烈《れつ》な競争を目の当たりにしている。三〇年前には、ソ連、東欧においてサービス利用希望者は官僚に、電話回線の便宜を図るように懇願していた。ところが今や、電話会社が顧客を求めて待ち焦がれている。

| 2001年 | 2003年 | 2005年 | 2007年 | 2009年 | 2011年 |
|---|---|---|---|---|---|
| 12,745 | 13,164 | 13,649 | 14,349 | 13,743 | 13,241 |
| 6,205 | 6,660 | 7,318 | 8,231 | 8,044 | 8,379 |
| 22,772 | 23,510 | 24,370 | 25,618 | 24,540 | 23,646 |
| 15,524 | 16,665 | 18,335 | 20,570 | 20,134 | 21,015 |
| 14 | 15 | 17 | 28 | | |
| 12 | 18 | 23 | 39 | | |
| 16 | 29 | 36 | 44 | 50 | 59 |
| 16 | 31 | 43 | 55 | 58 | 66 |
| 1 | 3 | 8 | 14 | 16 | 22 |
| 0 | 1 | 6 | 13 | 16 | 15 |
| 74 | 88 | 100 | 115 | 113 | 112 |
| 51 | 75 | 91 | 111 | 115 | 117 |

表3.3　EU諸国における現代通信技術の普及：ヴィシェグラード5ヵ国（V5）対南欧3ヵ国（S3）

| 指標 | 測定単位 | グループ | 1995年 | 1997年 | 1999年 |
|---|---|---|---|---|---|
| GDP | 2000年価格（米ドル）による1人当たり額 | S3 | 10,475 | 11,105 | 11,959 |
| | | V5 | 5,029 | 5,439 | 5,800 |
| GDP | 2005年を基準年とするPPP（米ドル）による1人当たり額 | S3 | 18,716 | 19,845 | 21,371 |
| | | V5 | 12,646 | 13,630 | 14,495 |
| パソコン | 100人当たり | S3 | 5 | 7 | 9 |
| | | V5 | 4 | 6 | 9 |
| インターネット利用者 | 100人当たり | S3 | 1 | 3 | 10 |
| | | V5 | 1 | 3 | 7 |
| ブロードバンド契約者 | 100人当たり | S3 | NA | NA | 0 |
| | | V5 | NA | NA | 0 |
| 携帯電話契約者 | 100人当たり | S3 | 3 | 12 | 40 |
| | | V5 | 1 | 5 | 18 |

注：数値は各グループにおける単純平均。V5はヴィシェグラード諸国：チェコ共和国、ハンガリー、ポーランド、スロヴァキア、スロヴェニア。S3は南欧諸国：ギリシャ、ポルトガル、スペイン。
出所：World Bank 2012

私も、自宅に電話回線がないゆえに起こったトラブルをよく覚えている。今や自宅に電話があり、家族全員がそれぞれの電話を持っていることから、ポスト社会主義への移行、資本主義に感謝している。体制の変化により技術進歩の機会が改善されたことにも感謝している。感謝(gratitude)は経済学・政治学の用語にはないことは重々承知している。しかし、(私がここであえてこの用語を使うのは)この用語が、一般に資本主義とイノベーションとの、とくに資本主義への移行と電話サービスの利用可能性との肯定的な因果関係を、私が分別を持って理解

**表3.4　ロシアその他諸国における現代通信技術の普及**

| 指標 | 測定単位 | グループ | 1995年 | 2001年 | 2007年 |
|---|---|---|---|---|---|
| GDP | 2000年価格（米ドル）による1人当たり額 | ロシア | 1,618 | 1,870 | 2,858 |
| | | ブラジル | 3,611 | 3,696 | 4,222 |
| | | メキシコ | 4,892 | 5,864 | 6,543 |
| GDP | 2005年を基準年とするPPP（米ドル）による1人当たり額 | ロシア | 7,853 | 9,076 | 13,873 |
| | | ブラジル | 7,727 | 7,910 | 9,034 |
| | | メキシコ | 9,949 | 11,927 | 13,307 |
| パソコン | 100人当たり | ロシア | 2 | 8 | NA |
| | | ブラジル | 2 | 6 | NA |
| | | メキシコ | 3 | 7 | NA |
| インターネット利用者 | 100人当たり | ロシア | 0 | 3 | 21 |
| | | ブラジル | 0 | 5 | 35 |
| | | メキシコ | 0 | 7 | 23 |
| ブロードバンド契約者 | 100人当たり | ロシア | NA | 0 | 3 |
| | | ブラジル | NA | 0 | 4 |
| | | メキシコ | NA | 0 | 4 |
| 携帯電話契約者 | 100人当たり | ロシア | 0 | 5 | 115 |
| | | ブラジル | 1 | 16 | 63 |
| | | メキシコ | 1 | 22 | 63 |

出所：World Bank 2008

するだけでなく、一九八九年以後の変化に強い思い入れを持っていることを明確に指し示しているからだ。あらゆる欠点や敗北があったにもかかわらず、資本主義の到来により、技術進歩のあらゆる生産物が最終的にわれわれ、ポスト社会主義地域のすべての市民に入手可能となったのである。

表3・2〜3・4は、コンピュータ利用、インターネットアクセスなど電話回線に劣らないほど重要なものの普及過程について同様の結果を示し

ている。先駆的な国を追随するスピードは実に目を見張るほど加速している。

多くの企業家は先駆者、すなわち世界規模で革命的イノベーションを導入する最初の者の役割を果たし、そのアイディアを実際の地域事情にあわせ大きな成功を達成する。追随者もまたシュンペーター的イノベーターと目されるかもしれない。その一人が、中国のビジネスマン、アリババグループの創立者で指導者のジャック・マー（馬雲）である。彼のグループに属する会社の主たる活動はインターネットを通じた企業間（B to B）取引、とくに小規模企業間での取引である。アリババグループは今やこの分野で中国最大の企業であり、世界的にも最大企業に含められる。マーは高校教師からスタートし、億万長者になった。[3]アリババの話は目を見張るようなサクセス・ストーリーであるが、多くの他の印象的なイノベーションのストーリーは、中国、ロシア、その他のポスト社会主義諸国でも進展してきた。

まとめると、先進国とポスト社会主義国の時間の隔たりは消えることはないが、この隔たりが時とともに拡大していった社会主義時代よりは縮まってきている。[4]

## 3・3　体制移行期における創造的破壊

イノベーションの過程と企業参入・退出の動態は緊密に関連している。シュンペーターは後者を「創造的破壊」と名づけ、急速な技術進歩の分離できない二つの側面を簡潔かつ詳細に描写している。この側面が成功を収めたイノベーションという形態で現れる場合にはビジネス界への幸運な参入を祝福するのは容易である。しかし、倒産、事業の失敗、退出といった悲しい出来事なしに急速な進歩はないのであり、それは解雇や失業といった苦い現象を伴っている。

経済システムの移行は創造的破壊の大きな波を二回経験するという不運に遭遇した。私は一九九〇年代初期に起こった最初の波を以前の論文で「体制転換不況（transformational recession）」と呼んだ（Kornai 1993）。すべてのポスト社会主義国においてトラウマを引き起こし、大量の退出を生み、数十年にわたる過剰雇用と雇用の保証の後に巨大な失業をもたらした。現在の不況（二〇〇九年から）はまだ終わっていないが、近い将来について幾分楽観的に見ると、体制転換不況のもとでの生産の減退よりも落ち込みは小さいものとなろう。体制転換不況はおそらく経済史におけるもっとも深刻な景気後退であったが、それに対して世界は現下の危機ほどには注意を払うことはなかった。われわれ旧共産主義地域の市民だけがこの体制転換不況の犠牲者であり、それ以外の世界は痛みに満ちた経験を共有していなかったからだ。

体制転換不況の被害は相当額に達したが、その一方で利益ももたらした。この不況により、内外の市場編成において抜本的な転換に素早く適応することが不可欠になり、より強いダイナミズム、より大きいイノベーション、より高い生産性に向かう道筋も明確になった。時代後れの多くの生産ライン、煙まみれ錆《さび》だらけの工場群、商品が陳列されていない商店が消え去り、最新の技術を備えた現代的建物に備えつけられた真新しい生産ユニット、新しい

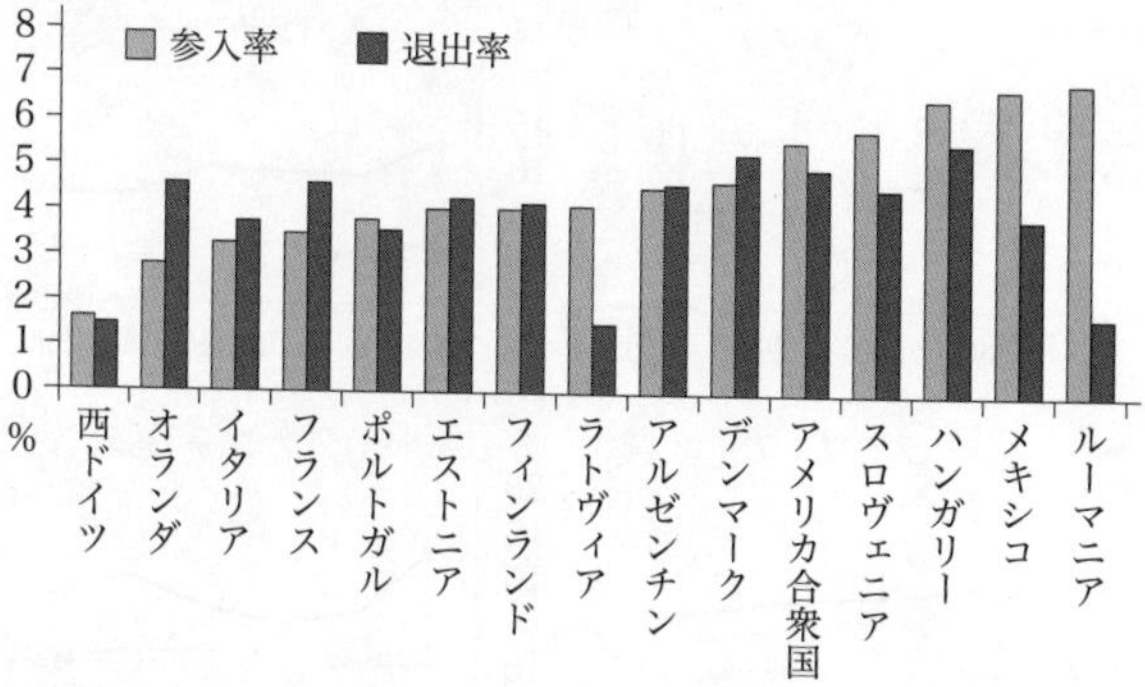


注：薄い色の棒グラフは参入率を示しており、当該年の新規企業数を存在・参入企業総数で除した値。濃い色の棒グラフは退出率を表し、当該年の市場退出企業数をその起点の企業総数すなわち前年の存在企業総数で除した値。
出所：Bartelsman et al. 2004, 16: Figure 1, Panel C

図3.1　1990年代における企業の参入・退出率

スーパーマーケットやショッピングセンターが出現したのである。ポスト社会主義圏における参入・退出にかんし、入念なデータが入手可能である。エストニア、ハンガリー、ラトヴィア、ルーマニア、スロヴェニアといった移行諸国を含む二四ヵ国における創造的破壊過程を企業レベルのデータに基づいて、注意深く報告、分析した研究がある（Bartelsman, Haltiwanger, and Scarpetta 2004）。図で説明するために、一九九〇年代における二〇名以上従業員を有する企業を網羅した貴重な図（図3・1を参照）を提示しよう。

　移行の初期には、参入企業は退出企業をはるかに上回っており、成熟した市場経済とは異なっている。成熟した

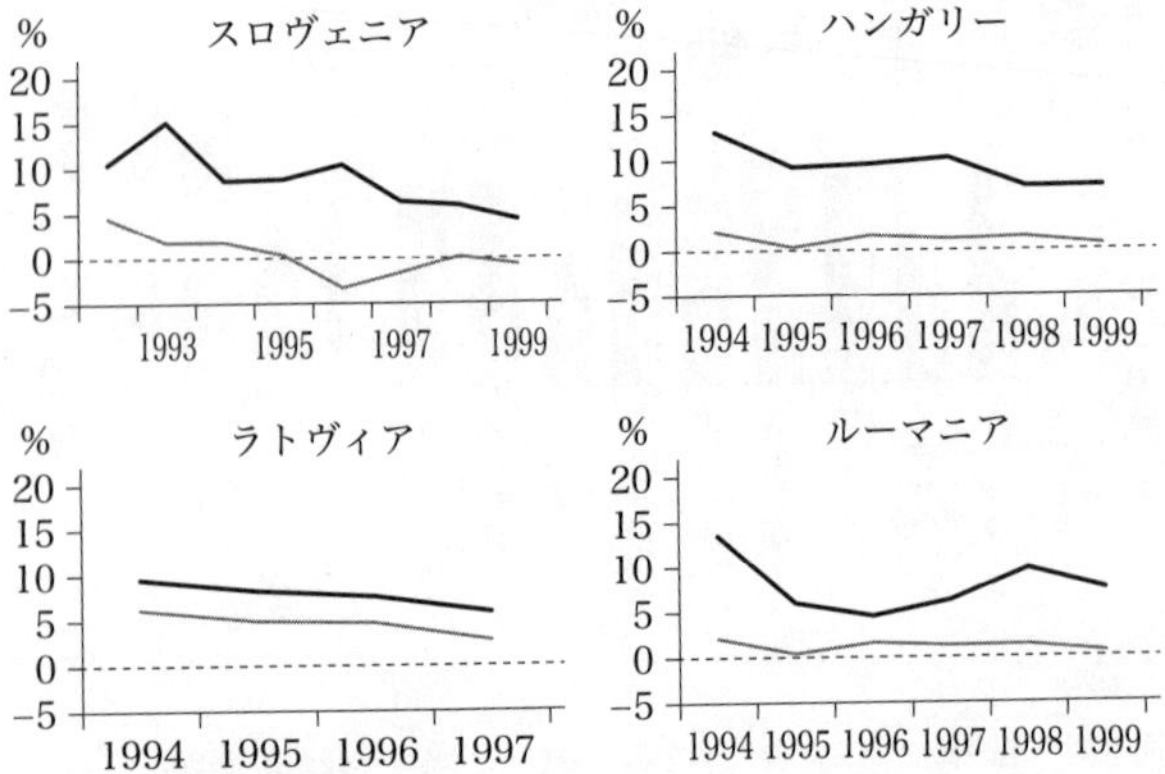


注：全ビジネスを対象とする。太い線は総交替率（参入率＋退出率）、細い線は純流入率（参入率－退出率）を示す。
出所：Bartelsman et al. 2004, 17: Figure 2, Panel B

図3.2　移行経済における企業の総交替率・純流入率の変化

市場経済では、両方の差が通常小さいかマイナス（退出の方が多い）となる。多くの大会社（旧国有企業）は事業から退出し、大量のスモールビジネスが参入したのである。企業の総交替率（退出率と参入率の合計）はほとんどの先進国では三〜八％であったが、一九九〇年代の移行経済期には一〇％を超える国も存在した。

　急速な交替と短命の新設企業によって引き起こされた激動は後々沈静化している。一九九〇年代末までには、企業人口にみられた特有の人口学的データは他の国々で観察されるデータと何ら変わらなくなった。図3・2は参入と退出の間でバランスがとられるようになるという傾向を指し示している。ネットのフローを指し示す細い線はゼロに近づいており、従業員で重みづけをした参入率と退出率の数値が相殺しあっている。シュンペーター的過程の破壊的な側面における最悪の局面を乗り越えるには数年を要したのである。ポスト社会主義経済は効率の上昇を伴って成長を開始し、突然新しい外的ショック、すなわちグローバルな景気後退の作用が経済を襲うことで、この経済は相当現代的な産出構成を持つに至っている。ポスト社会主義地域の人々は第二の痛みを伴う不況を経験している。今日「資本主義」という言葉はポスト社会主義諸国の市民の耳に愉快には響かないと理解できるだろう。

現代の不況は、激動と苦しみをもたらしているが、シュンペーター的意味における浄化効果を持っているかどうかを問うことは時期尚早である。破壊は、ポスト社会主義地域においてはさらなる建設の道を切り開くだろうか。こうした問いに答えるに十分な証拠を得るには今後一〇年以上を要するだろう。上記の肯定的な説明の政策的な含意を論ずるには、さらに長期の研究を要するだろう。ここでできることは、政策選択の場合のためのわずかなヒント、選択と結びついたディレンマを提示することである。

①シュンペーターの創造的破壊の基本的な考え方を受け入れたからといって、あらゆる破壊の出現を自動的に認めることにはならない。目にみえない市場の力が企業を退出させる場合、救済措置を考慮してもよい組織（中央政府および地方政府、金融部門、その他の主体）も存する。この論点は、ソフトな予算制約やモラルハザードにかんする文献で論じら

れている広大な理論・実証問題に他ならない。私自身はこれまで論文のいくつかでこの問題を論じてきた（Kornai, Maskin, and Roland 2003; Kornai 2009b）。この点では、一つだけ付け加えておきたい。イノベーションのシュンペーター的過程は、もっとも将来性があり、もっとも「流行している」部門および下位の部門の目覚ましい成長を伴っている（ドットコム企業の大量の参入と凄まじい成長を想起されたい）。この過程は不可避的に二つの側面を持っている。多くのプロジェクトが数少ない大成功のために必要となる、と同時にプロジェクトがうんざりするほど多すぎるということだ。もしこの過程が生じると、「自然淘汰」が続き、絶滅の運命にある種の生き残りを求めて闘う必要はない。政策立案者は、たとえば過度の退出によって生じる相当深刻なマクロ経済的ダメージから経済全体を守るために、何らかの救済措置に賛成する強い議論を前提にするかもしれない。しかし、反対論もまた注意深く熟考されなければならない。

②昨今の不況の原因についてはまだ白黒つかない。よく知られた考え方は、金融部門の緩やかな貸出政策のせいにするものであり、相当厳しく保守的な貸出ルールを将来に求めている。私はこの考え方を否定はしないが、次の点は警告しておく。イノベーションのシュンペーター的過程には、夢のような技術進歩を達成しそうもない、あるいはリスクの大きいプロジェクトのために、資本への相対的に簡単なアクセスが必要となる（2・3節で取り上げたイノベーションのシュンペーター的過程に必要となる条件にかんする検討のう

ち、DおよびEを参照)。しかし不況後には全般的に不況以前よりも慎重さと強いリスク回避を求める風潮になるだろう。確かに慎重さが以前よりも必要となることには同意するが、むやみに保守的すぎる行動をとるのは取り返しのつかない誤りになるだろう。貸出基準は、リスクはあっても将来性のある革新的プロジェクトへの融資機会を閉ざさないようにするために、注意深く区別されるべきである。

③市場の力の持つ束縛されない自由なルールに反対して、規制と警告が声高に求められている。こうした要求と警告はある程度までは正当なものである。しかし、その限界を超えると、もはや過剰規制、起業に対する官僚的障壁の領域に達し、企業家精神の活力を損なうことにもなる。さらに、ごく少数のポスト社会主義国では、起業はなお困難な障害物競走になっている(世界銀行および国際金融公社の二〇〇九年報告書『ビジネス環境の現状』を参照されたい)。つまり、政策立案者は次の二つの型の誤りを避けなければならない。規制緩和を極端に進めることと、あるいは規制を過剰に(誤った対象に)導入することである。

④多くのビジネスマンやトップ経営者の報酬が急上昇したために、世間一般の空気は悪化している。この報酬上昇に反対し現実に措置を講じるよう求める声もある。確かに怒りは道徳的に、心理的に理解できるものだが、それにもかかわらず(不人気な)このような報

酬が必要なのだ。シュンペーター的過程の条件の一つに成功の場合の巨額の報酬がある（2・3節のリストの条件B）。この場合、報酬は単に大きい額というのではなく、巨額な報酬なのだ。こうして初めて、革新者になろうとする者は失敗の大きなリスクを取るように動機づけられる。この文脈では、偉大な飛躍的進歩を成し遂げた発明をもたらす最初の先駆者だけでなく、内外の先駆者に素早く追随する企業家もまた「革新者」の名に値することを想起したい。その一方で、高額の報酬に値する者と値しない者の間に線引きできるような、誠実かつ有能な陪審員の仕事などとても想像できない。私には現実的な解決案を提示できそうにはないが、きわめて高額の事業収入の二つの（相互に矛盾する）側面に注意を向けたいだけである。

**注**

（1）輸入品との競争とイノベーションとの因果関係は、Gorodnichenko, Svejnar, and Terrell 2010 の計量研究により確認される。

（2）いくつかの国では、たとえばハンガリーでは、固定電話サービスのさらなる増加が頭打ちになっただけでなく、実際に多くの家計において携帯電話が固定電話にとって代わり始めた。

（3）http://www.alibaba.com（会社情報）を参照。

（4）「情報社会」のさまざまな側面の発展を総合的に反映する Information Society Index によると、ポスト社会主義国（たとえば、チェコ共和国、ハンガリー、スロヴェニア）はランキングにおいて相当の地位を達成している（Karvalics 2009）。ランクの順位を維持するだけでも今日相当の努力が必要とされるが、上記の国のグループ全体が上位に移動しており、毎年高い評価を受けている。

# 第4章　人は歴史的事実をどう受けとめるか

## 4・1　イノベーションは資本主義の結果と理解されていない

前章では「大転換」すなわち体制の変化と技術進歩の相互作用にかんする歴史的現実を描いてきた。この描写に誤りがあればお許しいただきたいが、だいたい正確であり、十分に証拠があると考えている。この場合、歴史的現実を描写することと、その現実が人々の心にどのように映るのかは区別しなければならない。反応のプロセスは人それぞれ違ったように働くものである。前章で描いた現実は個々人によって異なる形で認識され、理解され、評価され、その違いは当人の社会的地位、学歴、経歴、性格に依存している。

考察しなければならない最初の問いは、技術進歩にかんするものである。人々は、発明やイノベーション、新製品や新技術の過去および将来の姿を前進と捉えるのだろうか。それとも、その過程を恐れ、有害あるいは危険なものと捉えるのだろうか。この問いへの答えを国際調査が明らかにしてきた。表4・1および表4・2から興味深い考察がうかがえる。技術進歩が引き起こす便益と損害を考えると、ポーランド人とハンガリー人の三分の二は否定的な影響よりも肯定的な効果に重きを置く（表4・1の第5欄）。この点で、両国の大部分の国民はオーストリア、フィンランド、イタリア、スペイン、さらにポスト社会主義国のチェコ共和国の国民よりも技術進歩に好意的である。技術進歩を肯定する回答者比率は、質問が将来に対する影響になった場合には、さらに高くなる（表4・1の第2欄を参照）。

第二の問いは、評価することではなく因果関係にかんするものである。私はリスクをとって、大胆な一般的推論から始めたい。ポスト社会主義地域の大部分の市民は、資本主義と技術進歩の基本的な因果関係を理解していない。この五〇〜一〇〇年間のイノベーション、とくに情報・通信技術の革命的変化はあらゆる人々の生活を劇的に変化させており、大部分の人々は急速な技術変化の恩恵を享受してきたにもかかわらず、この偉大な変化を資本主義の結果だとは考えていない(1)。

それどころか大部分の人々は、穏健であろうが、激烈なものであろうが、反資本主義の感情を抱いている。彼らは携帯電話、インターネット、スーパーマーケットのバーコード、プラスチック素材と合成繊維、現代的家電製品、ゼロックスのコピー機などを利用しながら、それらほぼすべてが軽蔑し嫌悪する資本主義システムの創造物であることに気づいてさえいない。これは推論であり、残念なことにこの推論を支持する、もしくは訂正する、あるいは否定するような世論調査ないし価値観調査といったデータを何一つ参照できていない(2)。回答者に投げかけられる何百もの関連質問のなかで、次の質問はいかなる形式であれ誰も問うていない。すなわち、一方で経済システム全般（資本主義、社会主義、社会主義から資本主義への移行）と他方で技術進歩との相互作用について、あなたはどのように考え、どのように

表4.1　技術進歩の評価（%）

| | 科学技術進歩はHIV感染症や癌等の疾病治療の役に立つ | 科学技術のおかげで将来世代にとってよりすばらしい機会がもたらされる | 科学技術によってわれわれの生活はより健康で過ごしやすく快適になっている | 科学技術は世界中の貧困や飢餓の削減の役に立つ | 科学がもたらす利点はそれがもたらしうる難点を上回る |
|---|---|---|---|---|---|
| オーストリア | 82 | 71 | 71 | 33 | 48 |
| フィンランド | 89 | 77 | 77 | 21 | 50 |
| イタリア | 82 | 73 | 76 | 50 | 57 |
| スペイン | 79 | 66 | 73 | 37 | 57 |
| チェコ共和国 | 85 | 74 | 70 | 35 | 44 |
| ハンガリー | 94 | 81 | 79 | 34 | 63 |
| ポーランド | 89 | 93 | 83 | 45 | 65 |

注：以下の質問がなされた。「あなたは以下の記述に同意しますか？」。表の数値は全回答に占める肯定的回答の比率を%表示したもの。
出所：Eurobarometer 2005

表4.2　新技術のインパクトに対する期待（%）

| | 太陽エネルギー | コンピュータ・情報技術 | バイオテクノロジー・遺伝子工学 | インターネット | 携帯電話 | 動力車への新エネルギー源 | 航空輸送 |
|---|---|---|---|---|---|---|---|
| EU15 | 90 | 85 | 63 | 77 | 67 | 90 | 79 |
| EU10 | 84 | 87 | 64 | 81 | 70 | 86 | 79 |
| ドイツ | 95 | 89 | 65 | 75 | 57 | 92 | 72 |
| イギリス | 91 | 92 | 65 | 81 | 61 | 90 | 80 |
| ハンガリー | 87 | 87 | 74 | 78 | 67 | 81 | 75 |
| ポーランド | 89 | 92 | 63 | 86 | 80 | 88 | 88 |
| ルーマニア | 78 | 86 | 65 | 82 | 75 | 84 | 85 |

注：以下の質問がなされた。「あなたは以下の新技術が肯定的、否定的、中立的のいずれの影響をもたらすと考えますか？」。肯定的回答の比率のみが示されている。
出所：Eurobarometer 2005

感じるのか、という質問である。

これらの質問について人々の心を見透す最初の調査データを入手し、推論の修正を求める結果を得るまでは、さし当たり推論を主張しよう。幾分奇妙なことだが、調査がないということ自体が私の推論を間接的に支持しているように思う。もし社会的変化と変化に対する人々の反応を研究する専門の研究者が、完全にこのようなひとまとまりの質問を無視しているとすれば、われわれは平均的な市民からいったいどのようなことを引きだしうるのだろうか。このきわめて重大な問題に関連する調査がまったくないのであれば、それは政治的・経済的領域と技術進歩の加速との関係を理解することについての知的無関心を明確に示唆している。世論は複雑な社会的過程により形成されている。幼稚園や小学校の親と教師、隣人、職場の同僚、誰もが世論に参加している。世論の形成に特別の責任を負う二つの職業的集団について若干の考察を行っておきたい。

## 4・2　経済学者の責務とは

われわれは学生に何を教えるのか。シュンペーターによって相当程度影響を受けた知的興奮に満ちかつ重要な最新の成長理論（Aghion and Howitt 1998; Grossman and Helpman 1991）は同業者にも一目置かれており、その理論への敬意は通常、主流派経済学の思考に深く浸透していなくとも、丁重な脚注に表現されている。特に卓越した経済学者達は資本主義の長所を説明する際に企業家精神をとくに重視する（Baumol 2002; Baumol, Litan, and Schramm 2007; Phelps 2008）。最近の代表的なオーストリア学派（たとえば、Kirzner 1985, 119-149を参照）は、市場の自生的な力の革新的本質に対して飽くことない関心を寄せている。比較経済学、社会主義経済やポスト社会主義経済の研究を専門とする経済学者は、システムの特定の性質と技術進歩の特徴との強い因果関係に関心を寄せており、その最たる例がレシェク・バルツェロヴィチ（Balcerowicz 1995, Chapter 6）である。それにもかかわらず、これらの貴重なアイディアはミクロ経済学の授業を通して、若い経済学者の日常の教育にまで浸透していない。

われわれが学生に何を教えるべきかについて、単純だが決定的な検証として、もっとも影響力の大きい入門教科書を検討しよう。グレゴリー・マンキューの教科書（Mankiw 2009）を取りあげる。これはアメリカ合衆国でもっとも広範に使われている教科書で、数ヵ国語に翻訳されている。私の母国ハンガリーでも教科書に用いられている。この本は講義形式で巧みに書かれており、主要命題すべてに興味深いイラストが添えられている。だが、シュンペーター型イノベーション過程についての記述は一行もない。索引に数十名の名前が列挙されているが、シュンペーターは見当たらない。要素生産性の上昇と技術進歩については退屈な数段落があるが、それはイノベーション過程の活き活きとした記述や資本主義のダイナミズム、奥深い説明の欠如を埋め合わせるほどのものではない。

私の助手ユディット・フルケーツのおかげで、われわれはアメリカ合衆国、ハンガリーと他のポスト社会主義国を含めたヨーロッパで広く用いられている著名な入門書七冊を検討した。[3] マンキューの教科書に向けた批評のすべてが正確にほかのどの教科書にも当てはまる。八冊のわずかなサンプルのうち、例外は一冊だけであった。[4]

留保を加えておこう。私はここで入門書にのみ焦点を当てているが、それは教科書が学生の思考形成において決定的な役割を果たしており、条件反射の「刷り込み」と思考過程の無意識的行為を働かせるからだ。

われわれの小さなサンプルはもちろん代表例ではない。多くの代表的サンプルの教科書を分析して結論を導くことは、私の研究や本論の範囲を逸脱するものだ。しかし、学生を経済学原理に引き入れる高等教育の多くの（おそらく支配的な）部分は、この相当重要な資本主義というシステム特有の特性を説明していないとする仮説を、十分な実証により反論されない限り、私は主張し続けておきたい。

主流派経済学はしばしば資本主義に好都合な特性だけを宣伝していると非難される。たとえそうであっても、主流派経済学は、資本主義システムの主要な長所にイノベーションを止めない性質があると論じていないために、教育面では相当貧弱な役回りを果たしているにすぎない。

成長を測定する場合に、国内総生産（ＧＤＰ）は支配的な指標となっている。ＧＤＰ測定のための作業上の定義と方法論の存在が経済学者と統計学者の偉大な成果であり、全世界に等しく受け入れられている。しかし、この測定の成功は発展過程の成功と失敗を評価する際に、ある種の怠惰を生みだしてきた。GDP成長率は過剰なまで注目を浴びている。おそらく、インフレーション、財政収支、経常収支、不平等の測定、その他の若干の指標も注目されるが、技術進歩を本書で意味するものとして理解するとき、技術進歩の成功と失敗、加速と失速を測定する広範に受け入れられ定期的に計測される指標は存在していない。中東欧におけるポスト社会主義経済は一九九四〜二〇〇〇年頃に一九九〇年以前のGDP水準に到達したが、ソ連の後継諸国はそれよりもずっと遅く、今も到達していない国もある。その間に生活様式は大部分の人々にとって完全に変わってしまった。本論の文脈では、私は政治的環境、所得分配、社会的流動性における変化には言及しない。非常に重要なこれらの変化とは別に、資本主義のイノベーション過程によって創出される新製品や新技術が、人々の日々の生活で加速度的に利用されていることに言及する。われわれはGDPの水準で問題を嘆くが、大部分の人々は今や電話やインターネットで社会の他の人々と結びつき、さらに多くの人々が自動車や現代的家電を所有し、かつては西側でしか入手できなかった新製品を利用している。われわれは、技術進歩が日々の生活に及ぼす効果を直接観察し実証するための適切な指標と測定方法を作りあげなければならない。

富や発展の別の側面を反映する他の指標でGDPの測定を補完する必要性は、あらゆる経済学者、統計学者によく知られている。成長の測定を改善するために、重要な新しいイニシアチヴが出現し、それは保健、教育、所得分配などの多様な指標により、産出の総計にかんするデータを補完している(5)。技術進歩が生活様式に及ぼす影響という、本論で光を当てる側面が、統計を改革するという過程において十分に注目されていないのではないかと私は憂慮している。

## 4・3　政治家の責務とは

政治家は、ご存じのように、政府の政策を担当している。本書で分析する政策上の含意にかんしてこれまで言及してきたあらゆることは、政治的意思決定者の能力に帰属する。しかし、ここでは、私は政治的活動の別の側面について述べてみたい。政治指導者は自国民の教育者でもある。

ティボール・メッツマンとその同僚の助けを借りて、われわれはブルガリア、クロアチア、チェコ共和国、ハンガリー、ポーランド、セルビア、スロヴァキア、スロヴェニアの政治指導者の公式演説を読解した。各国について、国家元首や首相ともっとも影響力のある野党（複数の場合も）指導者の演説または文書を選択した。われわれは、当該国の成功や失敗を概観した演説や文書による声明（アメリカにおける一般教書演説のようなもの）を選択するようにしたが、大部分は国民の祝日や国民的行事の際に発せられたものであった。分析したテキストの多くは二〇〇九年一～八月に発せられたもので、なかには一九八九年の出来事の二〇周年を記念し、ポスト社会主義移行の包括的評価を行っている演説もあった(6)。

共通する発見は簡単に要約できる。五三件の演説および政治的声明のうち、資本主義と技術進歩の因果関係、技術進歩の人々の生活への影響を説明したものは何一つなかった。資本主義のこうした長所は、社会主義から資本主義への移行がイノベーション、近代化、ダイナミズムの世界への移行を意味するということを人々に納得させるために、言及されることはなかった。

政治指導者のなかには、技術進歩について語る者も少しはいる。彼らは資本主義システムについて好意的に語っている。しかし、演説のなかでここまで説明してきた議論を見出すことはなかった。五三件の声明はサンプルとして、十分に大きいので、これは衝撃的で失望したと声高に言いたい。ここでは、東欧の極右や極左のような反資本主義の過激な政治家ではなく、政治的「正統派」の指導者の言動を観察している。彼らは、政府与党と野党の立場を行き来しているが、資本主義の友であっても敵ではないことは確かである。それにもかかわらず、資本主義システムを肯定する最良の議論が欠落している。ごく一部の政治家しか資本主義を擁護する用意ができていないと直ちに付け加えておこう。政治家の間では（左派も右派も両方で）、システムの暗い側面を強調し、それに反対して発言することがあたりまえのようになっている。

より多くの政治演説と声明文書が検討されるべきであることは確かで、いかなる反証となるものであっても、歓迎する。つまり、イノベーションを生みだす際に資本主義の役割を強調したり、移行期に達成された成功の一覧に技術進歩の加速を付け加えたりする政治家の演説をである。しかし、否定されない限り、私は次の命題を主張する。すなわち、政治家は、政治分野におけるあらゆる点で、「資本主義↓イノベーション↓生活様式の変化」の因果関係の説明を無視していることに重大な責任を負っている。この決定的な因果の連鎖を理解することこそ反資本主義の感情への効果的な予防策になるのだが、政治指導者はこの予防策を講じない。

無視を決め込むのは無論、罪を軽くする。もっとも苛立たしいのは、資本主義によって生みだされた発明やイノベーションをすべて実際に利用しながら資本主義に反対する、ポピュリストの扇動行為である。パソコン、携帯電話、衛星や光ファイバーが提供する通信網を利用して、反資本主義の過激派による集会やデモに人々を動員する政治活動家を目にすると、道徳的に嫌悪感を覚える。これが日々ポスト社会主義国で生じていることだ。すでに体制の変化が生じてしまったという単純な事実さえ否定する政治活動家は、ポピュリスト的な反資本主義のスローガンをブログやウェブサイトに掲載し、デジタル版の拡声器のようなものを経由して扇動的な演説を群衆に行い、携帯電話を介して互いに連絡を取り合っている。こうして、彼らは資本主義が生みだした技術を活用しているのだ。

## 4・4　相互接続性と民主主義は相関する

「資本主義↓イノベーション↓生活様式の変化」の因果の連鎖が人々の心にどのように理解され評価されているのかについて実際には何も知らないのだが、われわれは、因果の矢印の

表4.3　民主主義に対する評価：インターネット利用者と非利用者の比較

| | インターネット利用者 | | インターネット非利用者 | |
|---|---|---|---|---|
| | 平均 | パーセント | 平均 | パーセント |
| 中東欧 | 2.6 | 30 | 2.8 | 70 |
| チェコ共和国 | 2.5 | 42 | 2.8 | 58 |
| ハンガリー* | 2.2 | 23 | 2.4 | 77 |
| ポーランド | 2.7 | 34 | 2.9 | 66 |
| ロシア | 3.0 | 14 | 3.1 | 86 |
| スロヴェニア | 2.2 | 57 | 2.1 | 43 |

注：第2列はインターネット利用者（第4列はインターネット非利用者）の比率。以下の質問がなされた。「民主主義の機能のあり方についてどの程度満足していますか？」。回答は4段階が想定された。1＝完全に満足；2＝いくらか満足；3＝あまり満足していない；4＝完全に不満足。表に示された数値は平均値（加重されていない）。
＊インターネット利用者にかんするハンガリーのデータについて、私には疑念がある。私には上記の数値は他の統計と比較してかなり低いように思われる。
出所：Rose 2005

反対方向、すなわちポスト社会主義国の人々の政治的見解への技術進歩（より正確には情報通信分野の進歩）の効果を見抜く力はある。表4・3〜4・5はポスト社会主義圏の回答者の民主主義、資本主義、旧社会主義システムに対する態度にかんする調査データをとりまとめている。これらの表から、人々は二つの階層、インターネットを頻繁に利用する階層と用いていない階層に区分される。違いはきわめて印象的である[7]。現代的なＩＴ技術の世界に結びついている人々は民主主義と資本主義に好意的な見解を持ち、過去の体制にはより批判的で、これは励みとなる兆候である。ネット利用者は、古い社会主義の秩序に対するノスタルジアの感情、とくに最近の経済危機以来多くの人々に強まっている感情に、それほど左右されない。

これまで示した実証結果は、別の系統の研究である相互接続性にかんする研究の発見にもうまく合致している。直観的にみてこの用語「相互接続性」の意味は、その名前に明確に表れている。個々人は互いに多様な技術的手段と手続きで結びつけられているという意味だ。とくに、電子メールはこの点で重要な役割を果たしている。人々が技術的に他人に対し電子メールを送付可能になればなるほど、接続のネットワークはより強固なものになる。この現象は確実に観察でき、測定できる。

私はここでは、「相互接続性」の測定基準に言及するクリストファー・R・ケジーによ

**表4.4　資本主義経済体制に対する評価：インターネット利用者と非利用者の比較**

| | インターネット利用者 | | インターネット非利用者 | |
|---|---|---|---|---|
| | 平均 | パーセント | 平均 | パーセント |
| 中東欧 | 1.9 | 30 | 0.4 | 70 |
| チェコ共和国 | 2.5 | 42 | 0.7 | 58 |
| ハンガリー* | 0.7 | 23 | −0.5 | 77 |
| ポーランド | 1.1 | 34 | −0.9 | 66 |
| ロシア | 0.9 | 14 | −0.8 | 86 |
| スロヴェニア | 1.6 | 57 | 0.7 | 43 |

注：第2列はインターネット利用者（第4列はインターネット非利用者）の比率。以下の質問がなされた。「資本主義体制についてどの程度満足していますか？」。回答は21段階が想定された。−10＝最低；0＝中立；＋10＝最高。表に示された数値は平均値（加重されていない）。

＊インターネット利用者にかんするハンガリーのデータは他の統計に比してあまりに低いように思われる。別のデータソース（Median 2007）によると、14〜70歳人口の31％が自宅、職場あるいは学校でインターネットにアクセスしている。

出所：Rose 2005

**表4.5　社会主義経済体制に対する評価：インターネット利用者と非利用者の比較**

| | インターネット利用者 | | インターネット非利用者 | |
|---|---|---|---|---|
| | 平均 | パーセント | 平均 | パーセント |
| 中東欧 | 1.1 | 30 | 3.7 | 70 |
| チェコ共和国 | −2.6 | 42 | 0.6 | 58 |
| ハンガリー* | 0.2 | 23 | 3.0 | 77 |
| ポーランド | −0.4 | 34 | 3.4 | 66 |
| ロシア | 1.6 | 14 | 4.4 | 86 |
| スロヴェニア | 3.0 | 57 | 4.0 | 43 |

注：第2列はインターネット利用者（第4列はインターネット非利用者）の比率。以下の質問がなされた。「以前の社会主義体制についてどの程度満足していましたか？」。回答は21段階が想定された。−10＝最低；0＝中立；＋10＝最高。表に示された数値は平均値（加重されていない）。

＊インターネット利用者にかんするハンガリーのデータは他の統計に比してあまりに低いように思われる。別のデータソース（Median 2007）によると、14〜70歳人口の31％が自宅、職場あるいは学校でインターネットにアクセスしている。

出所：Rose 2005

る興味深い研究に依拠している（Kedzie 1997a）。私はこの分野の専門家ではないので、ケジーが用いた測定基準が、彼の目的に照らして最適であるのかどうかを判断はできない。条件つきで彼の選択を受け入れた場合、その基本的成果は確かに検討に値する。彼が熟慮した他の計測とは別に、ケジーは「民主主義」（多様な指標で測定される）と「相互接続性」の相関に着目した。この相関係数は〇・七三で、これは民主主義と一人当たりGDPの相関係数（〇・五七）よりも強い。私には相互接続性の指標に利用される分野にかんして知識が不足しているので、留保つきだが上記の命題を記しておこう。しかし、ウォルター・フリッシュによるさらに最近の研究はケジーの発見を支持している（Frisch

2003)。ゆえに、この方向で研究が進むと期待される。

この点で、共産党の独占的な権力と公式のマルクス＝レーニン主義イデオロギーが解体されたときにおける現代的な情報通信技術の役割にかんする私のこれまでの主張を思い起こしていただこう。そこでは、私は旧ソ連および中東欧の社会主義諸国において二〇年前に起こった出来事を考察した。問題はまったく古びていない。経済的にそれほど大きく変わっておらず、共産主義独裁の強権が今なお行き渡っている二つの小国、キューバと北朝鮮が存在している。さらに、政治構造はほとんど変わっておらず一党独裁がそのまま残っているが、抜本的な改革が導入され、経済を資本主義に近いところにまで移行させている二つの大国、中国とヴェトナムが存在している。こうした国々に対し現代的な情報通信技術はどのように影響するだろうか。中国とヴェトナムは技術進歩の革命的な成果がもたらしたあらゆる利点を熱心に利用しており、同時に両国はその結果を恐れている。技術進歩からの最大限の利益と権力の独占の最大限の保護、こうした二つの指導部の目的は完全に相互に矛盾し、躊躇を生み、前進と後退、そして動揺をもたらす。

もう一つの分析すべき問題は将来である。来たるイノベーションの波と生活様式の相互作用の将来はどのようなものだろうか。私は悲観的になったとき、さまざまな否定的シナリオを予測する。たとえ特殊な予知能力がなくとも、技術的成果の誤用は簡単に予測できる。私は、中国政府がインターネットを政治的検閲に応用し、特定のテレビチャンネルの中継を妨害したり、ずけずけ遠慮なくものを言うブログを閉鎖するように努めていたりするという報告書を読んだ[8]。中国で使用されているすべてのコンピュータのうち国産品の比重が絶えず増加しているので、中央が制御する検閲ソフトをＯＳに組み込むように、企業に強制することは容易である。悲しいかな、多くの西側企業は巨大な中国市場の喪失を恐れて、政治的検閲の導入に際し当局に進んで協力している。

ジョージ・オーウェルがその著書『１９８４』（Orwell 1949-50）を執筆したとき、その小説のなかでビッグ・ブラザーは予測できるような装置を持っていなかった。しかし、今日、あらゆる住宅や事務所に監視カメラや盗聴器を仕掛けるうえでいかなる技術的な困難も存在しない。すべての市民を監視するために最新の監視・盗聴装置をたずさえ、それを利用しようと決めた将来のスターリンを想像してほしい。

しかし、より楽観的に考えれば、私はこうした悪夢のような想像から逃れ、中央集権化を確実にしたり、より強化することに独裁者がいかに努力を払おうとも、現代技術は繰り返し分権化の原因になるとも思っている。たとえ中央集権推進者が情報を遮断する新しい方法を発明しても、その遮断と障壁に穴をあけるような分権化推進者、創意あるコンピュータ利用者が数多く出現するだろう[9]。

## 注

（１）３・２節では社会主義下での電話回線の不足と一九八九年以降の溢れんばかりの供給を述べ、私は資本主義が自分の人生に変化をもたらしてくれたことに感謝するという主観的な表明を行った。おそらくこのような感情を抱いたのは私一人ではないだろうが、少数派ではないかとも考えている。

（2）私の助手ダニエル・ロナのおかげで、われわれはもっとも権威ある調査を注意深く検討できた。われわれは本論部分に定式化した問いを求めて四つのもっともよく知られた国際的調査も調べてみたが、この問いに類似した内容を見つけだすことはできなかった。これらの調査結果は記録され、筆者を通じて入手可能である。

（3）教科書リストは記録に残しており、筆者を通しての要求により入手可能である。

（4）われわれのサンプルの例外はBaumol and Blinder 2009であったことには少しだけ驚いている。ウィリアム・ボーモルは資本主義の理解におけるシュンペーター的アプローチを支持する知的指導者である。この節の最初に私は企業家精神の役割とシュンペーター的アプローチを完全に熟知する著名な経済学者の名前を挙げた。もしこれらの学者（と少数だが他に資本主義経済の類似の考え方を受け入れている者）がミクロ経済学を教えれば、彼らはイノベーション過程と突破的な前進を生みだすイノベーションにおける資本主義システムの役割についての説明を必ず無視することはなかっただろう。

（5）ジョセフ・スティグリッツ、アマルティア・セン、ジャン＝ポール・フィトゥーシに率いられた経済学者と統計学者のグループは、成長と発展の測定の改善に向けた新しい提案に取り組んだ（報告Stiglitz, Sen, and Fitoussi 2009を参照されたい）。

（6）検討された文書リストは記録されており、筆者を通じて入手できる。

（7）われわれはここで、ハイテク・コミュニケーションの出現が社会的不平等を拡大しているのかどうかについてきわめて重要な問いに触れているが、その解を探しだすことは本書の限界を超えるものである。

（8）中国の政治的検閲に応用する努力にかんしては、Chao 2009 と Timmer 2009 を参照されたい。一般的概観について、ウィキペディアのインターネット検閲にかんする投稿を参照（Wikipedia 2009b）。

（9）本章注8で私はインターネットで公開された Timmer 2009 による論考に触れた。その編集者はコメントを求めている。最初のコメントは次のようにある。「それでは、なぜ中国市民は、ハードディスク・ドライブを再フォーマットし、Ｗｉｎｄｏｗｓの海賊版をインストールできないのだろうか」。

# 第5章　おわりに

私のエッセイは広範囲の論点をカバーしてきた。私は、研究を少数の課題に限定するつもりはない。比較経済学およびポスト社会主義「移行学」には、色彩豊かな研究地図がありながら、巨大な空白を目の当たりにしている。私のエッセイの目的はこの空白を概観することにある。

いくつかの論点にかんする多くの価値ある研究のうち、本論に言及されたものもある。どの論点にも多くの先行研究の蓄積があるが、不幸にも、論点は互いに明確に区分され、相互に参照されることはない。ここでは、つながりを詳細に描き分析することを重視しておらず、論理的なつながりの全体像を考察することに重きをおいている。また、洞察力のある研究、実証的観察、理論的分析に値するテーマは数多くあるが、本論ではほとんど触れられていないか、言及すらされていない。技術進歩、および技術進歩と社会との関係にかんする研究は多次元的空間で進行している。本論で論じた点は副次的空間にあり、この副次的空間の外側に適切に関連する空間が存することは了解している。なんと刺激的で、知的意欲をかき立てる研究課題なのだろう。本論がこの広大な研究途上の領域における研究をいっそう促すことを望む。

最後に、本論で述べられていない次元の課題を挙げておこう。

・個々人、社会集団、定住地、地域、国家の関係への新しい情報通信技術の効果はどのようなものだろうか。一方でハイテクの情報通信、他方で国民国家およびグローバリゼーションにおける関係について、何が予期できるだろうか（Castells 1996-98; Nyíri 2004; Webster et al. 2004）。

・資本主義の将来。新世代の情報は資本主義の基本的特性に急進的な変化を引き起こすのか。あるいは新世代の情報はもはや資本主義とは呼ぶことができない新しいシステムを創出するのか。二人のハンガリー人経済学者カタリン・サボーとバラージ・ハーモリは、『デジタル資本主義か、新しい経済システムか』という副題を付けた興味深い書物を執筆した（Szabó and Hámori 2006）。ハウグも参照されたい（Haug 2003）。

・情報通信技術の革命的変化はビジネスを運営する実用的なやり方に、とくに金融部門においで、どのように影響するのか。

・所有権、とくに知的財産について新しい情報世代にはどのような意味が含まれるのか。

・われわれの人類の歴史に対する総合的な理解をより抽象的な哲学レベルで再考するということが、まったく異なる思考の方向性として存在する。社会の制度および政府の機能に対する、生産技術および人間の相互作用の変化の役割とはどのようなものなのか。

# 第II部　不足経済と余剰経済

# 第1章　はじめに(1)

## 1・1　資本主義は余剰経済なのか

英語のウィキペディアの「不足経済」のページには、一九八〇年代のポーランドのショッピングストリートにある食料品店に行列している人々の写真が掲載されている。(2)今日、ポーランドで買い物をする人は誰でも棚に品物がたくさんあり、自国および外国からの多種多様な商品が存在しているのを目にするだろう。

一九九九年に著者は『不足の経済学』第二版の出版のために中国を訪問した。案内してくれた人々――書籍編集者および本をよく知る数人の学生たち――が私をデパートや食品市場に連れて行き、そのうちの一人がこう言った。「不足の経済学ではなく余剰の経済学について、新しい本を書く時期です」。

そのような本を書くことはないだろうが、一学術エッセイの範囲内で、余剰経済の経済学にとっての基本的アイディアの輪郭を描きたいと考えている。中心的アイディアは以下のようなものだ。不足経済が社会主義システムの特性であるのと同様に、余剰経済は資本主義システムの特性である。(3)

シュンペーターによると、研究は「分析の前の認識の行為」により始まり、それが分析の努力のための素材を運んでくれる。これを彼はビジョンと呼んでいる。このビジョンが物事に新たな光を投じる（Schumpeter 1954, 41-42）。そうした分析前のビジョンは、社会主義の不足経済下の経済学者が、資本主義のマーケットの十分な供給量を目の当たりにしたときの驚きのなかにも含まれていると確信している。この印象が重要であると考える。資本主義を他のシステム——ある意味では、その反対のシステム——と比較すれば、資本主義の内部で生活していて、慣れ親しんだ景色から自らを解放できない経済学者では気づかない何かを、私は資本主義のなかに見ることができるだろう。

この問題を主流派の経済学者と議論するとき、彼らは通常、私の言うことに一部は同意する。彼らは社会主義システムが不足経済であることについては容易に納得するが、なぜ資本主義システムを余剰経済と呼ばなければならないのかを理解しない。確かに商店や工場の倉庫には大量の在庫があり、通常は予備の生産能力もあるが、これらは必要とされるかぎりにおいてのみなのである。生産者は商品を十分かつ不足しないように生産し、商人は十分かつ不足しない在庫を抱える。というのも、これは市場均衡のために必要とされているものだからである。社会主義経済では均衡は存在しないが、資本主義経済では存在する。均衡の周りを揺れ動くことはあるが、均衡は長期のトレンドである（現在は揺れ動きがとくに大きい）。

問題は単なる呼び名についてのものだろうか。主流派の人々が市場均衡と呼ぶものは、私が余剰経済と呼ぶもののことで、経済のその二つの状態に実質的な相違はないのだろうか。

そうであるならば、私は即座に本書の執筆をやめる。呼び名は議論するに値しないからである。

主流派の人々の目の前にある現象と私の前にある現象は同じものであるが、われわれはそのなかに異なった物事を読み取っている。双方のものの見方が異なっているからである。私は、大規模な予備の生産能力、十分に満たされた倉庫、仕事を求める労働者といった事実に、本質的に異なった解釈を与えている。それぞれの生産者や商人は、自らの利害を熟考することによって、確保しておくべき正確な在庫や予備の生産能力にそれぞれ到達する。しかし、それでも、倉庫内のすべての販売しうる商品と、予備の生産能力を引きだすことによってわずかに後れて販売可能になるあらゆる商品の合計は、買い手が購入できるであろう総量を上回る（本質的に上回る）。マクロ経済学者は雇用の総量は自然失業率と一致すると結論づけている。しかし、それでも、多くの人々が仕事から除外されていると感じており、もし彼らも仕事につくことができれば、社会のパフォーマンスはより高くなる。

もし私が正しく、資本主義システムは実際には余剰経済だとすれば、重要な帰結を得ることができる。システム内のアクターの行動に影響を与え、資本主義の多くの特徴にこれまでとは異なった光を当てることになる。その点で、本書の分析は資本主義の完全かつポジティヴな理解に役に立つだろう。(4)

さらに、ここに記載すべき規範的な結論がある。もし超過生産能力、在庫の膨張、超過供給が資本主義経済に存在するとすれば、主流派経済学者は不安を抱くことになる。彼らはこれを浪費であるとみている。しかし、私は、有害な副作用はあるが、余剰経済は資本主義の偉大な長所だと考えている。

## 1・2　概念明確化への最初のアプローチ

資本主義には多様性が存在する。明らかに、アメリカ合衆国、スウェーデン、ブラジル、日本でみられる資本主義の制度や作動様式には本質的な相違がある。ホールとソスキスの重要な研究は、資本主義の多様性分類および類型の発展についての広範な議論を導いた（Hall and Soskice 2001; 2003）。同じことは社会主義システムについてもいえる。特定の時期、たとえば一九七〇年代に、ソ連、中国、チェコスロヴァキア、ハンガリーの経済の制度や作動様式の間には本質的な多様性が存在した。システム内での相違を把握することの重要性は認識しているが、以下ではその点に目をつぶることとする。本論では、資本主義システムと社会主義システムは二つの理論モデル、あるいはマックス・ウェーバーの言葉を使うと「理念型」と理解される。私はこの二つの著名なシステムについて、徹頭徹尾、一般的で抽象的な意味で話している。類型は多様に存在するが、すべてのものが多くの重要な共通の特性を有しており、社会主義システムを検討する際にかつて私がしたように、本論での最前部に位置づけたのはまさにこのためである。

大多数の経済学者は供給や需要といった基本的な概念について疑問を感じていない。サミュエルソンの著名な教科書の初版には、ある章の冒頭に「オウムですら博学な政治経済学者にならしめる――『供給』と『需要』という二つの言葉さえ覚えさせればいいのだ」と掲げられている（Samuelson 1980［1948］, 52）。不幸にも、この二つの概念は、他のミクロ経済学の標準的な概念と同様に、問題をもたらしている。しかし、それらは、私が分析のなかで用いたいと考える現象をまず概説することによって、はじめて批判的分析の対象としうるであろうし、またこの概念装置をより詳しく提示できるようになるだろう。これを私は二段階で行う。まず、提起された概念を本章で漠然と紹介する。読者のほとんどが通常用いている用語が、ここで私が紹介しようとするものとは異なっていることを私は理解している。したがって、以下の概念説明を事前に行わせてもらいたい。

私が余剰と呼ぶものは、標準的経済学で超過供給と呼ばれるものと多かれ少なかれ一致している。言い換えると、供給が需要を上回っている場合のことである。

より良く理解してもらうために、標準的な用語を用いれば、余剰経済とは超過供給の経済と呼ぶことができ、不足経済は超過需要の経済と呼ぶことができる。前者は超過供給の現象が一般的な市場の状態であり、後者は超過需要の現象が一般的な市場の状態である。

事前に多くのことを話すことによって、経済学に詳しい本書の読者に、困難なく私の議論についてきてもらえるよう、適切に関連づけをできたと期待している。後に、私のアイディアの説明に進む際に、私の概念のより正確な定義とそれが示す測定の問題を詳細に提示しなおすだろう。

## 1・3　経済学において本論が占める位置

本論はほぼすべて先行研究に依拠している。経済学のすべての学派が市場について多くのことを語っている。そのもっとも居心地のよい地位にいるのは主流派経済学者である。彼らは自分たちの概念の枠組みを疑問視することがほとんどなく、検討対象とする部分的側面の分析を理論のなかに位置づけることにもほとんど葛藤を覚えない。というのも、概念の枠組みや理論は、すでにできあがった状態で当該分野のテキストや文献のなかに見出されるからである。

本研究はまた論争への貢献として見ることもできる。私は重要な課題について主流派と対立し、別のアプローチを提案する。残念ながら、私は主流派と完全にあるいは部分的に対立する「異端の」学派の一つに加わることによって、私の仕事をより容易《たやす》いものにすることはできない。また、その知的構造に階層を加えたり、その用語を用いたりすることすらできない。

しかし、孤独は感じない。思考の完全な構造ではないが、先人から多くの重要な要素を思考のなかに引き継いできた。いくつかの問題について、私の主張は特定の主流派の指針と類似したり、一致したりしている。いくつかの重要な点で、異端の学派と結びついている。そのうち私はこうした借用や思考の重なりを喜んで指摘するだろう。

本研究をまとめる動機があった。すべての良心的な経済学者は現在も続く経済危機によって研究に駆り立てられてきた。もっとも、経済の過程を分析するために用いる手段が正しいものであるかどうかは熟慮しなければならなかった。私の場合、さらに追加的な動機がある。五〇年以上前、一九五五～五六年に博士候補の論文である「経済統制における過剰な集権化について」（Kornai 1994［1959］）に取り組んでいたとき、慢性的な不足は社会主義経済の基本的な問題であると実感するようになった。不足、余剰、均衡、反均衡は後の私の研究、『反均衡』『不足の経済学』『社会主義システム』（Kornai 1971; 1980; 1992）にたびたび立ち戻ってきた。これは一生をかけて私について回る再帰的なテーマなのである。しかし、本研究で提示するのは過去の関心への回帰だけではない。テーマは継続されているが、私の理論的知見や実地経験は時とともに成長してきた。繰り返し復活し、磨きをかけられた分析装置は段階を追って発展してきた。本研究が私の初期の分析を再形成し、それによって、より繊細に考え出され、いくつかの点で修正され、多くの細かい点で完全に改訂されていると考えたい。

私の初期の研究は社会主義経済における諸過程に焦点が当てられ、資本主義は主として比較のため、対比するケースとして現れていた。今や重要性の中心をシフトさせ、資本主義分析に集中している。本研究は分析装置をさらに発展させようとしているだけではなく、分析テーマにおいて初期の研究を超えることを目指している。[5] 私が成し遂げようとしていることは半円形を完全な円形として完成させることであり、ジグソーパズルのなかに失われたピースをあてがうことである。(6) 私は私の研究方法とアプローチが資本主義市場にも同様に当てはまりうることを自らに（およびおそらく私の読者に）対して証明したい。

## 1・4　問題の境界と構造――本論の構成

第II部で扱われるのは基本的に資本主義システムである。比較のためにのみ社会主義のいくつかの側面についても議論する。(7)

現代の資本主義の典型は混合経済といえる。私的所有、および市場メカニズムによって調整される領域に加え、相当程度の公的所有と、官僚的メカニズムによって調整される活動が併存している。

以下の第2章から第5章はもっぱら市場的領域を取り上げる。第6章には非市場的領域も含まれる。

本研究は財・サービス市場および労働市場という実体経済領域のみを扱う。金融領域、すなわち貨幣や信用での市場取引や金融資産への投資、さらに国家の財政・金融政策については詳細には取り上げない。こうした大きな問題に対して、本論では関連ある場合にのみ触れるにとどめる。

財・サービス市場および労働市場のみを議論し、金融部門――言い換えると貨幣、信用、利子、財政・金融政策――および双方の領域の相関を考慮しないことはほとんど不可能に近いことは理解している。ほとんど不可能ではあるが、それでも私は区別しようと決めた。ここで私は資本主義システム全体をカバーする大著を著そうとしているのではない。

本論で私は資本主義システムのきわめて重要な要素を除外しているが、それでも取り扱う問題はきわめて広範である。重要かつ困難な課題ではあるが簡潔にしか触れることのできないものもある。たとえそれぞれが固有の広範な研究蓄積を有し、それ自体を研究する価値がある問題であってもである。

読者への便宜のために、本論の構成を簡潔に示そう。

第2章から第6章は基本的な事例をカバーしている。第2章から第5章は現象およびその現象を生みだし再生産する因果関係について叙述する。第6章は帰結とそれについての評価を行う。第7章は基本的な事例を超える特殊事例について議論する。本論を読み終わる頃には、私が何のことを基本的な事例と呼び、何を特殊事例としているのか、読者は理解できるであろう。

**注**

(1)　私は本稿の元となった研究において、また文章化にあたってご助力いただいた仲間たちに感謝したい。とくに、アッティラ・チカーンとゾルト・マティウスにはデータ収集と問題解決において多くの助力を得た。記して感謝する。以下の同僚からは多くの有益なアドバイスを頂いた。ダニエル・ブルックス、ヤーノシュ・ギャクス、ドラ・ジョールフイ、マーリア・ラッコー、アラダール・マダラース、イルディコ・マジャール、アグネス・ナジ、エカ・パローツ、アンドラーシュ・プレコパ、アンドラーシュ・シモノヴィッチ、ドモコス・サースおよびイシュトヴァン・ヤーノシュ・トートである。

（2）Wikipedia 2012a を参照のこと。

（3）この表現をとるべきか、ためらった。余剰（surplus）以外に、豊富な（plenty）、過剰供給（glut）および弛緩（slack）といった用語を考えた。しかし、ここで述べた現象を表すには surplus がもっとも適当であると思われたためこの用語を用いた。

（4）「ポジティヴ」であるということには意味がいくつかある。何かを好意的に評価しているということを意味することもあるが、ここではそういった意味でこの言葉を用いているわけではない。科学哲学で「規範的」（normative）の反義語として用いられる概念、すなわち現実を可能なかぎり価値中立的に描写し説明しようとするアプローチのことをここでは意味している。

（5）本研究はここで挙げた研究と結びついており、それが含む研究上の知見に依っているが、読者はそのことを事前に知っておく必要はない。私のこれまでの研究を読んだことのない読者が本書での議論をフォローできるような表現を心がける。『社会主義システム』（Kornai 1992）が本書の理解に役立つことを追記する。現在の研究はこの延長として理解される。

（6）残念ながら、いくつかの要素、いくつかの失われた重要なピースはまだある。次の

第2章でも強調するように、市場の機能を完全に説明するには不可欠なものではあるが、本研究は金融領域を扱わない。

（7）本研究に関連して社会主義について私が主張したいことはすべて『社会主義システム』（Kornai 1992）に含まれている。

# 第2章　財とサービスの市場――余剰の再生産メカニズム

## 2・1　経済史からの事例――アメリカ合衆国の電信システム

経済の歴史から現象の事例を紹介しよう。この現象はのちに一般的な意味で議論される。アメリカ合衆国の電信サービスにおける出来事である（Grover and Lebeau 1996; Atkin, Lau, and Lin 2006）。一九八〇年代初頭から話を始めよう。当時、およそすべての電話が固定電話であり、巨大なＡＴ＆Ｔ会社が独占に近い状態であった。

テクノロジーの革新的変化が最初に起こり、一九八〇年代後半に携帯電話が急速に普及しはじめた（King and West 2002）[1]。テクノロジーの変化についてはすぐあとで触れる。

一九八四年には市場構造に変化が生じた。当時、連邦の反トラスト合意に沿ってＡＴ＆Ｔの分割が行われた。以来、合併や分割、さらに市場への参入や退出によって市場参入者の構造がたびたび変化してきた。しかし、市場形態の基本的な構造はそのままであった。独占状態でもなければ完全競争状態でもない、「独占的競争」が少数のきわめて有力なライバル企業間で繰り広げられたのである。

こうした特徴的な市場構造がこの分野のダイナミズムを引き起こし、逆にダイナミズムが市場構造を導いた。こうして継続的なイノベーションが生じた。携帯電話は音声だけでなく、記述されたメッセージ、さらにのちには写真も送ることができるようになった。ポケットに十分収まるほど小さい携帯電話にはテキストや写真やビデオの送信機能に加え、カメラ、写真の保存、計算機その他の機能が備わった。

他の方向へのイノベーションは伝統的な電話機から離れ、スカイプや他の類似のネットワークといったソフトウェアに向かった。こうしてコンピュータは電話、さらにテレビ電話として使用することができるようになった。

コンピュータや電話の機能融合は別の形をとることにもなった。ポケットに入るｉＰｈｏｎｅ、のちにはｉＰａｄ、そして多くのポータブルで小さい競争相手が、携帯電話としての機能以外に他の多くの情報伝達機能や娯楽機能をもつようになっている。

新しいイノベーションのうねりは新しい生産者やサービス供給者をその分野に流入させる一方、古い企業を消滅させたり、限界ぎりぎりに追いやったりする。しかし、市場の主要な特徴は残っている。つまり、少数の巨大企業が市場を支配し、お互いに競争し、補完し、協力しあい、押しのけあっている。

供給においてこの分野の明確な境界を示すことはできない。ここに含まれるのは、供給ネットワーク全体、イノベーションを促進させる調査会社、技術機器の生産者、通信サービスの提供者、機器やプログラムの売り手、ソフトウェア開発者、等々である。通信部門がコンピュータ部門や娯楽産業、写真や他の分野に合併されるにともない、その境界が不明瞭になっている。

需要側でも同様に境界の相互浸透性は高まっている。かつて、電話、通信、電報、写真、学習、アドホック・インフォメーションなどにかかわる個人の需要には明確な区分があった。いまや、それぞれのテクノロジーがこうしたもののうちいくつかを満たしている。境界が曖昧になることによって、どんな「供給クラスター」が、どんな「需要クラスター」に向き合っているのかを明確に述べることはできなくなっている。

規模にかんする収穫逓増という現象も、この経済分野のほとんどの企業に当てはまる。参入に必要な初期投資は、操業のための固定コストがかかるため、相当大きくなる。販売額が大きくなればなるほど、こうした固定コストはよりいっそう拡大する。それぞれの企業が関心をもつのは、ライバル企業ではなく、自社の機器やサービスを利用してくれるように、可能なかぎり多くの買い手を説き伏せることである。成長の大きさを制限するのはコストへの考慮ではなく、販売面での制約である。

シュンペーターの言う創造的破壊過程が進行するが、ここでは破壊よりも創造がより早く現れる。参入や拡張を促進する諸要因はきわめて強力であるが、退出や排除への強力なブレーキが存在している。いったんこの分野に参入した者は、たとえ損失があろうと、参加者として残るため死力を尽くして戦う。携帯電話が激増するにつれて、固定電話は減少した（図2・1）が、減少の速度は緩やかで、携帯電話の伸びとはまったく釣り合っていない。携帯電話ユーザーが一人増えても、固定電話ユーザーは一人減るわけではない。二種類のネット

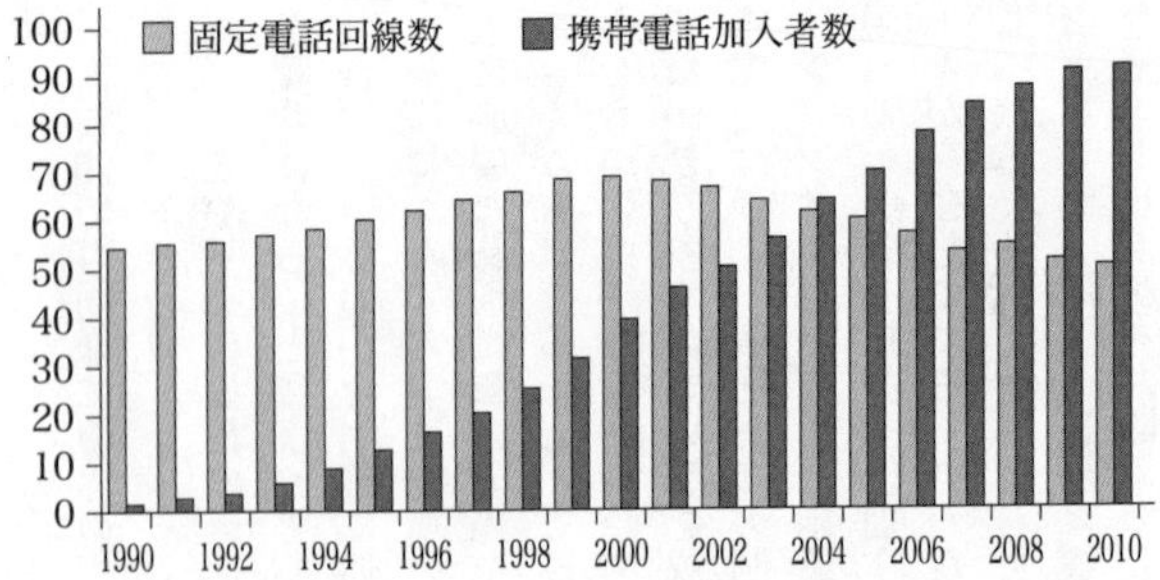


出所：World Bank 2012

**図2.1　アメリカ合衆国における100人当たりの固定電話回線数と携帯電話加入者数　1990〜2010年**

ワークが並んで長期に共存し、両者を結びつける技術的条件が探し求められている。多様な電話テクノロジーとその細分化した技術がきわめて大きな超過生産能力を生んでいる。言い換えると、電話サービスにおける大規模な超過供給が明らかとなっているのである。

これは電信にかんするここ数十年間のプロセスの説明にとどまるものではない。もし市場調査員がその長期間のうちいずれかの時期に生産企業やサービス提供社の長にインタビューを試みて、実際に存在するユーザー数よりもさらに多くの人に提供しうる能力があるかどうか尋ねたとしたら、回答はきっと心の底からの「はい」となっただろう。これは超過供給の特徴的なしるしであり、その意味で、電信分野は慢性的な超過供給の状態にある。

ここでちょっと一九八〇年代のソ連および東欧の社会主義国の状況と比較してみよう（表

表2.1　社会主義国家とアメリカ合衆国における100人当たりの固定電話回線数 1980～1988年

| 国名 | 1980年 | 1984年 | 1988年 |
|---|---|---|---|
| ブルガリア | 10.2 | 15.6 | 21.3 |
| ハンガリー | 5.8 | 6.6 | 8.2 |
| ポーランド | 5.5 | 6.4 | 7.8 |
| ルーマニア | 7.3 | 8.4 | 9.8 |
| ソヴィエト連邦 | 7.0 | 9.6 | 12.3 |
| アメリカ合衆国 | 40.8 | 46.8 | 50.8 |

出所：United Nations Statistics Division 2009a

2・1)。そこでは、多くの家庭が何年ものあいだ、電話を所有できなかったか、長期にわたって待ちリストに載っていたか、順番をくるわせて入手するためになければならなかったか、このいずれかであった。何とか入手した人々にとっても電話をかけることはうんざりする行為であった。というのは、システムは過負荷状態であり、接続までに長く待たなければならなかったからである。もし先と同じ質問を国家電信企業の長に投げかけたとしたら、つまり、現在よりもさらに多くの電話使用者にサービス提供を行う能力がありますかと問えば、回答は明らかに「いいえ」となっただろう。彼らは電話回線への長い順番待ちを強調して指摘しただろう。社会主義システム下の電信部門は慢性的な超過需要の状態にあった。

これが、あるシステム下の電信部門において余剰経済が機能する仕組みであり、また不足経済が他のシステム下で作動する仕組みなのである(2)。

## 2・2　供給におけるプロセス

歴史的な事例は資本主義市場全般の機能を表す特徴を提示している。これからやるべき仕事は理論的一般化の概要を描くことである。

市場の機能という用語は、どんな初学者向けの教科書にもあるよく知られたグラフを、すべての経済学者の前に思い浮かばせる。そのグラフが示すのはある生産物の限界費用曲線、利潤最大化行動をとる企業、需要曲線、さらに、それらの交点にある均衡価格と最適生産量である。この図を破り捨ててみよう（他の抽象化は言うに及ばず）。この図は企業の意思決定の静的かつ瞬間的な描写を提供しているだけである。こうした教科書モデルのもっとも憂慮すべき欠点であるその静的特徴を超えて、市場のダイナミクスに焦点を当てよう。たとえ、そうすることで洗練度が幾分低下する形となったとしてもである。

供給から始めよう。その道筋はダイナミックなプロセスで、変化はいくつかの次元で生じることになる。

・供給を行う人々にはつねに変化が生じている。そこには組織、企業、財やサービスの個々の生産者や供給者が含まれる。そうした主体の間で日常的な参入、合併、他の主体からの分裂が起こり、そして最終的に退出が生じる。主体の構成にはつねに変化がみられる。(3)

・買い手が手にしうる財やサービスの特有の構成にもつねに変化がみられ[る。]…たされ　時代化されるにともない、長期的には選択肢は増加する。新製品が継…後れのものは消え去る。財やサービスの構成にみられるこの絶え間ない変化は個々の生産

み用いられている。

小売りの事例に戻ろう。何人の買い手が入ってくるのか、彼らがどんな製品を求めているのか、売り手は正確には予測できない。売り手は顧客が手ぶらで店から出ることのないようにしたいと考えている。店に来た人々のうち満足した買い手の比率をセーフティレベルと呼ぶことにしよう。(7) お店に来る顧客が興味をもつと考えられる製品の範囲はわかっているが、実際の需要の構成と総量は不明であるとしよう。自明なことであるが、あるセーフティレベルで売り手が店舗を経営したいと考えるそのレベルが高ければ高いほど、彼らが抱えなければならない在庫はそれだけ大きくなる。

オペレーションズリサーチについての文献は数的に問題を解決するモデルを提示している。(8) 必要な在庫の規模は、以下に示されるような要因によって影響を受ける。

・たとえ需要は不明でも、有能な売り手は需要の構成および需要の変動の程度と速度とをおおよそ理解している（Ramey and West 1999）。
・在庫は通常、継続的にではなく、一気に取り換えられる。必要な在庫レベルは通常、供給者と共同で設定される。
・手ぶらで店を去る顧客は損失であるが、あまりに長期にぶら下がったままの在庫も同様に損失である。この二種類の損失は冷静に比較されなければならない。

本論は経済学の理論への貢献を企図しており、在庫対策におけるオペレーションズリサーチに対するものではない。[9] 実際の小売り実践において観察されるように、店舗のなかには配置換えや在庫対策を他の店舗より効率的に行っているところもある。多くの生産者や売り手がよく練り上げられた在庫対策をしているわけではまったくなく、過去の経験から生まれる直観のみに基づいている。にもかかわらず、強力な独占的競争のもとで経営を行っている売り手の市場での立場を維持・改善するための主要な手立ての一つが、買い手の需要を満たすという意味での高いセーフティレベルであることは間違いない。このためには多くの、かつよく選別された在庫を確保することが必要となる。

高いセーフティレベルで買い手の需要を満たすことは余剰経済の主要な特徴である。売り手は自らの個人的利害にしたがって在庫の規模を設定するが、売り手全体のトータルレベルでみると、当該分野における個々の在庫の総計は余剰供給を生じさせる。各店舗が共通の倉庫を有する単一のチェーンに属していたなら、この集権化されたシステムは買い手に対して一定のセーフティレベルを保証しつつ、すべての店舗がお互いに競争し合う分権化されたシステム下で求められるものよりもはるかに少量の在庫総計を有するだけですむ。分権化と競争は追加的資本を呼び込む。この埋め合わせとして、分権化は多くの他の重要な利点をもたらす。これについてはすでに議論されてきたし、本論の残りの部分でもまた何度も参照されるだろう。

同様の議論は、小売部門を超えて生産企業における在庫と予備の生産能力の問題にも適用しうる。

実践的なビジネスポリシーの発展を求めて規範的なオペレーションズリサーチモデルを支持する人々は、セーフティレベルを所与のものと考え、それを満たすための在庫や予備の生産能力の必要な規模や中身を見出そうとするかもしれない。しかし、本研究における記述的―実証的分析はこのアプローチを逆行させる必要があると考える。在庫と予備の生産能力こそが所与なのである。そうして、どの程度のセーフティレベルで需要を満たすことができるかという話になる。残念ながらそうした観察や計算は資本主義システムでも社会主義システムでもなされたことはない。[10]とはいえ私は、セーフティレベルは余剰経済では高く、不足経済では低くなると確信している。

### ③イノベーションと創造的破壊

たとえ技術革新が停滞していても余剰の蓄積を促す諸力は働くが、技術革新が停滞していないところではそれは決定的に押し寄せてくることとなる。[11]不完全で独占的競争下にある生産者や売り手は、競争相手が提供しない財やサービスといった新しいものを買い手に提供することによって大きな利益を得る。このことは世界的にみても新しく革新的な製品を生みだすイノベーターにはなおいっそう当てはまる。しかし、この記述はそうしたパイオニアの後追いをする人、つまりイノベーションを自国あるいは他国に即座に導入しようとする人々にもおよびうる。

このことは経済に現れる余剰にどのように影響するのだろうか。何か新しいものがどこかで生まれ、需要を喚起しはじめているからといって、以前からある製品がすべて即座に消え去るわけではない。多くの力が作用して古い製品の生き残りを促進させている。工場におけるツールや専門的技能はその製品に特有のものである。イノベーションは資本投資や再訓練を必要とするかもしれないし、新規労働力の雇用を要求するかもしれない。仮に適応のチャンスがなければ、過去に行ったすべての投資は損失となる。そこには生産のためのプラントだけでなく、製品を導入し宣伝販売するためになされた努力や投入された知識も含まれる。古い製品を製造する工場には多くの資本や労働力が注ぎ込まれてきた。当然ながら、工場の所有者はそこから利益を得ようとするし、従業員は仕事を保持しようとする。退出の危機にさらされた企業を存続させるため国家が援助を行うこともしばしばある（この現象を私はソフトな予算制約と呼んでいるが、これについてはのちに立ち戻る）。

このことは、究極的には、新製品を生みだしたり新規のサービスを提供したりする能力は、現存の能力に対して付加的なものであることを意味している。古い能力のシェアは緩やかに低下するが、新規の能力と生き残っている古い能力とが一緒になって需要に対する超過を生みだす。これが絶え間なく続く超過供給という状態の背後にある主要なメカニズムの一つである。

たびたび引用されるシュンペーターの用語を用いると、創造のペースはおそらくは破壊のペースよりも大きい（Schumpeter 2010［1942］）[12]。ところで、余剰の再生産はこうしたペースの差がなくても生じるかもしれない。もともと余剰が存在する場合、創造と破壊のペースが同じであれば、（たとえば、生産能力全体と超過生産能力との）当初の比率はそのまま残るだろう。反対の方向へのシフト、つまり破壊（生産能力の縮小）が長期的にみて創造よりも早くなるなどということはありそうもないように思える。新製品が普及するよりも早く古い製品が消え去っていくという事例を私は知らない。

私が概説してきたことは公式化された理論モデルで示しうる。「創造」と「破壊」のプロセスは、うまくいけば統計的に観測しうる指標や尺度で示されうる。いずれにせよ、これらは証明も反証も許容する検証可能な推論である。

ここで原動力①～③に共通する要素を指摘しよう。それは売り手間の競争と余剰現象との関係である。余剰は競争の原因であり、同時にその結果でもある。需要が一様に供給と一致する市場環境のもとでは、いったい何が売り手に競争を促すのか。そういった環境は無感覚な静止状態であろう。競争は余剰の存在によって強められ（買い手には選択の機会がより多くなる）、競争関係を呼び起こす（売り手は余剰を処分しようとする）。逆に、競争と対抗関係は継続的に余剰を再生産する。

**④規模の経済**

標準的な（そして若い経済学者の頭にもっとも深く定着している）ミクロ経済学のもっとも単純なモデルは、生産企業の平均消費曲線は短期的にはU字型となると想定している。もし生産量が最小値にまで低下し、Uの上昇線のところまできたら、限界費用が上昇する。ということは、企業が超えたくないと考える生産量が存在することになる。これは外的な制約ではなく、むしろ、利潤を最大化するために企業が自発的に生産の増大を停止するポイントなのである。

もし限界費用が生産量の関数として低下するなら、言い換えると、規模にかんして収穫逓増であるならば、状況は異なってくる。後者のような状況は現実の経済活動ではきわめて頻繁に生じている。生産者であれサービス提供者であれ小売業者であれ、その固定費用がコスト全体のうち高い比率を占めている場合には常に生じる。生産量が増大すればするほど、単位当たりのコストは低下する。このことは生産量増加に対する内的な制約を取り払うので、生産量増加を妨げるのは外的制約のみということになる。つまり主に、ある製品に対して一定量以上の需要は望めないという制約である。企業自身の利害が生産量増加に歯止めをかけるわけではないのである。

このことは、長期および短期という二つの次元において、超過生産能力の発生に影響する。独占的競争に直面している大企業は、工場が大きくなれば、規模の経済への見通しが大きくなるという考えに強力に促されて、大胆に（むしろ過度に大胆に）新規生産能力への投資を行う。産業全体としてみれば遊休生産能力に悩まされている状態であっても、新規の大規模プラントが次々と建設される。この典型的な事例は自動車産業である。これについてはのちに検討する。

短期的には、規模にかんして収穫逓増を経験しているたいていの生産企業は、仮にそれがもっとも収益の大きい行動であったとしても、生産をその能力いっぱいにまで増大させることはない。通常、需要の制約により生産ははるかに小規模に抑えられる。そうして、意思決定の権限を持つ人は、問題なのは実際のところ超過生産能力であると感じることになる。というのも、企業は実際の生産量以上に生産を行うことに全面的な利害関心を持っており、またそうするだけの生産能力を有しているからである。一方、規模にかんして収穫逓減が存在するところでは、意思決定者にとって状況は異なって理解される。物理的あるいは技術的により多く生産できるかもしれないが、そうすることは利潤を低下させることになるので、利潤が最大になるレベルでためらいなく生産を停止させることができる[13]。

超過供給という現象がなぜ広範に生じるのかをより明確にするために、四つの原動力について個別に述べてきた。本論の文脈で四つに共通するのは、余剰経済すなわち慢性的な超過供給現象の再生産への貢献である。二つ三つあるいは四つすべての原動力が一緒に現れることもしばしばあり、相互に影響し強化しあいながら供給関連のプロセスに影響し、超過供給の拡大を引き起こす。

上記四つのうち一つにでも考察を加えている著者のほとんどは、企業の目的は利潤最大化だとしている。これは数学的モデルという意味では都合がよく、主流派経済学者はその考えを継承しているが、より慎重な社会学者や社会心理学の研究者たちは、企業行動の主要な特徴としての「利潤最大化」は普遍的に妥当する説明ではないとしている。「企業」は非人間的で実体のない存在ではなく、その意思決定は人間によってなされている。現代の大企業の意思決定には、それぞれオーナー（強い意見をもつ主要な株主を含めた）としての、また指導的経営者としての役割がある。彼らの利害が一致しないことはしばしばあり、どちらが優勢になるかは彼らの相対的な強靭さに、あるいはどんな妥協が成立するかによるのである。時間的視野も同様に問題である。すなわち、彼らがどの程度短期的な利潤を求めるか、企業の長期的な利益にどの程度留意するかという点である。

意思決定者のモチベーションは利潤という単語だけで説明されるものではない。権力や特権への欲求によっても駆り立てられるし、対外イメージの向上というのも含まれる。とくに重要なのは、市場の大きなシェアを有するトップ企業であることによって得られる虚栄心や尊敬への欲求である。[14]こうした動機は一致することもあるが、対立することもある。企業の意思決定者が利潤最大化を目指さない場合や、それが動機の一つにすぎず、他の原動力によって動かされている場合にも、上述した四つの原動力のプロセスは当てはまる。イノベーションを起こす企業家が念頭においているのは、いかに利潤を最大化するのかでは必ずしもない。競争の精神や、イノベーションを最初に導入しようという欲求によって生みだされる強力な原動力が存在する。[15]同様にきわめて強力な原動力になるのは権力増大を求めて拡張しようという思いである。「もっとも大きくてもっとも強力な企業になろう。市場を支配しよう」。企業家を駆り立てる他の動機には本能的なバイタリティや行動への衝動もある。ケインズ（Keynes 1967［1936］, 161-162）やアカロフとシラー（Akerlof and Shiller 2009）によって述べられたアニマル・スピリットである。私はこの手の動機を『不足の経済学』において拡張ドライブと呼んだ（Kornai 1980）。

企業の意思決定者には非常に広範な行動パターンが存在し、その行動パターンは意思決定者ごとにさまざまな比率で結びついている。⑯企業の意思決定者が利潤最大化への欲求だけでなく、他の原動力によって駆り立てられる場合でも、ここで述べた余剰を生みだす四つの原動力は適用しうる。

## 2・3　需要におけるプロセス

需要の編成も同様にダイナミックなプロセスであり、買い手の嗜好、所得、財産だけでなく、特定時期における供給といった要因（ここでのテーマではとくに重要となる）によっても影響を受ける。たとえば、新製品が登場すると新しい需要が呼び起こされ、古い製品は流行後れとなる。主流派経済学者には深く埋め込まれた見方であるにもかかわらず、二つの個々の曲線がどこかで交差することはありえない。というのも、いつでも供給が需要の主要な説明変数の一つであり、逆もまたそうであるからである。

供給と需要のプロセスは相互に影響し合っている。二つのプロセスが多かれ少なかれ同様の比率で成長しながら、おおむね並行して進行する場合にも、この相互作用は起こると考えられる。しかしながら、ここでの目的は、余剰経済のもとで需要はなぜ供給よりも低下するのか、需要が基本的に満たされている場合でもなぜ超過供給が現れるのかを説明することである。

前の節では供給関連のプロセスを駆動する力について説明した。ここでは需要関連のプロセスを停滞させ、需要の急騰を妨げる要因に目を向けよう。

もっとも重要なのは雇用主と従業員との利害対立である。従業員はより高額の賃金を求める。雇用主の利害はアンビバレントである。企業のオーナーとして、個人的には、従業員による昇給への努力に抵抗することに利害関心がある。労働の限界生産物までは支払う価値があり、それは計算に組み込まれている[17]。もしオーナーが給与をそれ以下に圧縮できれば（おそらく慢性的な失業に助けられて）、さらなるコストを削減できる。従業員が昇給要求を勝ち取れれば、個々の企業の利潤に食い込むことになる。しかし、全雇用主のグループとしては、すべての従業員の所得向上に集団的な利害を有する。というのは、そうすることでマクロの需要が上昇し、市場を拡張するからである。これはある種の非協力ゲームであり、そこでは雇用主の個人的利害がその集団的利害を上回る強力な力によって貫徹してしまう。

争いがどのように進行しようとも、資本主義システムでは雇用主の個人的利害が支配的であるため賃金の高騰はブロックされる。最終的には従業員の所得が生産の拡張を抑制している。

長期的に生産や生産性が上昇するにつれ、従業員の所得も増加していく。しかし、賃金は生産や生産性の上昇にぴったりくっついて上昇することはなく、変動が小さい。そのため需要は生産の激しい拡張の陰に隠れる傾向がある[18]。

以下に続く議論は明らかにマルクス主義の視点に近いものである（Marx 1978［1867-94］、とくに23章と25章を参照）。私も類似性は認めている。たとえ、私自身は多くの点でマルクス主義の政治経済学とは袂《たもと》を分かっているとはいえ[19]。資本主義のもとでは、供給を拡張させる基本的なインセンティヴは財政政策でも金融政策でもない。もちろんこれらが基礎にある力を強化したり、弱めたりすることはあるが。主なインセンティヴは企業のオーナーや経営者の内在的な利害である。内在的利害が需要の増加に対する制約ともなっている。余剰の形成にとっての原動力はミクロレベルに見出すことができる[20]。

上述した利害対立によって動かされるこのメカニズムは、家計や企業の支出がハードな予算制約によって抑制される場合、より強力に機能する。これが超過支出や賃金制約の弛緩に歯止めをかける。

予算制約のソフトさやハードさは余剰の創出に逆説的な形で影響を及ぼす。一方で、企業や家計に対する予算制約は、需要を抑制し需要が高騰するのを妨げるためにハードでなければならない。他方、立ちいかなくなった大企業が政府の援助によって経営を続けるならば、つまり、予算制約がソフトであるならば、余剰生産能力は増加する。道を誤り、矛盾した結果を生みだしたのは、叙述や解釈の論理ではなく、むしろ、二つの正反対の結果を有する現実なのである。

## 2・4　価格決定におけるプロセス

教条的な新古典派の体系によると、価格とは供給と需要の不均衡が調整される手段である。超過供給がある場合、価格が低下して、供給の低下と需要の増加を促す。価格の変動は実際にこの仕事を部分的に遂行するが、あくまで部分的に行うだけである。その理由は確率的誤差のためではなく、体系的ゆがみによるのである。

価格決定もまた動的なプロセスである。ワルラス派の理論であるタトヌマン理論〔市場で均衡に達するまでの試行錯誤的なプロセス〕が示している、継続的なステップを踏んで均衡価格に接近するものとして価格決定をみることはできない。価格が均衡点に到達するまでに、供給も需要も変化してしまっており、その変化は継続的に続く。これまで私が示してきたものである。ターゲットそのものが変化し続ける以上、特定のターゲットへの収斂《しゅうれん》は生じない。

資本主義市場において価格は変動しないということは今では一般に受け入れられている。主流派経済学者のなかでもより啓蒙的な人々はこの点に同意しており (Mankiw 1985; Ball and Mankiw 1995; Blinder et al. 1998; Bils and Klenow 2004)、ポストケインズ学派といった異端の学派も同様である (Lee 1998)。価格が変動しない背景については多くの理由が指摘されてきた。たとえば、供給と需要との関係における変化を感知するのが後れること、あるいは企業が価格付け替えのための追加的コスト（メニューコスト）の負担を躊躇することなどである。

独占的競争下にある市場価格は売り手によって設定される。買い手はそれを受け入れるか、他の売り手を探すしかない。[21] 価格の硬直性は非対称、つまり下方への硬直性がより強い。超過供給が認められたとしても、売り手は利潤の低下を心配して、価格の永続的な引き下げには消極的である。[22] 企業全体（および金融政策の策定者）としては、デフレーションやそれがマクロ経済に与える破壊的な影響を目にするとおじけづいてしまう。私は価格硬直性のこの非対称性を強調したい。というのは、これこそが資本主義における一般的な非対称の主要な説明だからである。資本主義経済は超過供給という現象が支配的となる傾向にあるのである。

供給と需要を結びつける価格変動という範囲内では、価格は超過供給という一般的な状態を取り除くことはなく、むしろそれを再生産する。価格は余剰経済に典型的な範囲内で変動するのである。

**注**

（1）テクノロジーにおいてアメリカ合衆国が先頭を切り、次いでヨーロッパが続くという法則の例外として、携帯電話ネットワークの普及はその逆となっている。

（2）客観的にみて、携帯電話の導入におけるように、システム変更は技術の飛躍と一致した。システム変更はおそらく技術の飛躍がなくても電話ネットワークの拡張速度を速めただろう。しかし、それがどの程度なのかを決定することはできない。
（3）本書の第Ⅰ部で引用したBartelsman et al. 2004による研究を参照のこと。第Ⅰ部の図3・1はOECD諸国の企業の参入・退出を詳細に示している。
（4）独占的競争のこの側面はエヴセイ・ドーマーによる質の高い論文（Domar 1989）に図示されている。それは、本研究の関心である、なぜ超過供給現象が資本主義市場経済において体系的に生じるのかというテーマと関連している。私自身の考えとある点で類似性を示す多くの研究を見てきたし、そこから何らかの議論を活用することもできる。しかし、ドーマーの研究は私が完全に受けいれられる唯一のものであり、細部のみならず全体として知的類似性を感じることができる。
（5）私はある国の一定期間におけるすべての財やサービスの流通が完全競争下の市場構造においてとの程度の比率で生じたかを示す統計を見たことがない。それは相対的に少ないと推測することができるだけである。独占的競争は支配的市場形態である。
（6）社会主義経済と資本主義経済の比較におけるワイツマンのモデル（Weitzman 2000）では、「販売努力（変数$E$）」が中心的な役割を果たすとされる。ワイツマンによると、独占的競争は生産者と売り手に高度な$E$を要求するが、中央計画経済では$E$の数値は低い。
（7）計算の目的によって、セーフティレベルは別の形で表現される。たとえば、すべての買い手に対する満足した買い手の比率の代わりに、トータルの購入意図のある買い手に対する満足した人の比率を設定するときのように。

（8）在庫や予備の生産能力についてはいくつかの学問分野で多くの文献がある。とくに、ミクロ経済学、オペレーションズリサーチ、経営学である（Chopra and Meindl 2003 の11章と12章；Toomey 2000）。数学的モデルは、確率過程論（theory of stochastic processes）や確率的計画法（stochastic programming）などさまざまな分析手法を用いている（Prékopa 1995）。

（9）不明な需要、供給、在庫の関係はいくつかの点でまた別の問題領域と接点をもつ。そうした論点は、サーチ理論やマッチング理論といった経済学の新しく、影響力の高い研究プログラムで扱われている。買い手も売り手も相互に探し合っていて、うまく相手が見つかった時、「マッチング」が生まれる。両者にとっての探索が効率的であればあるほど、買い手の需要にあわせた在庫は少なくてすむことは明白である。探索およびマッチングの理論は本論の労働市場の章で扱う。

（10）不足経済下では買い手は商店で何らかの望ましい商品を見つけることが不可能であるということを全般的に受け入れるならば、両者の相違は小さいものとなる。これは資本主義の労働市場で職探しをやめる「失望した労働者」の状況と類似している。

（11）本書の第Ⅰ部では、問題となっている文献をレビューして、それに対する私の結論を示している。第Ⅰ部と第Ⅱ部の議論は密接に関連している。

（12）「創造的破壊」についてのより深い議論は、Vahabi 2004を参照のこと。

（13）規模にかんして収穫逓増のもつ重大な意義は多くの経済学者によって強調されている。とくに、Kaldor 1981およびArthur 1994を参照。収穫逓増はいくつかのやり方で経済に影響を与える。そのうちの一つ——余剰生産能力構築へのインセンティヴ——は私が指摘した。著名な書籍であるHelpman and Krugman 1985は、収穫逓増が国際分業および国際貿易に与える影響を考察している。

（14）経営者の行動の背景にあるモチベーションは、行動経済学派の研究者の多くの研究において扱われている。経済心理学に含まれるさまざまな研究以外にも、心理学には多様な（時に対立的な）モチベーション理論にかんする膨大な文献がある。経済学者はこうした最新の心理学的研究を活用できているわけでは決してない。

（15）アップル社の創立者であり、iPhone、iPod、iPadなど革命的重要性をもつ商品を世に出してきたスティーヴ・ジョブズは、現代の偉大なイノベーターの一人であることは確実である。彼の伝記（Isaacson 2011）によると、ジョブズはたとえ会社に損害を与えたとしても、彼の製品が「完璧」でなければならず、彼自身のカリスマ的名声を高めるものでなければならないという欲求によって強くつき動かされていた。にもかかわらず、利潤追求欲求も彼の決定に強い影響を与えていた。

（16）ある人々のグループを「平均的」であるとすることは難しい。というのも、そのグループを構成する人々の異質性を曖昧にしてしまうからである。心理学者や作家にとってさえ、このことは当たり前のことであるが、経済学者がこの自明の事実を重要視しはじめ、意思決定集団の異質性を無視したモデルを精査しはじめるにはしばらくの時間がかかった。

(17) それ以上に支払う価値がある場合もある。専門性や忠誠が雇用主からとくに必要とされるような選ばれた労働者のグループにいわゆる効率賃金を支払う場合である。この点は労働市場について述べた章において扱う。ここではさしあたり、雇用主は、効率賃金であってもその効果がなくなるところまで極端に上げることはできないと述べておくだけで十分であろう。

(18)「暗黙の契約理論」による変動賃金の説明については、Azariadis 1975 を参照のこと。

(19) 私がどの課題にかんしてマルクス主義的アプローチを受け入れ、どの程度それを現象の説明に用いるのか、またどの点でマルクスの考えに厳然と対立しているのかについては、いくつかの論文（Kornai 2009a を含めて）で詳細に述べている。

(20) 類似の要素は Bhaduri 2007 によって進捗した議論の流れに表れている。

(21) ティボール・シトフスキーは価格設定者（price maker）と価格受容者（price taker）との区分を導入した（Scitovsky 1985)。彼は、独占的競争下の売り手が価格を設定することを強調し、遊休生産能力の出現や在庫の膨張を含めた、このさまざまな効果を指摘した。いくつかの実証研究は、生産量や価格を決定するうえでの企業の実際のルーティーンは、標準的な経済学の教科書が想定しているものとは大きく異なっていることを示している（Blinder et al. 1998; Keen 2002 を参照）。

（22）売れ残りの在庫に対して一時的な価格引き下げやバーゲンセールをする可能性が高い。

# 第3章　財とサービスの市場——概念装置と測定手法

ここで私の当初からの約束を履行し、概念装置を示すとともに、現象から見えるもの、および現象を測定する方法を考察することから始めよう。

供給と需要とはいったい何なのだろうか。そうした表現を躊躇なく受け入れてきた人々が、わずかな不明確さを感じはじめたとしても、悪いことではない[1]。超過（excess）という用語はこれまでに何度か登場したが、それでも私はその意味を明確にしなければならない。何の超過なのか、何と比較して超過供給というのか。

## 3・1　「純粋」で扱いやすい事例

### ケース1　超過供給の状態にあるサービス企業

思考実験としてサービス企業の役員、たとえば、ホテルのマネージャーとのインタビューを想像してみよう[2]。ホテルは余剰経済のなかで事業をおこなっている。ホテル産業での顧客指標は客室稼働率、あるいはその補集合である空室率であり、いずれもパーセンテージで示される。マネージャーに以下の質問を投げかけてみよう。「来週、どの程度の稼働率が可能でしょうか、またどの程度を達成したいですか」。質問に加えて、以下の条件や付加条項がある。

・ホテル自体が設定した価格が来週適用される。

・質問がカバーするのはきわめて短期間である。ホテルの収容力は、最終的に使用可能な部屋の数によって決まるので、短期的に増加させるのには限界がある。この物理的制約のみを理解すれば、理論的収容力が導かれるが、何らかの障害があって部屋が使用できないことはよくある（メンテナンスや他の技術的問題によって）。これらを考慮すれば、マネージャーは実際の収容力[3]に着目するようになる。その一〇〇％の活用は事例のなかで取り上げられ、のちに本論で完全な稼働として登場する。[4]回答者は実際の収容力の現実的で、ありのままの見積もりにかんしてのみ回答するだろう。われわれは、夢や願望ではなく、サービス提供にかかわる現実的意欲に関心をもっている。

・成果の見込みや期待される宿泊客の数について質問するわけではない。宿泊先を探している客は常に存在すると回答者が想定するとしておこう。言い換えると、彼らはきっとこのように考えるだろう。つまり、どれだけ多くの宿泊客をホテルが喜んで宿泊させたいかはホテル側の考えのみによって決まると。ということは、彼らが達成したいと考える稼働率はどれほどなのかということになる。

「私はホテルが満室になってほしい。言い換えると、実際の収容力が完全に満たされている状態を望む」と答えない回答者がいるならば驚きである。当該の週の間に、稼働率が明らかになるだろう。稼働率が平均七五％だとすると、一〇〇％との差である二五％は明らかに超過供給を数字で示したものとなる。

こういった質問がなされ、都市部のすべてのホテルで稼働率の測定がなされ、すべてが超過供給を示していると仮定しよう。これにより、後にこの部分的な市場での供給と需要の正確な描写がみられることになる。ホテルマネージャーの事前の回答はその週における供給ということになり、事後の数字が需要となる。事例では供給の合計が需要の合計を上回っている。宿泊客に需要について尋ねる必要はない。というのは、超過供給が広くみられることは、需要が実際の取引量（購入量および販売量）と同じであることを意味するからである。

これは「より少ない方のルール」と呼ばれる。超過供給がある場合、需要は少ない方になり、供給が多い方となる。実際の取引量は少ない方につねに一致する。

このルールは観察と測定の方法に重要な帰結をもたらす。少ない方の規模だけが実際の販売統計から測定されうる。多い方を見積もるには他の方法が必要となる。ここで用いられているホテルの例では、多い方を測定するもっとも単純な方法が選択された。それは販売への意欲について責任をもつ人々に質問をすることである。ホテルがすべての部屋を貸し出したいと考えていたとすれば、質問は実際の収容力を測定することによってとって代えられるだろう。

当初の問題に戻るならば、超過について語るためには、何かほかのものとの関係において超過であることがわかっていなければならない。事例は明確な回答を与える。実際の取引量は需要と一致し、供給はそれより大きいことである。

## ケース2　超過供給の状態で在庫にある製品を販売する商社(5)

小売活動には生産能力の制限（主体の物理的な生産能力やスタッフの生産性など）があるが、供給に対する根本的な制約は利用しうる在庫である。サービス企業について議論したように、現時点の瞬間的なものではなく、短期間（一週間程度）にわたる供給を測定するため、商業企業のマネージャーに尋ねるべき質問は、初期の在庫とその週に付け加えられる追加の在庫を含めて、現在の価格で買い手にどのくらいの量の商品を売ることができるか、また売りたいかである。予想される回答は全部売りたいというものであろう(6)。売り手が売ることができて、売りたいと考えるこの量を、商業企業の供給とみなすことができる。

この一連の考えを明確な結論につなげるためには二つの条件が付け加えられなければならない。

・インタビューの開始前に在庫補充分は注文されている。われわれは回答者に次週の注文を調整してはいけないと依頼する。ホテルの例の際と同様に条件を設定しておこう。

・他の条件はわれわれ自身、思考実験を企画する側に当てはまる。週の終わりにはすべての製品について期末在庫がいくらか残っていると仮定しよう。店舗にある製品で売り切れたものはない。言い換えると、あらゆる製品にかんして需要側の方が少なかったと仮定する。

もしこの二つの条件が満たされた場合、週の終わりにどれだけの超過供給があるのか正確に確定できる。というのは、それは期末在庫と一致するからである。結果はシンプルな恒等式の形をとる。

供給＝もともとあった在庫＋その週に在庫に加わったもの
需要＝実際に売買されたもの（少ない方）
超過供給＝期末在庫

期末在庫とは売り手が事前に売りたいと考えていたが、売ることができず、事後に確定した在庫の分量である。

**ケース3　超過供給状態にある製造業企業**

もう一つの状況を考えよう。ここでの課題は、物理的に触れることができて、耐久力のある財を生産している製造業企業（たとえば自動車工場）のマネージャーである。彼とのインタビューは超過供給状態のなかで行われるとわかっている。
供給を明らかにする質問をどのように組み立てればよいか、先の二つの事例と比べると自明のことではない。

先の二つのインタビューと同様、来るべき週をカバーするぐらいのきわめて短期的な意味で質問を行おう。ここでわれわれは製造業企業の売り手としての役割を強調している（おそらくマネージャーは回答する際にはセールスマネージャーとでも呼ぶべきだろう）。その他、質問も仮定も条件も商業企業で語ってきたことと同じである。自動車企業は、敷地に現在保有している自動車に、その週に完成する車を加えて、できるだけ多くの自動車を売ることができるし、売りたいと考えている（完成品が出来上がるリズムは影響を受けないとしよう）。したがって、それがその週に販売に向けられる供給である。超過供給（売ることができない量）は期末在庫と一致するだろう。

生産に指示を与える存在としてマネージャーが重視されるとするならば、まったく異なった仮定に基づくまったく別の質問が必要となる。自動車のような複雑な製品について、一週間という短期間での測定は有効ではないし、慣例ともなっていない。次の四半期についての彼のアイディアを尋ねることにしよう。

インタビューのこの部分（およびその期間や条件）はケース1、すなわちサービス企業とも似通っている。回答者は、注文は十分にあると想定するものとする。したがって回答者自身が数を決められるのだとする。そうした場合、望ましいユニットの数はいくつになるのだろうか。回答は工場の現実的な生産能力にできるだけ接近させたいというものになるだろう。もし生産量が規模にかんして収穫一定なら、現実的な生産能力に近づくことになるので、この回答は十分ありうるだろう。さらに、もし生産において規模にかんして収穫逓増が当てはまれば（自動車工場の場合こうなる可能性が高いが）、よりいっそうこの回答がなされることになるだろう。

これに引き続く一連の思考についても、サービス企業の事例と一致する。注文が少なすぎたりして、生産量が現実の生産能力よりも少ないことがわかった場合、あるいは販売状況が早晩に改善する見込みが立たない場合、生産目標の暫定的削減がなされることになろう。四半期が過ぎれば、その企業が現実的な生産能力を活用しえなかったことが判明しうる。こうして事後的に遊休生産能力が超過供給となる。

注意すべきは、生産企業において二種類の超過供給が現れることである。一つは売りたいにもかかわらず売れ残った在庫であり、もう一つは生産したかったにもかかわらず使用されなかった生産能力である。どちらも中身は自動車であるが、明確に定義された二つの数字を一つにまとめることはできない。前者は自動車置場で実数として目にすることができるが、後者は遂行されなかった生産希望の数を示したものとして想像のなかでのみ見ることができる。すぐに販売することのできる売れ残り在庫も、潜在的余剰として表現しうる遊休生産能力もどちらも、実際のところ超過供給を異なった角度から見たものといえるが、数値の合計を解釈することはできない。

表3.1　工業設備稼働率における国際比較
1978～2008年（%）

| 国 | 中央値 | 観測数 | 標準偏差 |
|---|---|---|---|
| ベルギー | 79.0 | 121 | 2.89 |
| カナダ | 81.3 | 152 | 4.11 |
| フランス | 84.4 | 130 | 2.02 |
| ドイツ | 83.6 | 154 | 3.51 |
| イタリア | 75.7 | 154 | 2.70 |
| 日本 | 79.0 | 153 | 8.11 |
| オランダ | 82.5 | 147 | 2.58 |
| ニュージーランド | 89.2 | 153 | 2.13 |
| ノルウェー | 82.4 | 138 | 2.70 |
| ポルトガル | 78.9 | 126 | 2.49 |
| スペイン | 79.8 | 154 | 3.03 |
| スイス | 83.8 | 154 | 3.33 |
| アメリカ合衆国 | 80.4 | 145 | 3.91 |

注：データは製造業における工業設備稼働率を示している。「中央値」は、ある国におけるすべての入手可能な測定として報告された工業設備稼働率の平均値である。
「観測数」は論文が書かれたときに公式統計で入手可能な時系列の期間に関係している。工業設備稼働率のデータは四半期ごとのため、Nが40とすれば、過去10年間に遡った時系列となる。
出所：Etter, Graff, and Müller 2008, 8
〔表中の数値は原著ママ〕

私は想像上のインタビュー質問によって概念の明確化を行ってきたが、幸運にも、類似の質問を行っている調査が存在する。

表3・1は工業設備稼働率データを国際比較したものである。一九七八年から二〇〇八年までの長期にわたり三四ヵ国についてのデータが分析されている。この表には一〇〇以上の観測数がある一三ヵ国を表示している。それぞれの国について全期間にわたる中央値が示さ

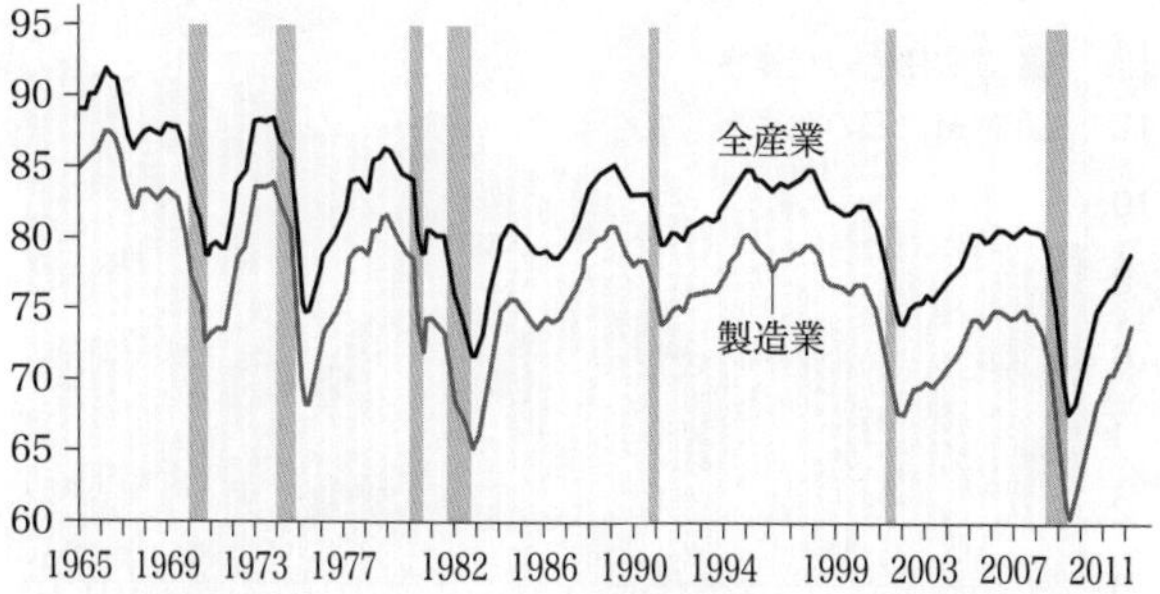


注：灰色の縦の領域は景気後退の時期を示している。景気後退の領域は全米経済研究所（NBER）の定義にしたがった。
出所：Federal Reserve Statistical Release 2010

図3.1　アメリカ合衆国の工業設備稼働率 1965～2011年（%）

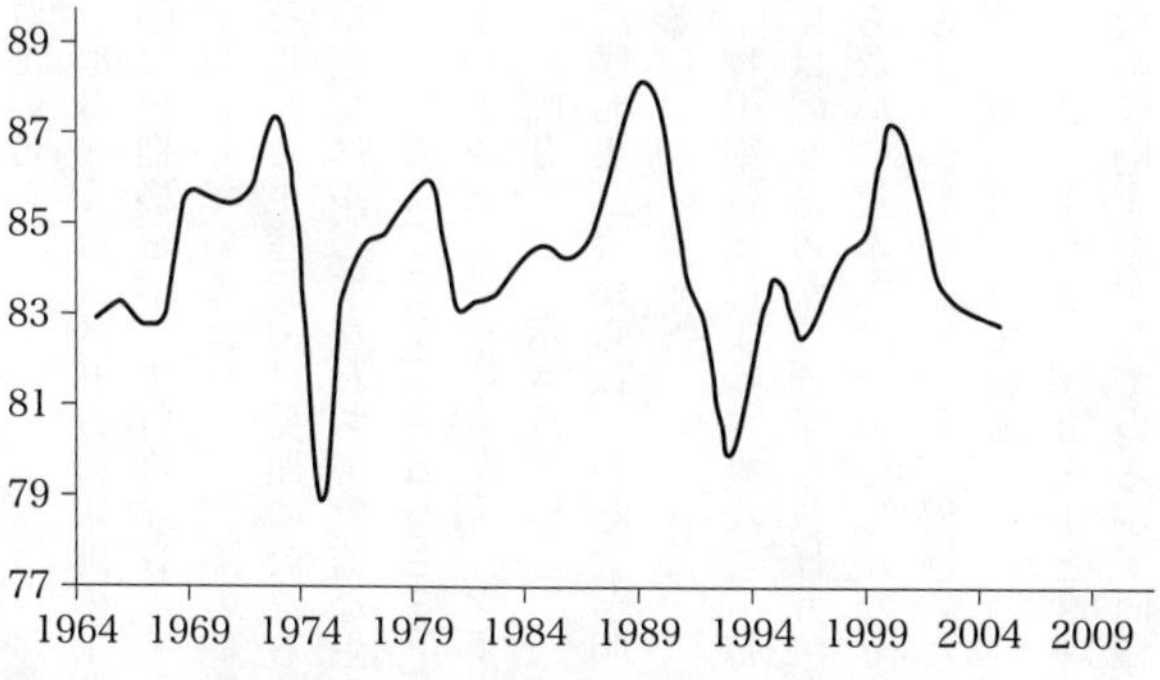


出所：Allain and Canry 2008. 著者であるオリヴィエ・アレインとニコラス・カンリーは数量データを提供してくれた。彼らの協力に感謝する。

図3.2　フランスの工業設備稼働率 1965～2005年（%）

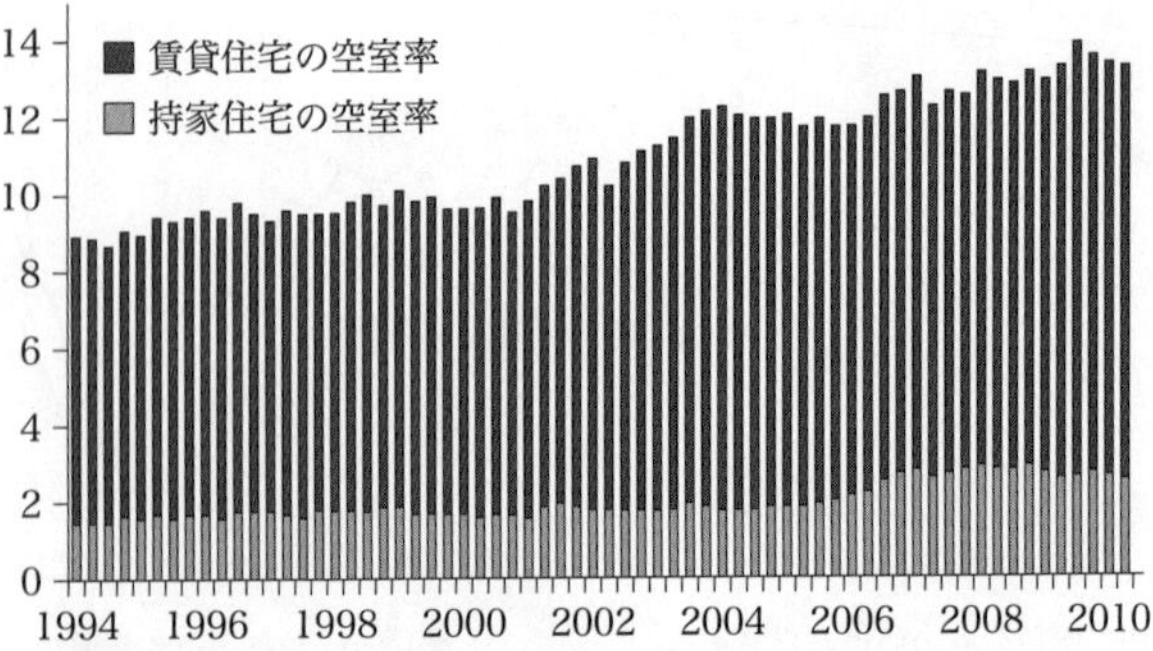


出所：U.S.Census Bureau 2012

**図3.3　アメリカ合衆国における賃貸住宅と持家住宅の空室率 1994〜2011年（%）**

れている。

図３・１はアメリカ合衆国の工業設備稼働率の推移を示している。レポートの筆者が強調しているように、実際の稼働率がなぞらえる生産能力は長期にわたる持続的な生産レベル、すなわち現実的な生産力を示している（Corrado and Mattey 1997 も参照のこと）。他の例として、フランスの推移が図３・２に示されている。

図および表から以下の結論が明らかとなる。

稼働率は国によって異なる。毎年の比率には幅があるが、通常それは九〇％を上回らない[7]。資本主義経済ではかなりの遊休生産能力が遍在しており、慢性的な現象という主張を裏づけている。

表３・１および図３・１と３・２は工業設備稼働率を示しているが、同様の調査は

住宅ストックの稼働率についても実施されている。この調査の目的に照らして、販売のための持家住宅および賃貸向け住宅の戸数をひとまとめにする。その合計は住宅部門の遊休生産能力とみなすことができる。図3・3から明らかなように、アメリカ合衆国で両方の空室率を合計した数値がどの年度においても八%を下回ったことがなく、二〇〇四年には一二%に達している。これは相当な比率の超過供給を示している(8)。

## 3・2　第一の困難――供給と需要の継続的な相互調整

これまで議論してきた三つの「理論的なケース」は「超過供給」概念の定義づけを可能にし、その測定方法を導きだしてくれる。ただし、明確な定義づけと一目でわかる測定方法にたどり着くため、さまざまな抽象によって意図的に状況を簡潔にした点は留保されたい。これから私が読者に伝えたいのは、すでに述べた三つの序論的な事例による理想化され単純化された世界とは異なる、現実の経済活動の現場で起こっていることである。

現場での出来事には予想しえない誤差がありうるため、観察してきた人々やそれを測定する統計学者は誤りをおかすことがあると言いたいのではない。よくある問題は、状況によってそうした理論的な定義や測定方法を一貫して適用できなくなるということである。

最初の困難な問題は、2・3節で需要の編成過程について述べた際に触れた問題である。測定上の観点から、ここでは供給サイドと需要サイドに同時に目を向けることにしよう。

供給と需要において生じていることはともに、どの売り手と買い手にとっても動的なプロセスとなる。生産者や売り手の販売性向は、状況に適応せねばならぬという圧力のもとで調整がなされるため、つねに変化する。その変容過程のどの瞬間が「真の」供給を示すのだろうか。市場の観察者は生産企業の経営者に何の生産・販売を計画しているのか日頃から尋ねている。そうして、彼らは計画と実際の生産や販売とを比較するのである。「真の」数字は計画からどちら側にも乖離《かいり》しうる。(9) 問題は、経営者が質問を受けた時、意思形成プロセスがどの段階にあったのかを理解することである。入手した需要にかんする情報が供給の形成にどのように影響したのだろうか。需要に対する供給の調整が終了する時期の近くに経営者がいればいるほど、計画と現実とは一致しやすい。

買い手の購入意欲についても同様のことが言える。購入意欲はどの瞬間に「真の」需要に転換されるのか。彼らはいつ購入を開始するのか。いつ店舗に入るのか。必要な商品を見つけられず、代わりに他の商品を買うのはいつなのか。あるいは、二軒目、三軒目の店舗で何かを購入するのはいつなのか。

私は需要と供給の観念と現実との対比の問題を扱っているのではない。こうした用語は「不均衡学派」の理論的文献に広く用いられている（Benassy 1982 を参照のこと）。観念的需要は虚構の静的スナップ写真であり、実際の需要はまた別の虚構の静的スナップ写真である。観念的供給と実際の供給という用語についても同様である。代わりに私が提起するのは、需要は静止した二枚の写真ではなく、映画のように形づくられるのである。つまり、購入意欲（最初の時点では十分に明確になる場合もならない場合もある）と実際の供給への調整との間の連続的な相互作用の結果なのである。二つの静的な数字（観念的および実際的）の代わりに調整プロセスに目を向ける。余剰経済ではこのプロセスが供給上の制約に出くわすことはそう多くないが、たとえそうなったとしても供給に対する需要の一定の調整がなされることがわかっている。

個々の売り手や買い手についてこのプロセスを跡づけることができるが、もし一定期間あるいは短期間における多数の買い手の意図と販売意欲とを合計し、多数の売り手の意図と購買意欲とを合計しようとするなら、異質の要素を足し合わせていることになる[10]。結果として、総数の解釈が不確かなものになる（あるいは、それぞれのケースについてさらに質問しないと、解釈が不可能になる）。

この点を示すために、ホテル業の話に戻ろう。ある街に二〇人の宿泊客がいて、そのうち一〇人が四つ星ホテルを、残りの一〇人が二つ星ホテルを探しているとしよう。希望通りのホテルを見つけられれば全員が満足である。しかし、もし二〇人全員が四つ星ホテルを探していて、うち一〇人が二つ星ホテルで間に合わさざるをえないならば、一〇人は満足だが、残りの一〇人はがっかりする。どちらのケースもホテルの稼働率についての実際の統計記録としては同じものになる。したがって、どのような形にせよ、全員が部屋を見つけられた場合、「少ない方の尺度」にしたがって、実際に稼働された部屋の合計を宿泊客の需要とみなすことができる。しかし、総数を見ただけでは、望んでいた通りのものを手にできずがっかりしていた宿泊客がいたことや、強制代替によって彼らの満足度が低下したことは見逃されてしまう。

### 3・3　第二の困難——超過供給と超過需要との同時発生

この章の冒頭で述べた思考実験の流れのなかで、それぞれの取引において、需要は少ない方になるとみなすことによって作業を容易にし、それによって超過需要の可能性を排除した。少ない方の尺度を念頭に置くことによって、こうしたケースでは、記述的で事実に基づく統計記録が反映しているものは需要であることが明白になっている。というのは、われわれは明らかに超過供給の市場を扱っているからである。

しかしながら、現実にはそれほど明らかではない。超過供給と超過需要の現象は同時に起こりうるのである。あるホテルにはほとんど宿泊客はいないが、同時に希望するホテルを見つけられない宿泊客もいるといったこともある。結局、毎日何らかの再調整が行われているのである。その街のすべてのホテルの稼働率にかんする日々の包括的な統計が積み上げられている。これが需要を反映しているのか、供給を反映しているのかは、このレポートだけでは明らかではない。

超過供給現象と超過需要現象は共存するだけではない。両者の相互作用がありうる。超過し、売れ残った供給を有する売り手がいる一方、買い手としては、意図するものを購入するお金を欠いている。彼らの需要が低下すれば他の売り手の超過供給につながる等々である(Clower 1965 and 1967; Leijonhufvud 1968)。超過供給現象はスピルオーバー効果、乗数効果をもつ。

望ましいのは、超過需要と超過供給にかんするミクロ統計が別個に記録されていることである。その場合、超過需要と超過供給の配分について重大な報告がなされ、ミクロ現象の推計学的特徴が測定されることになる。

## 3・4　転換――生産の障害とミクロの制約を観察する

前節では超過供給現象と超過需要現象の共存という問題を扱った。そうした現象を理解し観察する際に、定期的に実施されている国際的調査(後述)は重要な手助けを与えてくれる。しかし、方法論を正確に理解するために注意する必要がある。

ヨーロッパの二六ヵ国における国際的ビジネス調査組織が多数の製造業から選ばれたサンプルの経営者に数十年間にわたって四半期ごとに以下の質問を行っている[11]。

「現在あなたの企業の生産を制約している要因は何ですか」。

・そのような要因はない
・労働力不足

・原材料および／あるいは設備の不足
・金融面での制約
・他の要因（詳細をお教えください）

一例として、ハンガリーの推移を付した（図3・4および第II部第8章末にある付録の表を参照のこと）。本研究についてここから結論を導きだす前に、経営者たちが調査者たちから実際のところ何を尋ねられていたのかをいま一度、考えなおしてみるのがいいだろう。比較のために、3・1節のケース3であげた仮想の質問を見てみよう。「純粋な」事例を論じたものだ。そこでの質問は性質の異なるものだった――本質的に異なるものだった。調査者たちが二六ヵ国の経営者たちに尋ねていたのは、事前に生産量をどう考えるのかではなかった。つまり需要があると仮に想定したうえで、インプットの側で生産を妨げる一般的な要因を前もって計算して、生産量をどのくらいにするのかという問いではなかった。今回問題にしているのは、供給についてではなく、事前にどの程度の量を予想するかなのである。調査者たちはまた次のようなことを尋ねていたわけでもない。すなわち、当該の製造業者が五〇〇ユニット分の生産力を有しており、また実際にそれだけ生産できる可能性が生産サイドに現実的なものとしてあるときに、実際に五〇〇ユニット生産したいかどうかを尋ねているわけでもないのである。言い換えるならば、経営者たちは需要と関係なくどれだけ供給することとなるのかを尋ねられているわけでもないのだ。

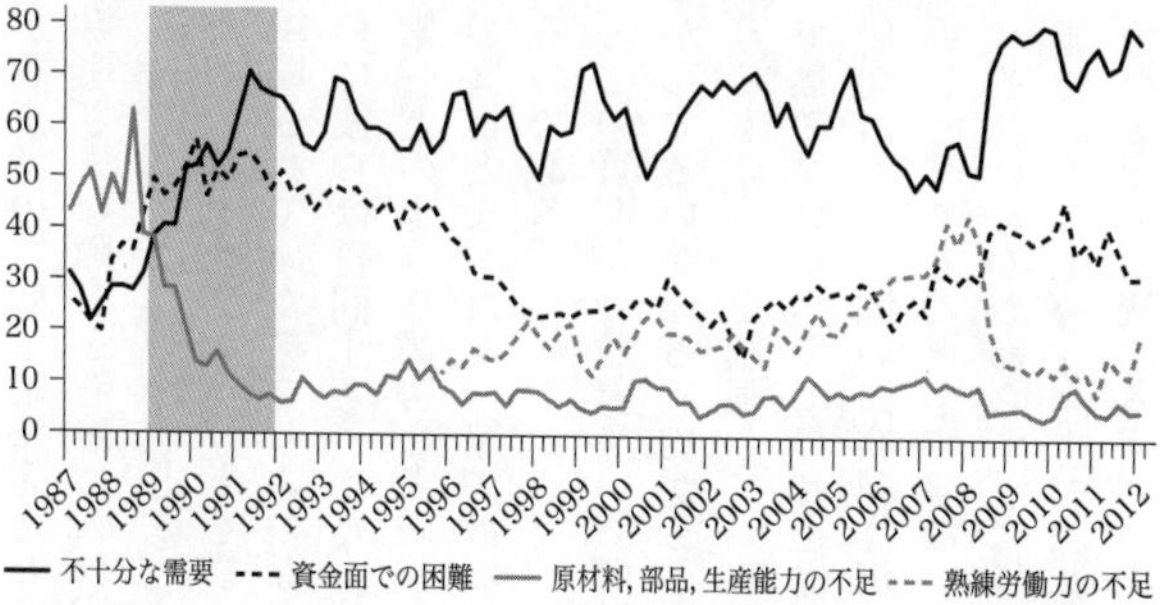


注：生産を妨げうる要因について回答者に聞き取りを行った。複数回答が可能である。グラフには全体像がよく把握できるように、いくつかの時系列データのみが反映されている。すなわち、付録表（320ページ以下）のすべての項目がグラフ上に反映されているわけではない。縦軸には回答の相対頻度がパーセント表示されている。グラフにあるグレーの実線、すなわち、原材料、部品、生産能力の不足を表す折れ線は次のようなロジックに基づいている。各調査時期において、5つの変数（原材料、予備の部品および生産能力の不足にかんする変数）のうち数値がもっとも高いもの、すなわち、相対頻度がもっとも多いものを選択している。言い換えれば、もっとも高い数値は5つのタイプの障害のうち少なくとも1つを回答した回答者の割合を意味している。グレーの折れ線はこれらのもっとも高い数値を結んだものである。灰色の帯はベルリンの壁崩壊後の数年間、すなわち、社会主義システムから資本主義システムへの最初の移行期間を表している。データは年度の第1四半期のものである。
出所：Kopint-Tárki（ブダペストの経済・市場研究機構）による直接の聞き取り。

図3.4　ハンガリーにおける工業生産にとっての障害　1987～2012年（%）
（指摘された比率）

調査者の質問が暗に想定しているのは、生産管理者たちは生産目標を設定するにあたってさまざまな障害を考慮に入れ、現実的で実現可能性のあるプランを導きだすということである。（本研究の考え方に沿っていうならば）これはかなり早い段階で供給が編成されるプロセスのスナップショットを描くことによって可能となるものである。今や、前もって供給が編成されていくプロセスのなかで、どんな要因が通常、生産への障害となっているのかについて彼らは質問する。すなわち、「もしあなたが起こりうる出来事を十分予測するなら、通常、どのような障害を考慮に入れますか」という質問である。これらは調査でなされた質問の文言とまったく一緒ではない。ここで私は質問の構成の基礎となる暗黙の前提を示しているのである。

この賢明かつ意義深い質問は、それに見合った回答を生みだすが[12]、ミクロレベルで需要にかんするいかなる制約がもともとの供給――実際の生産能力がゆるすところまで大きくなりうるもの――を制限しているのかを明らかにすることはない。したがって、この調査データではミクロレベルでの超過需要や超過供給の規模を直接的に推論することはできないし、本研究の主要な問い（余剰経済か、不足経済か）に明確かつ直接的な回答を与えるものではないし、与えることもできない。

それにもかかわらず、こうしたデータから私の研究の問いに間接的な指針を得ることは可能である（十分な注意が必要だが）。ハンガリーの図のなかで、投入面でのトラブルや不十分な需要を指摘する回答の比率がいかに変化しているかに注目しよう。図3・4にある灰色のタテ帯は、システム転換期を表している。時系列でみると、システム転換までは社会主義の不足経済下で生産の継続と成長への企業努力が主として資源の側における障害に直面していたことが明らかである。こうした障害は、たとえば、労働力不足、とくに熟練労働力の不足や原材料・構成要素の不足などであり、もっとも一般的な問題といえる。回答者の三分の二はこうした投入サイドのトラブルの少なくとも一つを挙げている。需要の不足も少ないわけではないが、この種の障害は一九八九年以前には回答の三分の一を超えることはなかった。

システム転換後、こうした比率はおおむね逆転した。二〇〇〇年代には回答者の約三分の二が需要サイドの障害〔「不十分な需要」〕を指摘しており、原材料や構成要素の不足を挙げるものはきわめて少数となった。[13]

## 3・5　第三の困難――「余分な」在庫から「必要な」在庫を区分する

議論の本筋に戻って、概念化と測定の問題に目を向けよう。

本章冒頭の「理論的な」事例では、売れ残った期末在庫は超過供給に分類された。読者にとって驚くことではないかもしれないが、私の責務としてこれは問題であることを指摘しなければならない。

在庫に変動がなく、取り換えもなされないとき、ある期間に生産の売れ残り在庫が増加したとすれば、明らかな超過供給が存在することを意味する。しかし、需要は変動がないわけではなく、供給の変化に少なからず反応してつねに変化することを先ほど強調した。在庫を持っておくことには供給と需要の相互調整を促進する目的がある。

在庫が「大きくなりすぎて」超過供給と言えるのはいつであろうか。この問題を取りあげる前に、2・2節で紹介したセーフティレベルを参照しよう（以下の議論では$B$と表記する）。たとえば、以下のように言えるだろう。九〇％の顧客が探していたものを見つけることができ、一〇％の人だけがしぶしぶ別のものを買ったり、なにも買わずに店を出たとする（$B$=0.9）。この時には在庫は十分であり、過大ではない。けれども、期待が満たされなかった顧客の割合が一〇％ではなく九％のみだったとするならば（$B$=0.91）、その時には在庫は過大である（したがって超過供給となる）。しかし、率直に言って、この出発点は恣意的である。なぜ$B$は0・9でなければならないのか。0・85や0・96ではなぜいけないのか。セーフティレベル$B$はあらかじめ決定されるものではなく、必然的に未確定なものである。その数値は第2章で述べた自然発生的な誘因と調整メカニズムによってある程度影響を受ける。[14]

したがって、「必要な」在庫量がどこまでで、「過大な」「余分な」在庫量、すなわち超過供給とためらいなく呼ぶことのできるものがどこからなのかは、必然的に未確定なものなのである。

このように量的な限界点は未確定であるが、「必要な」在庫量と「余分な」在庫量との間に一定の重要な関係が存在することに対しては確信をもつことができるだろう。

・在庫補充が慣例的に継続され、組織化されるにつれて、在庫が適切に構成されるのに伴い、セーフティレベルも上昇する。在庫の規模と構成が所与のものだとすれば、セーフティレベルは在庫補充の柔軟さとスムーズさおよび注文が満たされる速度とともに上昇する[15]。こうした関係は明らかである。多数のオペレーションズリサーチモデルが考案され、こうした関係を数量化し分析している。

・企業の在庫対策によって高度なセーフティレベルが達成されるなら、このことは売り手（たとえば、競争的地位の強化）にも買い手（選択の幅を広げ、もっとも望ましい財を見つける機会を増やす）にも影響を与える。

これまでは超過供給についての議論のみを行ってきた。本研究の中心をなすからというのが理由だが、議論は超過需要にも同様に拡張しうる。購買を希望し、金銭的にそれが可能な人々すべてが手ぶらで店を出るとすれば（$B$=0）、在庫は明らかに少なすぎる。しかし、需要の実際の規模と構成が事後的に$B$=0.3、$B$=0.4といった数字になった場合はどうだろうか。その時、在庫は「少なすぎる」のだろうか。繰り返すが、それ以下になると在庫が「必要とされる」より低いと明確に言える閾値《いきち》は未確定なのである。

定義の問題に戻ろう。今述べた考えは「余計な」「超過の」という用語を用いることについての疑問を植えつけるだけで十分である。私について言えば、余計な在庫あるいは余計な生産能力に直面するかどうかという問題を、本研究では（時々うまくいかないが）避けようと考えている。

私の『不足の経済学』（Kornai 1980）においては、ここで余剰（surplus）と呼ぶ事柄に対して弛緩（slack）という用語を用いていた。その後、『不足の経済学』を執筆した時よりも多くの時間をネイティヴの英語話者と過ごしてきたし、英語の日刊紙を読んできた。そこで弛緩という語に軽蔑的なニュアンスが込められていることをいまでは感じられるようになった。つまり、そこに含意されているのは、緩んだものを連想させ、在庫や生産能力の少なくとも一部は余計なものであると感じさせるのである。こうした価値判断を含む言葉を避けるため、より中立的な用語を探してきた。遊休生産能力、残余在庫、遅い回転率を浪費とみるかどうか、賢明な在庫経営か、あるいは予測できない買い手に対する特別な注意か、等々について、私は意図的に問いを未決のままにしてきた。

「過大」や「余計」の閾値は確定できないと述べたが、だからと言って売れ残った在庫の規模や満足しなかった顧客の数が重要でないとか、注目する価値がないといったことにはならない。逆に、これらはとても重要である。適切な方法で観察可能であり、数量化して表現できる。

在庫の構成について有益な分析がなされうる（Chikán 1984を参照のこと）。表3・2を見てみよう。

算定は以下の議論に沿って行われている。どのようなシステムであっても、生産・販売を継続する必要およびショックを避ける必要から、生産に必要な投入の在庫および生産物の産出の在庫を確保しておく必要がある。しかし、その二つの在庫の比率はシステムによって異なる。では、どちらのシステム側が在庫のより強力な予備を必要とするのだろうか。表3・2は以下のことを裏づけている。まず、社会主義下では不足経済が存在する。というのは、投入面の在庫補充に対する大きな不確実性があったためである。他方、完成品の不足が遍在しており、販売は相対的に容易になった。こうして、製品在庫に対する投入在庫の比率はき

表3.2　投入の在庫と産出の在庫の比率における国際比較 1981～1985年

| 国名 | 製造業における平均産出在庫に対する平均投入在庫の比率 |
|---|---|
| 社会主義国 | |
| ブルガリア | 5.07 |
| チェコスロヴァキア | 3.07 |
| ハンガリー | 6.10 |
| ポーランド | 4.49 |
| ソヴィエト連邦 | 3.16 |
| 資本主義国 | |
| オーストラリア | 1.36 |
| オーストリア | 1.06 |
| カナダ | 0.92 |
| フィンランド | 1.92 |
| 日本 | 1.09 |
| ノルウェー | 1.10 |
| ポルトガル | 1.66 |
| スウェーデン | 0.81 |
| イギリス | 1.02 |
| アメリカ合衆国 | 1.02 |
| 西ドイツ | 0.71 |

出所：A・チカーンによる編集。Kornai 1992, 250にて発表。

わめて高かった（Farkas 1980）。しかしながら、資本主義システムではその比率ははるかに低かった。このことは、資本主義下では不足の事例は投入面での調達においてはきわめて少なく、逆に製品在庫が膨れ上がったことを示している。この背景には、資本主義では製品の販売が容易ではないということ、生産者が買い手に対して迅速なサービスと多様な製品の提供を望んでいるということがある。

## 3・6　第四の困難――正当ではない集計

相互に関連する財やサービスを売買する市場の部分に目を向けよう。価格変化の説明変数として「純超過需要」を挙げることは標準的なミクロ経済学のモデルでは慣例となっている。価格決定のルールは以下の通りである。純超過需要が正であれば、価格は上昇し、負であれば、価格は低下する。ワルラス派経済学におけるかの有名な「競売人」、ワルラス理論の追随者であるオスカー・ランゲ（Lange 1968［1936-37］）の示す価格局（price office）は、いずれもいま上で説明したルールにしたがって均衡価格に達するまで価格を調整する。単純な足し算によって、「純超過需要」は割りだされる。それは正の超過需要データと負の超過供給データの合計となる。

これは一回聞いただけだと論理的なように思えるが、その裏には重大な論理的誤りがある。ある集計レベルで空港における可能な発着数を検討しているとしよう。ある日に空港を出発する飛行機の発着枠の利用率はどの程度か。超過需要の場合は、希望する時間に旅行に出られない乗客がいる。超過供給の場合は、半分しか乗客が乗らずに出発する飛行機もある。純超過需要の場合、乗ることができなかった乗客数と空席の数との一定期間における差となる。しかし、これを合計しても意味がない。午後七時発、ブダペストからコペンハーゲンへのフライトに空席があったとしても、それは同日午前九時発の同飛行機に乗れなかった乗客の需要を満たすことになるのか。その乗客はその日の午後に重要な面会予定があったかもしれないのに。[16]

超過需要関数を「純」価値に転換することは、理論モデルや実証的、計量経済学的考察においてしばしばなされる方法論的傾向である。[17] 問題をよく考え直してみれば、「純超過需要」や「純超過供給」といった集計された数字を作りあげることは厳に慎まなければならない。

これまでに述べた測定上の困難はすべて誤解を生む集計に対して警告を発している。実際、トラブルを徹底的に考察すれば、それを完全に禁止する必要性がよくわかる。純粋に集計という観点から、これまでに議論してきた問題に再び目を向けよう。

①期末在庫を遊休生産能力の形で生じている「余剰」に追加することは許されない。これらは異なった種類の「使用可能性」を示している。期末在庫と遊休生産能力という二種類の余剰発生のうち、二つ目、つまり遊休生産能力がより本質的なものである。というのは、遊休生産能力はより持続的なもので、規模を容易にコントロールできる在庫よりも数

を減らすことが難しいからである。

②需要も供給もともに動的なプロセスとして変動する。その間に売り手や買い手が売買する好みが変化したり、成熟したりするかもしれない。特定の時期におけるスナップ写真の断面図による測定によって、「成熟の」プロセスという点で均一ではない、売り手と買い手の好みを足し合わせることは誤りである。

③最後の、おそらくもっとも深刻な問題はいま述べたばかりのことである。つまり、「差し引き」は誤りであるということ、すなわち集計のいかなるレベルにおいても、超過供給の純総計から超過需要の純総計を引き算することは誤りであるということである。

こうした見解は下位（ミクロ）あるいは中位のレベルでの集計にも確実に適用される。一連の議論はマクロレベルでのデータの解釈に最大限に注意する必要があることを直接的に指摘している。ある特定の時期においてある特定の経済のマクロの供給やマクロの需要を設定することはできない。

私は実際のGDPと、マクロ分析では広く用いられる潜在的なGDPとの間の「ギャップ」を示す指標を、自分の思考のなかでどこに位置づけて説明するべきか途方に暮れていることを認めざるをえない。これは超過供給の指標の一種でもあり、ある生産企業やある産業における超過生産能力と類似している。これは下位レベルにおける指標の集計に関わって、たったいま私が述べたのと同様の懸念や疑念を生みだしてしまいそうである。この問題がさらに説明されなければならないことは確実である。私はといえば、広く指標を受け入れることも拒絶することも現時点ではできない。

私はほかにも統計上の、また観察上の困難や例外を挙げられるが、こうした障害は、特定の国の一般的な市場状況を述べる概念として私が「不足経済と余剰経済」というペアをなぜ好むのか、また多くの人にとって理解しやすい「超過需要経済と超過供給経済」という概念のペアを用いることになぜしり込みするのかを説明するのに十分なものである。

## 3・7　測定と概念装置のための実践的な示唆

これまでに述べたことに基づいて、私は以下の考えを捨て去る用意がある。それは、一定の市場における所与の価格での供給と需要の総計がどの程度になるのかを算出しようという考えであり、超過供給あるいは超過需要の規模を量的に確定させようという考えである。私は市場の一般的な状態を基本的な指標によって特徴づけようとはしない。とはいえ、このことは測定という作業をやめることを意味しない。集計や基数測定値の代わりに、余剰経済および不足経済の特徴的な兆候を明らかにし、一定時期におけるこれらの状態や変化を解明するいくつかの部分的指標を用いることは可能である。

そうした指標の事例をいくつかリストアップしよう。

・生産者およびサービス供給者の生産能力とその活用
・在庫の回転率、また在庫の品目が互いの関係および売上量との関係において占める割合
・生産への障害についての生産者に対する質問
・行列や待ちリストの時間、実際の販売と比較した行列待ちの人々の購買意欲

こうした指標の事例は本論でも見てとれる。そこではこれらが現実に適用しうる測定方法であることを示している。

余剰や不足の事例の特徴を反映した他の指標もあるかもしれない。独創的な経済学者や市場調査員、統計学者はほかにも観察方法や測定手法を工夫しているかもしれない。実際の観察や測定に基づいて理論的概念を導きだすというのが望ましい手順であろうが、残念なことにそれはいつも可能なわけではない。その反対になることもしばしばある。つまり、仮説に基づく理論がある現象を観察し測定するための必要性を作りだすこともある。その時のみ統計データを入手するため実践的な作業がなされる。

上述した測定法はすべて二つ以上の不連続状態を示す。つまり、超過供給と超過需要である。それらは現象の強度あるいは「重み」について報告している。遊休生産能力が一〇%か三〇%に達するか、店舗の在庫が三ヵ月分あるか二〇ヵ月分あるか、あるいはある製品・ービスの待ち時間が三ヵ月か三年かといったことは取るに足らない問題で[illegible]れや動態につ

ここで示した指標や他の類似の指標に基づいて、余剰

いて分析を加え（あるいは、さまざまな強度や「重み」を有するそうした事例をより詳細に分類し）、その分布の統計学的特徴を見分けることが可能となる。

### 3・8　合成指標と「混合指標」の形成

不足や余剰現象の頻度や強度を示すために広範な領域あるいは一国の経済全体をカバーする「混合指標」を算出することは意味があるだろう。そうした概要指標はさまざまな目的で用いられている。よく知られた事例をいくつか挙げよう。

・「自由指標」は特定年度におけるある国の企業や個人的権利の自由の状況を反映するように作られている（Freedom House 2010）。

・「汚職指標」は特定年度におけるある国の汚職事例の蔓延度と重大性を示すものである（Transparency International 2010）。

・「ビジネス環境指標」はビジネス界における意思決定者の「雰囲気」、つまり彼らの期待における楽観主義と悲観主義を反映させようとしたものである（フランスでの測定結果については Clavel and Minodier 2009; Erkel-Rousse and Minodier 2009 を参照のこと）。

こうした算出の試みは複雑な現象の総量や全体としての強度を測定することは不可能であるとの認識から出発している。しかし、部分的な現象を測定することは可能である。その例としては関数をデザインすることが挙げられる。説明変数は部分的現象の部分的指標であり、その関数から生まれた変数は「混合指標」（たとえば、「自由指標」や「汚職指標」や「ビジネス環境指標」といったもの）である。[18]「混合指標」はさまざまな生産者による部分的で組成的な指標から生みだせる。もっともシンプルな（そしてもちろんもっともおざなりな）ものは合成指標にたどり着くように部分的指標を平均したものである。要素分析が用いられることもあり、重要性がもっとも高く強力な説明力を有する要因が合成指標として分類される。

本論では不足や余剰を合成的に測定できる「混合指標」を算出するための方法を編みだそうとしているわけではない。ましてや、本書で検討している現象を簡潔に反映させるためにそうした指標を引き合いに出しうることは疑いのないことだと言うつもりもない。そのためには、市場の状態を反映する部分的指標の動きを注意深く研究する必要があろう。ここで私が言いたいことは、統計的に「把握」が難しい複雑に合成された現象を推定するために活用しうるのは、足し算や引き算だけではないということがすべてである。基本的な指標では測定しえない他の複雑な現象を集約するうえで得られた経験を徹底的に再考することには意味があるだろう。

概念明確化と測定方法についての本章を終えるにあたって強調したいことは、推薦される概念装置および測定装置の「中立性」である。それは余剰現象が主要な市場にも、不足現象が支配的な市場にも適用しうる。何らかのシステムに対する独自な価値観や同情・反感といったものに関係なく、市場の現状を観察し評価するのに適しているという意味でも中立的である。

**注**

（1）『反均衡』（Kornai 1971）という書物で、私はこうした広く受け入れられ、応用されている表現の背後にあるものを明確にしようとし、その定義がいかに濁ったものであるかを指摘した。私の解釈に対して反応はほとんどなかった。私が記載したものを四〇年後に見返してみると、私の懸念や不服は正当だったことがわかる。それ以後に得た知識に基づいて、ここでは私の批判および私が推奨する用語法や方法論を再度表現したい。今回はより大きな反響があることを期待している。

（2）供給側について説明する際はすべて、私は企業について述べるが、その議論は同様に個々の生産者、サービス提供者、商人にも当てはまる。

（3）アメリカの連邦準備制度理事会（FED）によって工業設備稼働率指標というものが定期的に発行されている。FEDによる定義は以下の通りである。「連邦準備制度によって形成された工業設備稼働率指標は持続可能な最大生産量という概念を捉えるために作られている。それは、通常の休止時間を考慮し、資本を適正に機能させるための労働と原料の十分な活用を想定したうえで、現実的な労働計画に基づいて工場が維持しうる最大の産出量である。この概念は、生産能力が短期間しか維持できないより高い最高値ではなく、持続可能な最高値を示しているかぎりにおいて、生産関数における完全投入点におおむね一致する。たとえば、企業は日々のメンテナンスをせず、一時的に残業を急増させることで、上記の生産量を生産するかもしれない。長期的にみれば、こうした行動は持続可能ではない」。(Morin and Stevens 2004, 3-4)

(4) 実際の収容力は通常は一〇〇%を下回るが、一〇〇%を超える収容力を想定することもできる。本文の例に従えば、ホテルが日々のメンテナンスを延期せざるをえないほど多くの宿泊客を泊めるケースである。

(5) 商社はサービス市場において媒介者として機能するかもしれないが、特殊事例はここでは考慮しない。

(6) その商店が、本論の冒頭に述べたワルシャワの商店のように、週末までにほとんど空っぽになっているというのはおそらく極端であろう。というのも、そんなことになれば買い手は戻ってこないからである。市場経済でこうしたことが起こる危険性はなく、無視しても問題ない。

(7) 例外は、図3・1に示されるように、アメリカの工業設備稼働率が最初の二つの時期に九〇%を超えていることである。

(8) 比較のために、社会主義経済のもっとも憂鬱な特徴の一つである住宅不足について述べよう。関連のウィキペディア記事（Wikipedia 2012b）には一九八六年の全住宅ストックに対する不足の比率として、以下の数字が出ている。ソ連三〇・二%、ブルガリア二七・四%、ポーランド二三・九%、東ドイツ一七・一%。

（9）たとえば、広く適用されている景気動向調査（Business Tendency Surveys, OECD 2003）を参照。

（10）私はすでに異質性の問題を指摘してきた。ある集団において、その内部にいる「平均的」な人々の行動が代表的な行動であるととらえられた場合に、問題が生じる。異質性は供給と需要を記録する際にとくに大きな困難を生みだす。

（11）調査の方法については、OECD 2003 および Nilsson 2001 を参照のこと。

（12）調査は二六ヵ国で実施された。超過供給と超過需要現象の規模と分散を測定するためのものではなく、変動を予想するうえで現実的なサポートを提供するためのものである。

（13）資本主義の性格を持つようになった経済においても、熟練労働力の不足が問題視されている点は指摘する価値があろう。

（14）ある企業が在庫に対する意図をもった精巧なルールに従い、注文を繰り返しており、それによって自身の顧客にとってのセーフティレベル$B$に影響するとの記載に一致する。

（15）在庫補充におけるジャストインタイム方式は日本で生まれて広がった。必要な原材料が在庫にはないが、つねに時間通りに手元に届くのであれば、在庫を少なく保ちながら、生産を継続させることができる。

(16) ある空港を発って多様な目的地にさまざまな時間に着く飛行機は、異質の、異なった財としてみなされなければならない。こうして、異質性を原因とするよく知られた集計の問題が発生する。

(17) 集計の問題は、社会主義経済のマクロ経済分析で用いられる不均衡モデルにおいて激しくなる (Portes and Winter 1980; Portes et al. 1987)。議論のレビューには、Davis and Charemza 1989 および van Brabant 1990 を参照のこと。

(18) このことを私はずっと以前に『成長、不足、効率』(Kornai 1982) という書物のなかで述べた。その後、何人かの同僚と不足の部分的指標を作りあげるために大きな共同研究を開始した。最終的には、不足の合成指標の計測につなげることが企図されていた。そのプロジェクトは体制転換によって終わりを告げ、私も含めた参加者は他の仕事をしなければならなくなった。幸運なことに、不足経済はハンガリーでは終焉し、課題は即座に消失した。今になって再び、私には余剰現象の総合的測定という問題が生じている。

# 第４章　労働市場——余剰再生産のためのメカニズム

## ４・１　概念明確化と測定

労働市場を本質的に分析する前に、労働市場にかんする概念を明確にし、関連する測定の問題を検討する必要がある。財やサービス市場の議論の際と同様のアプローチをここでも用いたい。まずは、本研究の概念装置と労働統計に用いられる指標との関係を明らかにしなければならない(1)。

不足については、状況は比較的容易である。統計に記録される求人数は労働力不足をよく反映している。同様に記録されている登録失業者数、これはもちろん労働力余剰の基本データである。しかし、労働市場における余剰を数量的に分析しようとするならば、これで終わりにしてしまうわけにはいかない。

本論の精神にしたがって、何を計測しなければならないのかから始めて、それを入手可能なデータとつきあわせてみよう。検討対象は特定の経済であり、一国規模で一定の時期のものである。その国の人口を$Q$とし、そこに四つのグループが区別できる。

①さまざまな事情のため定職についていない人々がいる。子どもは仕事をすることが認められていない。統計学的に働くことができるとみなされているのは一四歳以上である（しかしながら、児童労働を禁止する法律ができたのは比較的最近のことであり、途上国では多くの子どもが今も働いている）。肉体的・精神的障害のため、あるいは慢性疾患のため働くことができない人々もいる（注意しなければならないのは、肉体的・精神的障害を有すると公式に認められた人々をおしなべて、仕事をする能力がないと自動的にみなしてしまうのは許されないということである。彼らの多くは実際には働く能力があるのだが、彼らが働くことを可能にする社会・経済条件が欠如しているのである）。病気や肉体的・精神的弱さによって仕事から遠ざけられているのならば、そこには老人も含まれる（しかし、すべての老人が働くことができないのではない。公式の労働統計では、たとえば七四歳で線引きして、働くことができる人とできない人とを区別している。とはいえ、私は、本書の執筆時に八五歳であるが、仕事をできると考えている）。それぞれの「働くことができない」カテゴリーの後に挿入されている文章はそうした基準にはいくらか問題があることを示している。働くことができない人々の数を$N$と表記しよう。

②次のグループは働くことはできるが、何らかの理由で労働市場に参入して仕事を探すのを思いとどまっている人々からなる。このグループを、働けるが活動していない人々の集まりとして、$M$と表記しよう。働ける人々に職探しを思いとどまらせている事情はいくつ

かある。

・賃金以外に自活する手段（不労所得、自分以外の家族の稼ぎ、国からの援助など）をもっているため、仕事をする必要がないのかもしれない。

・退職して年金で生活できる。

・慣習から仕事をすることを思いとどまっている。これはとくに女性の雇用にとって重要な要因である。

・ほかに女性の雇用において重要な要因としては以下のものがある。もし仕事時間中の家族に対するケアを自分で準備できなければ、たとえば、保育園、幼稚園、学童保育、被扶養高齢者のためのデイケア施設などを利用できなければ、女性は雇用から遠ざけられてしまう。

・長い間仕事を探したがうまくいかなかった。仕事を見つけるチャンスもなく、探すことをやめてしまった。このグループは就業意欲喪失者として知られ、ハンガリーの労働統計では受動的失業者と呼ばれる。

こうした失望を生む要因はある程度重複している。仕事を探さないことを決めた人々の決定がどの程度自発的なものか、状況によって規定されたものかを見分けることは難しい（経済学、社会学、社会心理学の境界に位置する問題である）。社会的規範によって働かないことを強制されているのかもしれないし（「女性の居場所は家庭」）、現実的な条件が欠如しているのかもしれない（保育園や幼稚園が不足していたり、負担が大きかったりして）。仕事を探している人が希望をあきらめ、職探しをやめ、労働市場から「自発的に」退出するようになるポイントはどこにあるのだろうか。

上述した二グループ――働くことができない人々（$N$）と能力はあるが活動していない人々（$M$）――を区分する線は完全に鮮明になっているわけではないが、区分の内実は明瞭である。

③公式統計には登録失業者も記録されている。そのグループを$U$と呼ぶことにしよう。公式の数字は厳密な基準を用いて、積極的に職探しをしている失業者と職探しをあきらめた「受動的な失業者」を区分している（調査される前の四週間に積極的に職探しをしてきたかどうか等）。当然ながら、区分における恣意性の危険性はあるが（なぜ四週間なのか、三週間や五週間ではだめなのか）、それはどのような統計記録プロセスでも避けられないものである。

④最後に、所定の時期に実際に雇用されている人々の数が公式統計に記録されている。これを$E$と表示しよう。

公式統計では実際に雇用されている人々$E$と積極的に職探しをしている失業者$U$の合計を経済活動人口と呼んでいる。これは労働力とも呼ばれている。この数字を$A$と呼べば$A=E+U$となる（人口に占める労働力の相補的なグループ非経済活動人口を$B$と呼べば、$B=Q-A$となる）。

本研究では、余剰労働力——$T$と呼ぶ——には公式の登録失業者$U$だけでなく、仕事をする能力はあるが活動していない人々$M$も含まれ、$T=M+U$と表示される。これは産業予備軍（マルクスの表現を用いれば）となる。労働市場が必要とすれば、そこから労働力が補充される。景気循環が上向くとき、市場は余剰労働力のうちのいくらかを利用する。これは失業を減らすだけでなく、これまで積極的に職探しをしなかった人々を活動させることにもなる。このことは戦時にとくにはっきり認知される。文字通りの意味で「予備軍が動員され」、国家の指令により生産的労働に利用される。

経済活動人口と非経済活動人口を区分する際、公式統計における両者の境界は異なったものとなっている。表4・1に概念上の相違を明確に示している。

本書の概念的枠組みは、以下の決定的な点で公式統計の定義と一致していない。公式統計は、働く能力はあるが活動していない人々$M$を定期的に調査しているわけではない。いくつかの研究では「働く能力のある年齢層」というカテゴリーを用いている。これは通常一四～六四歳の人々によって構成されるのだが、この区分けでも同一のものとはならない。というのは、（すでに述べたように）その年齢層のなかにも、どのような状況でも就労しない人々

**表4.1　本書で用いられる概念と労働市場統計に示される概念との関連性**

| 本書で用いられる概念 | | 労働市場統計で用いられる概念 |
|---|---|---|
| | 働くことができない人々（$N$） | 非経済活動人口（$B$）（$N$と$M$） |
| 余剰労働力（$T=M+U$） | 労働可能だが非活動である人々（$M$） | |
| | 失業者（$U$） | 経済活動人口（$A=E+U$）（$U$と$E$） |
| | 雇用されている人（$E$） | |
| 労働力不足 | 求人数（$V$） | 求人者（$V$） |
| 総人口（$Q=N+M+U+E$） | | 総人口（$Q=A+B$） |
| 相対値で示した指標（%） | | 相対値で示した指標（%） |
| 余剰率（$t=T／Q$） | | 非経済活動人口の比率（$b=B／Q$） |
| 労働可能だが経済的に非活動な人々の比率（$m=M／Q$） | | |
| | | 活動率（経済活動人口の比率　$a=A／Q'$） |
| 失業率（$u=U／Q$） | | 失業率（$u-U／Q$あるいは$u'=U／Q'$） |
| 不足率（$v=V／Q$） | | 人口に対する求人の比率（$v=V／Q$あるいは$v'=V／W$）ただし$W$は全就職口の数 |

注：公式の労働市場統計は、通常$u'$や$v'$といったアポストロフィーで示される指標を用いている。しかし、$u$や$v$の比率は公式の労働市場統計から容易に再現しうる。「活動率」を計算するために公式の労働市場統計は総人口（$Q$で示される）を適用していない。その代わりに、総人口の下位グループである14～64歳の労働可能人口（$Q'$）を適用している。

が多数存在するし、働く能力はあるが活動していない六四歳以上の人々もいるからである。

統計で読み取りうる指標$b$、つまり非経済活動人口の比率は、指標$m$、つまり働く能力はあるが経済的に非活動の人々の比率の代替として容認できるものとみなす。これは本論で独自に議論されているもので、統計に記録されているものではなく、以下の議論における私の分析目的に適した指標である。以下で私は特定の国およびシステムに特化した「広範な」相違の時系列の比較を行う。私の仮説は主に問題を論理的に再考することに基づいている。私の推測は、仕事をする能力のない人々の数にはあまり柔軟性はなく、主に人口や保健といった要因に直接的に依存しているというものである。他方、仕事をする能力のある人々のうち、経済活動人口に含まれるか、非活動となるかの選別は、社会・経済的要因によって決まる。この選別の結果は、私が言及した変数$M$（現時点では測定されない）にかなり明白に影響を与える。これに対して、公式統計はこの変数にほぼ一定の数字（仕事をする能力のない人々の数$N$）を付け加え、$B=N+M$として合計を出しているだけである。

仕事をする能力のない人々と、仕事をする能力はあるが活動していない人々とを実証的に区分し、それらを測定することは今後の研究課題である。これは観測可能なデータであり、その測定に障害はない。

## 4・2　システムの変化がもたらす労働市場へのショック

本論の冒頭で、私は不足経済の時期におけるポーランドの食料品店の前の長蛇の行列の写真に言及した。今日、ポーランドおよび他の旧社会主義諸国の店舗には商品があふれている。顧客はこの光景に慣れてきたし、それを自明のこととみなしている。

これに伴って労働市場にも変化が生じている。中東欧諸国やソ連といった経済的に発展した社会主義国は、一九八九年以前には深刻な労働力不足に悩まされていた。システム転換は労働市場を通してショックを与えた。仕事が大幅に減少し、持続的な失業を生みだした。数年のうちに経済活動人口（実際に職に就いている人々および失業中だが積極的に職探しをしている人々）が急激に減少した。財市場では余剰経済に慣れるのは簡単だが、労働市場で余剰経済の増大に慣れることは不可能である。余剰経済はいまなお過酷なものであり続けている。

私のような東欧の経済学者は、こうした事態の急変を経験して、労働市場の状態とそれが機能するシステム――社会主義システムや資本主義システム――との関係について再考せざるをえなくなった。この問題が西側の社会科学者に高い関心をもって扱われていないことは悲しいことである。西側の労働経済学者のうち、失業の原因を見出すために資本主義下の経験と社会主義下の経験とを比較しようとした研究者は誰もいないと言ってよいであろう。

西側の経済学者は、表面上は完全雇用といえる状況下でさえも失業が存在することは自明であると考えている。今日に至るまで、私はたびたび繰り返されきわめて神聖な表現である自然失業率という用語を、苛立ち（あるいは憤慨）を覚えずに読むことはできずにいる。[2] 自然だと、森と野ウサギ、岩と地震をつかさどる緑の自然が、失業は生じるべきものだと決定したとでもいうのか。私は数十年間にわたって社会主義システムを酷評してきたが、社会主義に好意的な人も敵対する人も同様に、社会主義を特徴づけるのは慢性的な失業や相当規模の余剰労働力ではなく、慢性的な労働力不足であることを理解すべきである。

ポスト社会主義地域の労働市場がどれほど劇的な変化を経験したのか、いくつかの図によって示そう。システム転換後二〇年超の期間についての数値を導きだしたのと同じ方法に対応した、システム転換以前の時期における労働市場の状況を示す時系列データは残念ながら存在しない。それでも、変化がどれほど衝撃的だったか、図や表が明白に示している（図4・1は Kornai 1993, 209 より）。

図4・2は一九八〇年の図4・1と同様の方法で作成された二〇〇九年のデータを示している。

図4・1では、どの社会主義諸国の活動率（点線で囲まれたエリアによって示される）も同様の発展レベルにある資本主義国のそれよりも高いことに注意すべきである。

図4・1および図4・2という二つの図を比較すると、システム転換以来の変化が明白になる。点線で囲まれた「袋」(sack) は破れてしまった。旧社会主義地域の国々はもはや他

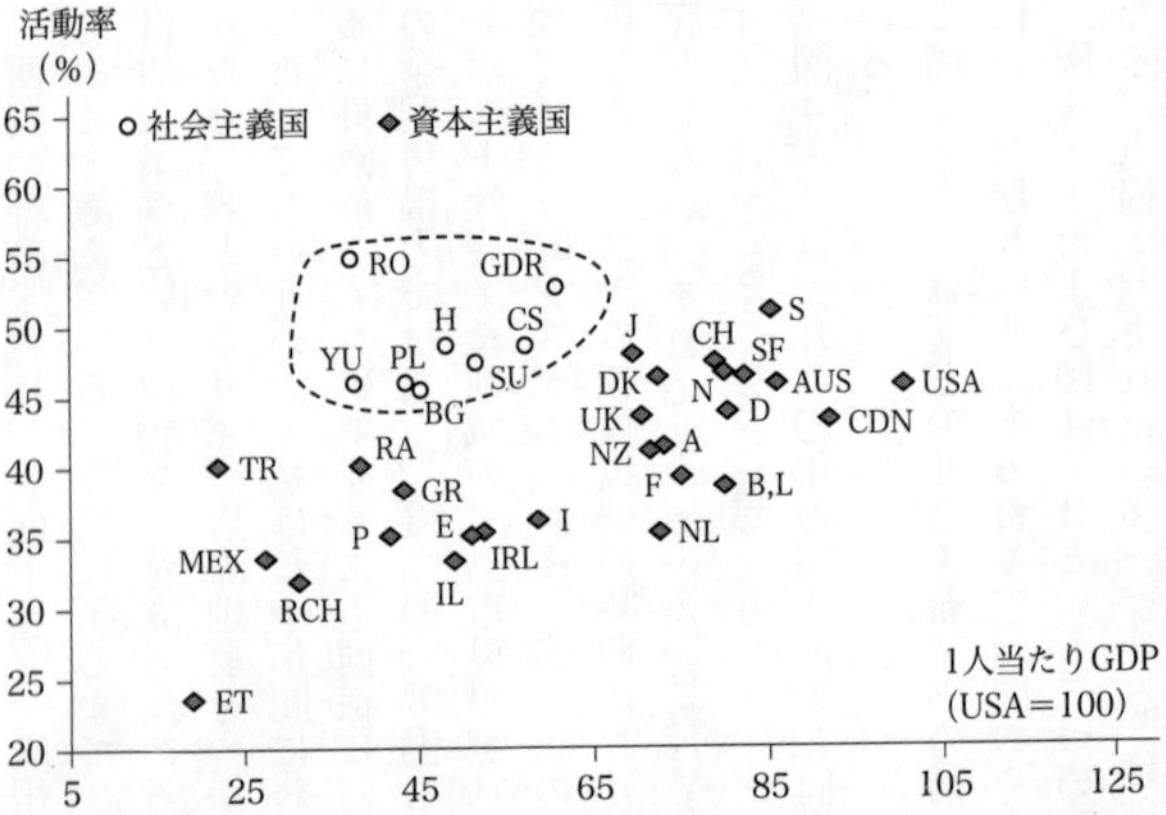


注：標本には次の国々が含まれている（1人当たりGDPの低い方から順番に）。エジプト（ET)、トルコ（TR)、メキシコ（MEX)、チリ（RCH)、ルーマニア（RO)、ユーゴスラヴィア（YU)、アルゼンチン（RA)、ポルトガル（P)、ギリシャ（GR)、ポーランド（PL)、ブルガリア（BG)、ハンガリー（H)、イスラエル（IL)、ソ連（SU)、スペイン（E)、アイルランド（IRL)、チェコスロヴァキア（CS)、イタリア（I)、東ドイツ（GDR)、日本（J)、イギリス（UK)、ニュージーランド（NZ)、デンマーク（DK)、オーストリア（A)、オランダ（NL)、フランス（F)、スイス（CH)、ノルウェー（N)、ベルギー（B)、ルクセンブルク（L)、西ドイツ（D)、フィンランド（SF)、スウェーデン（S)、オーストラリア（AUS)、カナダ（CDN)、アメリカ合衆国（USA)。社会主義国は丸印で、資本主義国はひし形で表示されている。グラフの縦軸に表示されている「活動率」は経済活動人口と14〜64歳の労働可能人口の割合として計算されている。

出所：数値はKornai 1993, 209より。ヤーノシュ・コローがデータを収集し、グラフを作成した。1人当たりGDPのデータはエールリヒによる論文Ehrlich 1985, 100から入手した。資本主義国の場合、1人当たりGDPおよび労働市場統計は国際連合が編集した年鑑から、社会主義国の場合はCOMECONが編集した統計年鑑から得た。

図4.1　活動率と経済発展の程度 1980年

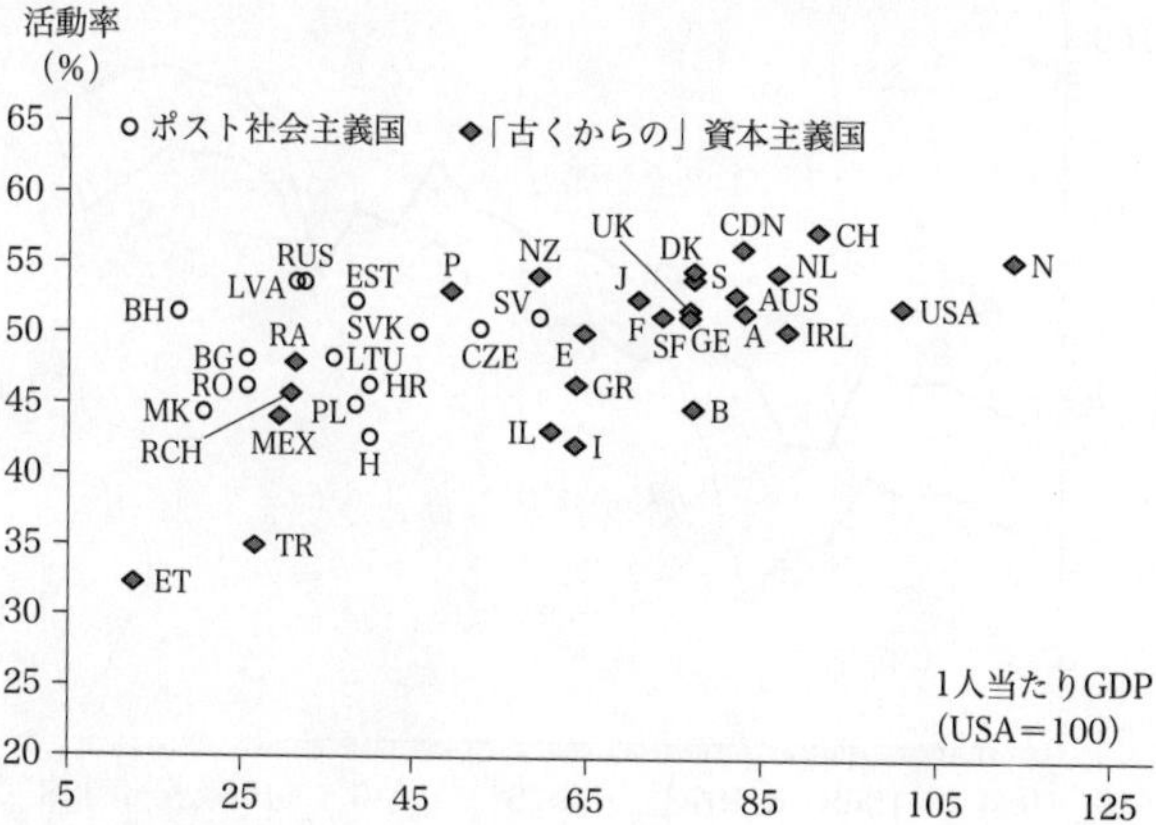


注：標本には次の国々が含まれている（1人当たりGDPの低い方から順番に）。エジプト（ET）、ボスニア・ヘルツェゴヴィナ（BH）、マケドニア（MK）、ブルガリア（BG）、ルーマニア（RO）、トルコ（TR）、メキシコ（MEX）、ラトヴィア（LVA）、チリ（RCH）、アルゼンチン（RA）、ロシア（RUS）、リトアニア（LTU）、エストニア（EST）、クロアチア（HR）、ポーランド（PL）、ハンガリー（H）、スロヴァキア（SVK）、ポルトガル（P）、チェコ共和国（CZE）、スロヴェニア（SV）、ニュージーランド（NZ）、イスラエル（IL）、ギリシャ（GR）、イタリア（I）、スペイン（E）、フランス（F）、日本（J）、フィンランド（SF）、ドイツ（GE）、イギリス（UK）、スウェーデン（S）、デンマーク（DK）、ベルギー（B）、オーストラリア（AUS）、カナダ（CDN）、オーストリア（A）、オランダ（NL）、アイルランド（IRL）、スイス（CH）、アメリカ合衆国（USA）、ノルウェー（N）。「古くからの」資本主義国はひし形で、ポスト社会主義国は丸印で表示されている。グラフの縦軸に表示されている「活動率」は経済活動人口と14～64歳の労働可能人口の割合として計算されている。ルクセンブルクは数値が異常値と考えられるので、標本からは削除した。
出所：1人当たりGDPはWorld Bank 2010より。活動率の計算に用いたデータはILO 2010より。

図4.2　活動率と経済発展の程度 2009年

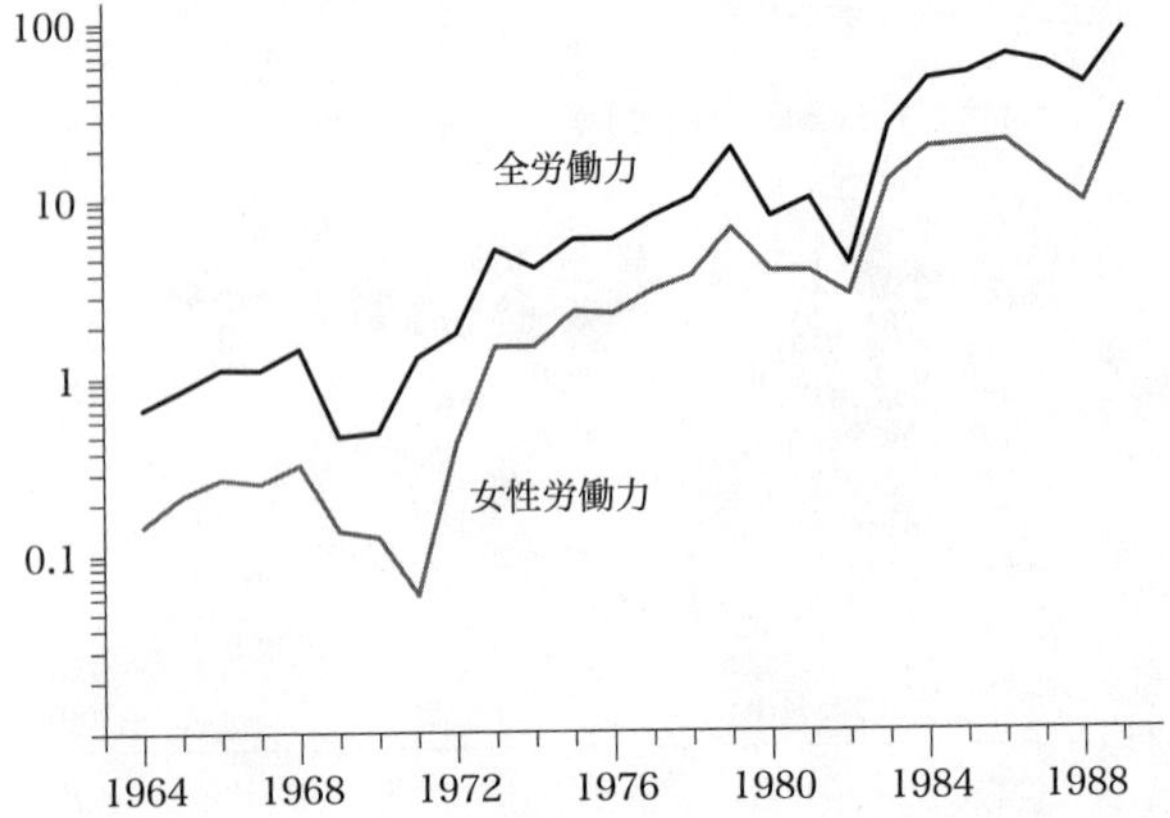


出所：数字はKornai 1992, 215より引いている。グラフはFallenbuchl 1982, 33およびHolzmann 1990, 6のデータにもとづき、ヤーノシュ・コローが準備した。

図4.3　ポーランドにおける求人と求職者の比率　1964～1988年（%、対数）

の国々を引き離しているわけではない。図4・1で、その位置を丸印で示している。図4・2を見れば他のマークといかに入り混じっているかがわかるだろう。これは資本主義内部での発展水準におおむね一致している。むしろ、下方に外れている事例もある。

残念ながら、当時、労働力不足を測定するため、数ヵ国の国々を網羅する包括的な調査はなされなかった。他のデータが不足していたため、ポーランドの調査に基づいたグラフを示そう（Kornai 1992）。図4・3の時系列は一九八八年で終わっている。折れ線は求職者に対する求人の比率を示している。縦軸の対数目盛から、一

表4.2　東欧における失業率と求人率 1989～2010年

| 年 | チェコ共和国 | | エストニア | ハンガリー | | ラトヴィア | | リトアニア | | ポーランド | | スロヴァキア | スロヴェニア |
|---|---|---|---|---|---|---|---|---|---|---|---|---|---|
| | $u$ | $v$ | $u$ | $u$ | $v$ | $u$ | $v$ | $u$ | $v$ | $u$ | $v$ | $u$ | $u$ |
| 1989 | | | 0.3 | | | | | | | | | | |
| 1990 | | 0.4 | 0.3 | | | | | | | | | | |
| 1991 | 1.2 | 0.4 | 0.8 | | 0.2 | | | | | | | | |
| 1995 | 2.0 | 0.9 | 4.7 | 4.0 | 0.3 | | 6.0 | 3.5 | | 6.0 | 3.5 | 6.0 | 3.5 |
| 2000 | 4.4 | 0.5 | 6.2 | 2.6 | 0.5 | 6.5 | 9.0 | 3.5 | | 9.0 | 3.5 | 9.0 | 3.5 |
| 2005 | 4.0 | 0.5 | 3.9 | 3.0 | 0.4 | 4.4 | 7.9 | 3.3 | 0.2 | 7.9 | 3.3 | 7.9 | 3.3 |
| 2006 | 3.6 | 0.8 | 3.0 | 3.2 | 0.4 | 3.5 | 6.5 | 3.0 | 0.6 | 6.5 | 3.0 | 6.5 | 3.0 |
| 2007 | 2.7 | 1.2 | 2.4 | 3.1 | 0.3 | 3.1 | 5.4 | 2.5 | 0.8 | 5.4 | 2.5 | 5.4 | 2.5 |
| 2008 | 2.2 | 1.4 | 2.9 | 3.3 | 0.3 | 4.0 | 4.7 | 2.3 | 0.7 | 4.7 | 2.3 | 4.7 | 2.3 |
| 2009 | 3.4 | 0.4 | 7.1 | 4.2 | 0.2 | 9.0 | 6.0 | 3.0 | 0.2 | 6.0 | 3.0 | 6.0 | 3.0 |
| 2010 | 3.7 | 0.3 | 8.6 | 4.8 | 0.2 | 9.6 | 7.1 | 3.7 | 0.2 | 7.1 | 3.7 | 7.1 | 3.7 |

注：いずれの指標も労働市場指標と総人口との比率として計算されている。表4.1の定義にしたがい、この表の縦の欄には各国の以下の指標が示されている。$u=U／Q$で示される失業率、$v=V／Q$で示される不足率（求人率）である。比較しやすいよう、いずれの労働市場統計も総人口に基準をあわせている。エストニア、スロヴァキア、スロヴェニアには公式の求人統計がない。時系列全体のうち、測定がなされた時期のみを表示している。
出所：失業および総人口はILO 2012より。求人はOECD 2012より。ラトヴィアとリトアニアについては、求人数にかんする時系列はLatvijas Statistika 2012およびStatistikos Departamentas 2012。
〔表中の数値は原著ママ〕

九八八年には一人の求職者に対して八六件もの求人があったことがわかる。

表4・2は旧社会主義国、今でいうポスト社会主義国における失業および求人の時系列を示している。

この表は以下のプロセスを反映している。

・システム転換以前、当該地域におけるほとんどの国は失業統計を持っていなかったが、失業が散発的に生じていたことは知られていた。[3] しかしながら、失業率 $u$ は一九八九〜九〇年以後急速に上昇し、西側と同等レベルに達した。

・システム転換以前に私が入手できた労働力不足についての唯一の指標を示している。システム転換直後の大変な時期においてさえ、求人は依然として生じていたが、表4・2の不足（求人）率 $v$ はきわめて低い。実際の労働市場においては、それほど不足が激しくはなかった。

## 4・3　「ケインズ学派」における失業

労働力不足はなぜ経済的により発展した社会主義国で生じ、なぜ持続したのだろうか。党―国家が「完全雇用」政策を追求しようとしたためではなかった。党―国家の背後に控えている政治的支配層による決定や中央計画局によって掲げられた目標はなかった。労働力不足はシステムの内在的特性や傾向から生じたのである。

以前の私の著作――とくに『社会主義システム』(Kornai 1992)――で詳細に描写したメカニズムの概略をきわめて簡略化した形で手短に説明しよう。

企業は国家所有である。企業の指導者たちを動機づけていたのは、とりわけ拡張ドライブ（ケインズによるアニマル・スピリットの一つの兆候）と投資への渇望――投資への飽くなき欲望、つまり彼らはコストにかかわらずできるかぎり多くの実物投資を行いたいと考えている——であった。彼らにはハードな予算制約が課せられていないので、節度なく、なおいっそう投資する傾向にある。投資資源の官僚的配分のシステムは一定の抑制力はあるが、予算を超えた投資支出は黙認され、投資による損失は補塡された。

この投資への渇望は、なぜ成長（さらに、主として「上から」、つまり政府によって促進された成長への邁進《まいしん》）とともにあらゆる予備の労働力が遅かれ早かれ搾り取られてしまったのかをほぼ十分に説明している。社会主義的成長は初期の段階では農業から工業への労働力の流入、および家庭から雇用の場への女性労働力の流入に依存することができた。しかし、こうした追加的な労働力の源泉はのちに枯渇し、成長は労働供給上の制約に直面した。

古典的社会主義システムは価格と賃金に対する厳しい国家管理を行っている。したがって、労働市場における緊張は市場経済のようなインフレ効果をもたない。しかし、たとえ価格と賃金が上昇したとしても、予算制約がソフトなため、社会主義企業は資本主義企業のようにコストに対して敏感たりえない。

一方、イノベーション過程は資本主義よりもはるかに緩慢である。労働生産性は停滞するか、突発的に向上するだけであった。拡張ドライブは主に労働力の増大を求めたが、労働力の経済活動水準は社会的に容認しうる上限を超えていた。労働力不足は広範で慢性的な現象となっている。[4]

これはケインズとカレツキが示した失業のメカニズムに対する鏡像あるいは「逆の」ケースである（ただし、これは正確に逆のケースとはいえない。この点についてはのちに話を戻そう）。社会主義のケースでは、アニマル・スピリットおよびそれとともにマクロ需要も以下の要因の結果、逃げだしてしまう。①国家的所有、②すべての支払いを負担し、予算制約をソフト化する国家、③価格と賃金の国家管理である。もしこうした三つの重要な要素が歴史によって変えられていたなら、つまり①私的所有、②不採算計画への救済融資を拒否し、予算制約をハード化する国家、③市場価格と賃金が支配的な役割を果たしておれば、状況は逆転していただろう。おそらくそうした状況でも生産者はより多く生産しようとし、そのためにより多くの労働力を必要とするだろう。しかし、需要および財政的制約に遭遇する。こうした制約があるので、生産者は利用できる労働力の制限まで生産を拡張させたり、労働力を雇用したりすることができない[5]。余剰労働力が増加したとしても、被雇用者の賃金にその結果が現れてくるのは——もし現れるとすればの話だが——後になってからのことである（Blanchard and Galí 2007 を参照）。

この「鏡像」のメタファーを用いる際、それは完全に正確というわけではなく、少なくとも経済理論の歴史によれば、そうとは言えないことを私は挿入として記した。ケインズ学派の理論では失業は循環的な現象である。循環の変動によって、不十分な需要が雇用の低下を生む状態が導かれる。私の分析は、二つの慢性的な現象を対比させている。つまり、経済発展の成熟段階にある社会主義システムは慢性的な労働力不足を示すのに対し、資本主義市場経済は慢性的な労働力余剰を示すといった考えだ。経済が上向きの時期でさえ、ほとんどの国で労働力の余剰は続く。積極的に職を求めているが見つけられない労働者、また、働く能力があるのに失業登録をしていない、けれどもその人たちの社会的・経済的状況がまたその人たちを雇用状態へと引き戻す可能性があるといった人たちがそれにあたる。ケインズの理論はそうした持続的で慢性的な現象の背後にある因果メカニズムを理解する上で役に立つ。たとえ私の結論は（余剰の慢性的で持続的な性質を強調することで）ケインズが述べたことの先を行くものであるとしても。

資本主義の余剰労働力を生みだし、維持する原因となる他のメカニズムも存在する。同時に機能するものもあれば、重複したり絡み合ったりするものもある。(6)私はまもなくこの話に戻って余剰労働力を生みだす仕組みを説明する他のメカニズムを紹介するつもりだ。しかし、経済学の専門家の大部分は、労働市場で作用しているメカニズムのうちの一つは、ケインズ的な意味での失業をもたらすものであるということに同意している。これは不断の力の方向性をもっており、失業増加と経済活動人口の減少へ向かわせる。にもかかわらず、これがどの程度スピードアップするかスローダウンするかは他の要因、たとえば国家の経済政策によって決まる。余剰労働力を増加させる効果は、需要および財政的制約の緩和によって確かに減少する。

## 4・4　資本主義にはらむ構造的失業

いわゆる構造的失業は資本主義に深く埋め込まれたメカニズムによって引き起こされる。(7)

資本主義経済のダイナミズムとイノベーションのプロセス――第Ⅱ部第2章にて詳細に論じたシュンペーターの創造的破壊――は継続的に仕事を生みだし続けると同時に、継続的にそれを除去し続ける。この二つのプロセスは調和することはない。ある場所で職を失った人々が別の場所で生みだされつつある仕事を見つけることはできない。また、失業した人たちが、必要とされている人たちとぴったり合致するとは限らない。

生産に導入される新技術を駆使するには特別な専門知識が必要である。この専門知識と労働者が現在持っているスキルとは多くの点で不一致があるので、初歩的なスキルしかない従業員のなかには余分となる者が出てくる。新しい専門技術に順応し、それを獲得するには時間がかかり、その間に仕事はなくなってしまう。さらに、新技術に順応できず、労働力から完全に落伍してしまう人々もいる。

経済のダイナミズムと創造的破壊はつねに企業に退出を余儀なくさせ、それがまた仕事をなくす原因となる。新規参入企業が継続的に現れ、新規雇用への需要をもたらすが、そうした需要は新規に余分とされた労働の供給と一致するわけではない。

労働生産性の上昇にはいくつかの効果がある。よく知られているのは、より資本集約的な装置が労働力にとって代わるというものである。生産性の上昇と内包的な経済発展によって、生産もまた大規模に拡張し、それによって新たな仕事が生まれる。しかし、二つのタイプの変化の間で不均衡が生じる。解雇に後れて雇用拡大が訪れることがあるのである。その二つは地理的分布においても異なっている。

わかりやすい例は各国の農業における転換である。農村で大量の余剰労働力が生まれる一方、都市部では農村の余剰労働力を十分速く吸収できない。労働力需要の再編は国内だけでなく、国家間でも生じる。途上国のなかに急速に発展する国があり（たとえば、中国やインドの非常な成長速度を思い浮かべよう）、そうした地域からの安価な輸出物が先進国の多くの生産者を押しだしてしまう。中国やインドの農業労働力が新規に都市に向かい、製造業に加わるにつれて、ドイツやベルギーの労働者が仕事を失うことになる。これはグローバリゼーションの付随物の一つである。

われわれはこの一連の議論から引きだされるもっとも重要な結論にたどり着いた。資本主義経済がダイナミックであればあるほど、すなわち、システムに特有のある望ましい傾向が見られる度合いが強ければ強いほど、構造的失業は多く生まれる、つまり、ほかの望ましくない傾向がより色濃く現れるということである。

ダイナミズムとイノベーションは資本主義経済の基本的な特徴であるが、付言されなければならないのは、それがどの方向に進むか予測することはいつも可能なわけではないということである。西側世界が「鉄と鋼」の国づくりをしていた一九三〇年代に、情報通信の世界が半世紀後に現れ、そのための専門的技術が必要とされると誰が気づいたであろうか。現在われわれが目にしているような世界の生産の地理的配置における急速な再編を誰が予測できたであろうか。資本主義の華麗さ——それがもたらす人類の努力の新たな勝利およびそれが導く文明の急速な拡張——には何百万もの仕事の消失や、新たな不安が伴っており、その不安はたとえ仕事を保持している人々の生活においても生じる。

## 4・5　調整のミスマッチによる摩擦的失業

余剰労働力と失業が増大するのは労働供給と労働需要とのマッチングにおける摩擦にも原因がある。通常、仕事を探している労働者側のスキル供給と求人側のスキル需要との間にミスマッチが生まれる。ある場合にはこれはほとんど克服できず、他の場合には労働サービスの買い手が望むものと売り手が持っているものが合致しながらも、実際に両者が出会わずに終わってしまう。この問題は労働市場における情報の流れの構造に深く結びついている。失業者は自分に適した仕事を、雇用主は適した労働力をそれぞれ探している。それは退屈で時間のかかるプロセスであり、その間、仕事を探している人々は職についていない（摩擦的失業、サーチ理論、マッチング理論の関連文献についてはPhelps et al. 1970; Kornai 1971; McCall 1970; Diamond 1982; Roth 1982; Mortensen 1986; Mortensen and Pissarides 1994; Pissarides 2000を参照のこと）。

労働市場が不足あるいは余剰のいずれによって特徴づけられるかにかかわらず、ミスマッチはすべての経済システムのもとで生じる。適応摩擦は必ず摩擦的失業を生みだすメカニズムである。こういった意味で、それはあるシステムに特有のものとはいえない（しかし、適応摩擦もその環境、つまり、市場の全般的な状況によって影響される。この点についてはのちに触れよう）。

前節で扱った構造的失業と情報不足による摩擦的失業、さらに本節の議論における求職時間は密接に関連しており、ある意味ではオーバーラップしている。将来発展の正確な見通しを含めて、市場の両サイドにおける情報が完全であれば、構造転換によるミスマッチは少なくなり、逆もまたそうである。構造が（テクノロジー、部門構成、地理的分布の点で）固定していれば、求人・求職や供給—需要のマッチングはより容易になるだろう。技術進歩が緩慢で、過度に中央集権化されて官僚主義にさいなまれていた社会主義経済のもとでは、両方の問題がみられた。資本主義の技術進歩の高まりは、市場の両サイドの情報がうまく機能したとしても、それそのものが著しい失業の原因である。したがって、私はこれを資本主義システムの特殊的属性の一つとして挙げ、情報不足による摩擦とは異なるものと考えている(8)。

ここで論じた部分的にオーバーラップする二つの現象——持続的な構造再編とマッチングの摩擦——は労働市場に不足と余剰を共存させることになる。この併存についてはは財やサービスや生産能力の配分とかかわって第2章と第3章において何度か指摘した。ここでは、労働市場における同様の現象もリストに付け加えることができる。この点で有意義なのは表4・3の統計であり、それにもとづいて三ヵ国の時系列が図4・4にグラフで示されている。

表4・3も図4・4もすでに示した仮説を支持している。

表4.3　非経済活動人口の比率、失業率、求人率の国際比較　1980～2010年（%）

| 年 | 日本 | | | スペイン | | | スウェーデン | | | イギリス | | | アメリカ合衆国 | | |
|---|---|---|---|---|---|---|---|---|---|---|---|---|---|---|---|
| | *b* | *u* | *v* | *b* | *u* | *v* | *b* | *u* | *v* | *b* | *u* | *v* | *b* | *u* | *v* |
| 1980 | 51 | 1 | 0.3 | 63 | 4.1 | 0.0 | 48 | 1.2 | 0.7 | 54 | 0.0 | 0.3 | 54 | 3.3 | |
| 1982 | 51 | 1.1 | 0.3 | 63 | 5.7 | 0.0 | 47 | 1.9 | 0.2 | 54 | 0.0 | 0.2 | 53.0 | 4.6 | |
| 1984 | 50 | 1.3 | 0.3 | 63 | 7.3 | 0.1 | 47 | 1.9 | 0.4 | 52 | 5.7 | 0.3 | 53 | 3.6 | |
| 1986 | 50 | 1.4 | 0.3 | 63 | 7.7 | 0.1 | 47 | 1.5 | 0.5 | 51 | 5.5 | 0.3 | 52 | 3.4 | |
| 1988 | 49 | 1.3 | 0.5 | 60 | 7.5 | 0.1 | 46 | 1.0 | 0.6 | 50 | 4.4 | 0.4 | 51.0 | 2.7 | |
| 1990 | 48 | 1.1 | 0.5 | 60 | 6.5 | 0.1 | 46 | 1.0 | 0.5 | 60 | 3.4 | 0.3 | 50 | 2.8 | |
| 1992 | 47 | 1.2 | 0.5 | 59 | 7.4 | 0.1 | 48 | 3.0 | 0.1 | 51 | 4.8 | 0.2 | 50 | 3.7 | |
| 1994 | 47 | 1.6 | 0.4 | 59 | 9.9 | 0.1 | 50 | 4.8 | 0.1 | 52 | 4.6 | 0.3 | 50 | 3.0 | |
| 1996 | 46 | 1.8 | 0.4 | 58 | 9.3 | 0.1 | 50 | 5.0 | 0.2 | 52 | 3.9 | 0.4 | 50 | 2.7 | |
| 1998 | 46 | 2.2 | 0.4 | 57.0 | 8.0 | 0.2 | 50 | 4.2 | 0.3 | 52 | 2.9 | 0.5 | 50 | 2.3 | |
| 2000 | 46 | 2.6 | 0.5 | 56 | 6.2 | 0.3 | 49 | 3.0 | 0.4 | 51 | 2.7 | 0.6 | 50 | 2.0 | |
| 2002 | 47.0 | 2.9 | 0.5 | 56 | 5.0 | 0.3 | 49 | 2.7 | 0.3 | 51.0 | 2.5 | 1.0 | 50 | 2.9 | 1.1 |
| 2004 | 47 | 2.5 | 0.6 | 53 | 5.2 | 0.4 | 49 | 3.3 | 0.2 | 51.0 | 2.3 | 1.1 | 50 | 2.8 | 1.1 |
| 2006 | 47 | 2.2 | 0.7 | 51.0 | 4.2 | | 48 | 3.7 | 0.4 | 51 | 2.7 | 1.0 | 49.5 | 2.3 | 1.3 |
| 2008 | 48 | 2.1 | 0.5 | 49 | 5.8 | | 47 | 3.2 | 0.4 | 49 | 2.7 | 1.0 | 49 | 2.9 | 1.1 |
| 2010 | 48 | 2.6 | 0.5 | 50 | 10.1 | | 47 | 4.4 | 0.4 | 50 | 3.9 | 0.8 | 50 | 4.8 | |

注：3つの指標はすべて労働市場指標と総人口との比率として計算されている。表4.1に示された定義にしたがい、この表の3つの縦の欄には各国の以下の指標が示されている。$b=B/Q$で示される非経済活動人口の比率、$u=U/Q$で示される失業率、$v=V/Q$で示される求人率である。3つの比率をよりよく比較しうるように、いずれの労働市場統計も総人口に基準をあわせている。$u$の数字がよく知られた失業率の統計値よりはるかに低くなっているのは、通常の失業率は分母が総人口$Q$ではなく、より小さな数である経済活動人口$A$だからである。時系列全体のうち、測定がなされた時期のみを表示している。

出所：非経済活動人口、失業、総人口はILO 2012より。求人はOECD 2012より。イギリスとアメリカ合衆国の求人数についての時系列は、Office for National Statistics 2012およびthe Bureau of Labor Statistics 2012より。

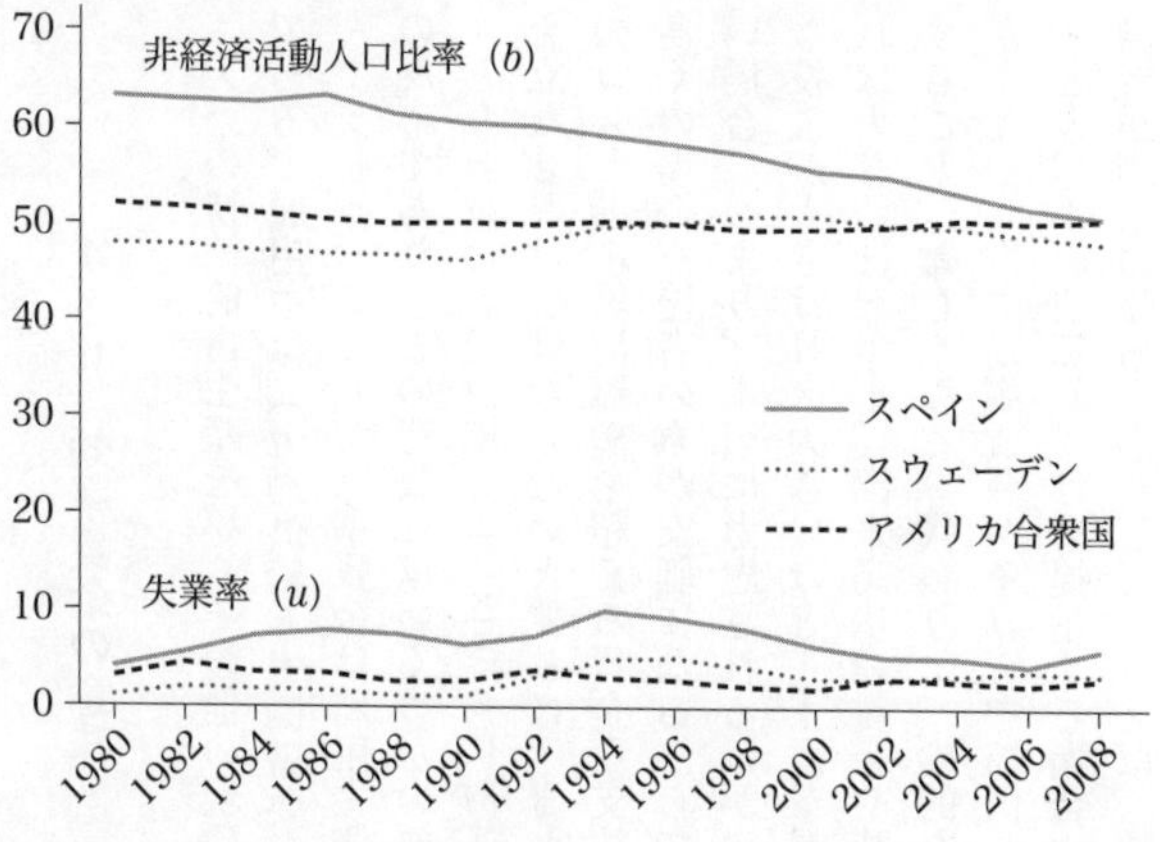


注：表4.1の定義によると、非経済活動人口の比率は$b=B／Q$で示され、失業率は$u=U／Q$で示される。
出所：表4.3の出所を参照のこと。

図4.4　「古くからの」資本主義国3ヵ国における非経済活動人口の比率と失業率 1980～2008年（％）

①不足と余剰はずっと共存している。

②これら「古くからの」「伝統的な」（旧社会主義ではない）資本主義国において余剰現象は不足現象よりもはるかに強力である。[9] このことは福祉国家の構築、失業の低下、経済活動人口の増大という点で先頭に立った国々（スウェーデンのような）にも当てはまる。

## 4・6　効率賃金の意味

失業の持続的再生産を導くその他の現象を分析的に論じるための鍵となる用語は効率賃金である。雇用主は（労働供給と労働需要とが一致する）「市場清算的」賃金以上のものを喜んで支払う。こうした効率賃金は雇用主側の利他主義の表明ではなく、明白な利益への彼らの反応であり、この背景にはいくつかの要因がある。

とりわけこれは怠慢（shirking）に対する警戒である。(10) 一人一人の労働者の背後に管理者を立たせなければならないとすれば、きわめて大きなコストがかかる。モニタリングのためのコストと市場清算額を超える賃金を支払うコストとを比較する価値はある。というのは、多くの場合、後者の方が安価になるからである。とくに、業績を数量的に測定するのが難しい場合、つまり、本当に考慮されるのが生産物の品質である場合などである。業務への知的な投入が大きければ大きいほど――従業員の知的パフォーマンスが期待される程度が大きければ大きいほど――、出来高払い賃金や時間給を支払うことは適当でなくなり、怠慢を発見することが難しくなる。代わりに、内的なインセンティヴが考案されなければならず、さまざまなやり方で効率賃金がそれらを提供している。雇用主が高給を提示して労働市場に現れるとき、市場清算額だけを提示する場合よりも働き手を見つけやすい。そして、いったん労働者が高給の仕事を満たしてしまえば、彼らはみんなますますそうした支払いを保持したくなる。

従業員が賃金の増加分を失うことを恐れてよく働く場合だけでなく、仕事そのものを失うことを恐れることから必死に働く場合にも、効率賃金の効果は高まる。慢性的な余剰労働力を確保することはすべての雇用主の集団としての利害にかなっている。というのは、どんな職場でも使える武器となるからである。そのため、もっとも啓発され、社会的に敏感な雇用主であっても、急速な失業の削減をせいぜい冷淡にサポートするだけである。彼らはもちろん労働市場が労働力不足に傾いていくことを望んでいない。したがって、解雇の恐怖はすべての被用者に存在する。この状況はシャピロとスティグリッツの著名な論文「労働者の規律維持装置としての均衡的失業」にさえも明白に示されている（Shapiro and Stiglitz 1984）[11]。このタイトルはきわめて「マルクス主義的」に聞こえるかもしれないが、すべての人々にとって真実である。

失業をあまりにも根源的に根絶してしまうことに反対する——とりわけ「過剰雇用」(overemployment) に反対する——マクロ経済学的な議論はよく知られている。賃金を上昇させるためのインセンティヴが強力すぎるなら、労働力への超過需要は、インフレスパイラルを起こしながら、コストと価格を押し上げるだろう。これは筋の通った議論である[12]。ただし、それは他のメカニズムを排除するわけではない。規律を維持する手法として失業を維持することに雇用主は集団的な利害を持っている[13]。

効率賃金について議論する際に覚えておかなければならないのは、効率賃金はマルクスの

「産業予備軍」（『資本論』第二三章および同じ第一巻の他の多くの箇所にある）についての議論を読んだすべての人にとってなじみ深いものになるという点である。予備軍（あるいは、本研究での用語を用いれば余剰労働力であるが）の存在は賃金を抑制し、労働規律を高めるのに役立つとともに、雇用主が生産を拡張したいときに雇用主の裁量のままになる。効率賃金の理論は、資本主義の雇用主は高い賃金を払うことによって「上級の労働者」の忠誠を買い上げているという、社会主義および無政府主義の運動において流布していた考えに近いことも否定できない[14]。知的に誠実であろうとするならば——たとえそうするのに気が進まない、あるいはそうすることが恥ずかしいことだと考える経済学者でも——、このような知的類似性——さらに言うならば知的重要性——を認めなければならない。

余剰労働力にはもう一つ長所がある。余剰労働力の存在が柔軟な調整を可能にすることである。必要とされる労働力が容易に移動できるならば、生産の急速な上昇や再編はさらに容易になる。もちろん、これは技術的な議論である。予備の生産能力や店舗在庫は生き物ではないため、備蓄され続けても苦しむことはないが、労働予備軍は人間であり、傍らで待っていることには実際の生活上の不都合から生じる不利益が伴う。

ここでいったん立ち止まって、4・2節で述べたことを思いだすことは意味があるだろう。慢性的労働力不足は中級レベルに発展した社会主義経済——ソ連や東欧の社会主義国——の生産領域に現れた。この状況が労働規律をいかに低下させたかについては広く認識されている。従業員はそれほど必死に働かなくても、あるいは、完全に手を抜いたとしても解雇されることはないと考える正当な理由があった。解雇されたとしても、簡単に他の仕事を見つけることができた。経営者や管理者はみな絶えずこのことを不満に思っていた。労働者の多くは誠実さや仕事への一体感といった潜在的感覚から、適切に仕事をこなしていた。効率的に仕事を遂行した職場では、金銭による報酬を受けたところもあった。しかし、彼らは失業という規律を高める妖怪に出くわすことはなかった。この状況には従業員にとってさまざまな利点があったことは認めよう。雇用されていることは安心感を与えた。しかも安定的な雇用であればなおさらであった。労働力不足から労働力余剰への転換は社会全体にとって利点とともに欠点も生みだし、利点や欠点は社会構成員に一様に分け与えられたわけではなかった。

総括を行うときが来た。余剰労働力の継続的再生産、慢性的失業、過少雇用は資本主義のシステムに特殊な痛みを伴う特徴であり、苦痛、金銭的損失、失業者であることへの羞恥、職を有している人々に失業への脅威と不安をもたらす。誰を雇用し誰を解雇するかの選択は、往々にして人種差別や他の差別によって固定される。

「完全雇用」を求めたり約束したりしながら、資本主義を受容し支持することはかなり非現実的である。「完全」という用語を用いることは、政治学や社会科学では多くの人々がしているが、意味のないことである。私は正確な解釈のみを受け入れることができる。完全とは九七％や九三％ではなく、一〇〇％のことである。そのように感じるのは厳密な研究者だけではなく、そこにかかわりを持つ人たちもである。外科的処置がつねに成功するといえるのは成功率が一〇〇％のときのみである。医学研究者や解説書では、統計的事実に基づいて九七％の成功率は「絶対的に確実」であり、医療においてはきわめて良い成果であるとみなされうると言うだろう。実際、手術が成功しなかった三％の人々については、慢性疾患か身体障害者か死者として取り残される。失業率がわずか三％であればマクロ経済政策では目を引く成果であるかもしれないが、その三％に含まれる人々は「構造的失業」によって仕事が与えられなかったと言われたとしても何の慰めにもならない。実現可能で必須の課題は、失業を減少させ苦痛に耐えうるものにするマクロ政策や制度体系を構築することである。これは現実的に設定しうる課題であり、実行およびそのために努力する価値があるものである。しかし、どのような政治体制においても完全雇用を「達成」することに成功しうるのだと謳《うた》うことは誤解を招くものだと考える。

**注**

（1）国際的な定義はILO 2010の出版物に記載されている。

（2）誤解を避けるため一言すると、この発言は、失業に対する真摯な関心をもつマクロ経済学者の間で広く議論されている「自然失業率」理論の内容について言っているのではない。私が苛立っているのは、同僚の研究によってではなく、用語の使用法によってである。

（3）これは「工場外」での失業を指しており、「工場の内側」での失業を指しているのではない。法的に有効な雇用契約によって雇用されている人々が自らの労働時間を適正に用いることができなかった事例は広くみられた。

(4) 実際には、「慢性的」という言葉には問題がある。労働力不足の状況下では強力な経済成長は長くは続かなかったからである。「慢性的」というに値するだけの時間を経る頃には、システムが崩壊した。実際のところ、崩壊の多くの原因のうちの一つはここにあった。生産に自由に用いられる予備の労働力の枯渇が社会主義システム下で成長を大幅に引き下げた。それが急速なイノベーションや生産性の改善を不可能にし、停滞が生じた。

(5) 対比は Malinvaud 1977 や Benassy 1982 の不均衡モデルに鮮やかに示されている。

(6) 雇用、賃金、労働市場の理論には多くの研究がある。本研究はそれらをまとめあげたり、いずれかをピックアップしたりすることを目指しているわけではない。ここで挙げたものはもっぱら私の議論のテーマに直接かかわる研究である。

(7) ここで構造的という言葉が意味するものに対するコンセンサスはない。構造的失業と摩擦的失業を同じものあるいは大部分重複する用語とみる人々もいる。もちろん、厳密な境界線を引くことはできない。本研究での議論という点にかんして、私は構造的という用語を、シュンペーター学派の創造的破壊に関連した一連の現象――つまり、製品、技術、部門、地域、生産国の間での継続的な再配置――のためにとっておく。

(8) いずれのシステムにおいても情報不足による摩擦は生じるが、誤差による損失は社会主義よりも資本主義でより直接的に認識される。低効率で労働者を雇用する社会主義企業は金銭的損失から生き延びうる（予算制約がソフトであるため）。労働者は労働市場の摩擦の影響を受けにくい。というのも、賃金分布幅が資本主義より狭く、また本当に望むなら、仕事を変えることは容易であるからである。

（9）図4・4は経済活動人口の比率を説明するとくに重要な二つの要素を示している。経済発展水準とシステム特殊効果である。表4・3の各国の時系列は経済成長の効果を鮮明に表している。他の要素――とりわけ労働市場の制度変化――も多くの国々にとっての時系列の成長率に影響している（非経済活動人口比率の低下）。したがって、補足的分析をせずに図4・4と表4・3のデータを比較することは公正ではない。

（10）効率賃金理論にかんする先駆的研究はShapiro and Stiglitz 1984であった。Milgrom and Roberts 1992, 165-195を含めて、効率賃金の説明および因果解析には多くの研究がある。

（11）上述したメカニズムが機能するために、失業の維持という集団的利害を雇用主が意図的に認識している必要はない。もし労働市場の緊張度が高く、雇用が一〇〇%に近い場合、必要とされる効率賃金は雇用主にとって受け入れられないほど高く上昇するだろう。個々の労働者が労働市場での自らの交渉で賃金を上昇させるとき、彼らは無意識に雇用を明らかに一〇〇%以下に引き下げている。

（12）この関係が「自然失業率」理論の背骨にあたる。その先駆的研究はPhelps 1968とFriedman 1968である。これについての記載はすべてのマクロ経済学の教科書に見られる。

(13) ビジネスリーダーの態度を説明したカレツキは以下の発言をした。「完全雇用を維持することを彼らはまったく望んでいない。労働者は「収拾がつかなく」なり、「産業資本家」は彼らに「教訓を与え」ようとするだろう」(Kalecki 1971,144)。

(14) 「『労働者』貴族」という表現はバクーニンの著作に最初にあらわれ、後にカウツキーやレーニンの著作にも登場した。

# 第5章　実証的な説明と因果分析

## 5・1　「均衡」概念の限界

この研究を読んでいる経済学者はこれまで私が「均衡」という用語を可能な限り避けていることに気づいているだろう。その言葉が登場するのは主に私が主流派経済学の何らかの考えに言及するときである。

均衡という言葉ほど混乱の渦中にある用語もない。それぞれの学派がこの用語にさまざまな意味や価値判断を添えてきた。ある経済や経済の一部分が均衡状態にあった場合、それを喜ぶ者、喜ばない者、むしろ悲しむ者がいる。ここでは、他者の意見が考慮されず、均衡、不均衡、反均衡、非均衡といった用語にこめられた意味を互いに誤解し合いながら対話が行われるのである。

私は期待していない。均衡にかんするこの研究やここでのわずかな観察がこの概念的混乱に秩序を回復させるとはよもや考えていない。もし読者が、私がこれを書いている時点でどのように解釈しているのか、どのようにそれが実現されると見ているのかを明確に理解してくれるのであれば、私は満足である。(1)

ラテン系民族の貨幣制度は天秤から着想を得たものだった。つまり、もし両側の錘《おもり》が同じ重さであるのならば、天秤は揺れるかもしれないが、結局は静止状態に落ち着くだろう。それぞれの天秤皿に乗った錘が同じ重さであればバランスをとるからである。このことは言い換えれば、以下のような意味になる。あるシステムにおける相対する力が互いに等しい場合、そのシステムは安定する。これはさまざまなシステムにおけるある一定の状態をうまく説明しており、このおおまかな言い換えに対して反論する理由はない。

数理モデルの領域における均衡の概念は厳格な形で定義づけられる。一般的な定義を求めることに意味はない。均衡の性質に沿って解釈され、定義づけられるモデルが存在する。しかし、別のモデルには別の正確な定義を適用するのである。動的システムの数理モデルを分析する際、「定常状態」や固定点という、似たような概念を特定化することは可能であろう（当然ながら、均衡概念を定義づけていない数理モデルも存在する）。

現実世界の実践的な方法に戻ろう。均衡という概念は物理学者、化学者、生物学者によって用いられてきたが、それを私たちは経済学という社会科学の領域のなかにとどまらせようとしている。実際には（完全な均衡かそれに近い）何らかの均衡を示す経済のサブシステムは存在する。たとえば、ある国またはある企業の収支が特定の期間に同じ収入と支出を示すかもしれない。倉庫から出ていく商品と到着した在庫とがまったく同量であるかもしれない。

ここで、以下のように問題を狭めてみよう。生産と消費の配分、売り手と買い手の配置、資源の配分といった場合の実情はどうであろうか。調整と配分にかんする特殊な機能を持った市場の状況はどうであろうか。均衡の状態は存在しているであろうか。私の答えは明確に否である。現実に調整と配分の機能が働いているなかで、現実の市場では均衡は決して定常状態ではありえない。互いに競合し相対する力は変化し続けている。つまり変化こそが重要な出来事なのである。偶然にも一瞬の落ち着いた状態があったとすれば、それは無関係で関心外の出来事である。

私はこのようなことを述べる最初の人物でも唯一の人物でもない。これはオーストリア学派、つまりハイエクやミーゼスに始まり、カーズナーに受け継がれ、今日のその支持者たちに至る人々の主要な命題である⁽²⁾。ほかの重要な論点では意見を異にするが、このとくに重要な主張にかんして私は彼らに全面的に賛同する。

量ろうとする食材を片方の皿に乗せ、もう片方に錘を乗せた場合、家庭や市場で用いられていた古い秤はしばらくの間ゆらゆらとするだろう。正しい重さの錘が選ばれていれば天秤の傾きは小さくなり、安定したバランスになるだろう。傾きが解消するということはそれぞれの皿に乗っている重さが等しいことを意味するので、厳格な意味で均衡は達成されている。ただし、仮にそうであるとしても、現実の経済の性質は天秤とは本質的に異なるものである。第II部第2章ではこれを示すための試みを行った。そこには絶え間ない技術進歩がある。今年の供給や今日の需要は昨年あるいは一〇年前のものとは量だけでなく質でも異なる（もし、市場の永続的な変化にかんするオーストリア学派の主張を補完するのに必要な思考の領域を分類するために一人の学者を選ばなければならないとすれば、それにはシュンペーターがふさわしいだろう）。永続的なイノベーションの過程もまた、市場均衡という表現では説明されえない。規範的アプローチではなく実証的アプローチをとった場合、問題は「市場均衡」の望ましさではない。望むか望まないかにかかわらず、現実の経済には均衡はなく、決してありえないのである(3)。

もしこの主張が正しいのであれば、予備の生産能力、製品在庫、労働予備軍のそれぞれについての「必要」と「超過」の区別を避けることで私は正当化される。こういった区別を避けるのは不案内だからというよりは、正しい境界線を引くことができないからである。その区分は現実世界には存在しないので私は使用しない。

しかしながら、均衡概念が現実の市場についての実証的な説明にはふさわしくないということではない。それは評価の基準や「尺度」として思考実験において用いることが可能である。ここで二つの例を挙げよう。まず、ミクロ経済理論では市場のワルラス均衡の決定について、ワルラス、アロー、ドブルー（あるいはその後継者たち）に倣うことができる。ワルラス均衡は売り手にも買い手にも情報が完全に入手でき、将来の予測が可能で、摩擦なくいたるところですぐに調整が行われるという世界のなかでの売り手と買い手の関係を発展させてきた。この仮想の状態が目の前にある現実世界といかに乖離あるいは接近しているのかについて問うことは可能である。もう一つの例は、ジョン・フォン・ノイマンの成長理論である。そこでは技術進歩はなく、すべての部門が同じ割合で均衡経路に沿って進展するのである。経済の現実の成長経路がいかにフォン・ノイマンの経路と離れているかを示すことは有益であるかもしれない。つまり、なぜある部門は消滅し、なぜ別の部門は出現するのか。また部門間の割合は、なぜ絶えず変化し続けるのか。しかし、数理モデルの要点は仮想世界から借用した分析の道具であり、フォン・ノイマンの均衡経路を現実の成長の描写として早合点してはならない。

検討されるシステムにおいて、均衡の概念をアクターが「安定」している状態から導いたこの定義を、私は問題だと考えている。このアプローチでは、アクターが自己の利益に基づいて均衡点から動こうともはや思わないのであれば、そのシステムは均衡状態にあることになる。しかし、そこから逸れて堂々巡りのような定義に迷いこむことはたやすい(4)。

不足経済の不幸な買い手は、買いたいときに、買いたい場所で、本来買いたかったものを買えない。最終的に、さまざまな調整の結果、何とか見つけたものを買うのである。これ以上買い物に労力を費やしても状況はさらに悪くなるという苦い事実に甘んじなくてはならないのである。これは安定の状態、均衡状態と呼ばれるかもしれないが、その言葉そのものが誤解を招く可能性の高いものであり、実際に誤解をされやすい。同様に、私は「失業均衡」という概念にも困惑させられる。モデルの枠内において、労働市場に参加するすべての人々がいわゆる「失業均衡」に身を委ねているという状態は認めるが、もし人々が喜んで仕事に就こうとしたが（前章で見たように）雇用の障壁にぶつかった場合、どうやって満足できるのだろうか。より悪くなることへの恐れのために参加者が受け入れているという立場から均衡や定常状態を導こうとする定義は、心理学的、社会心理学的な不安定な基礎に基づくものである。

マーシャルやワルラスから現代の主流派にいたる経済学者たちは、均衡という概念にふさわしい厳格に定義された認識を守ってきたが、彼らの目の前にはニュートン物理学という模範がある。私からすれば、もし自然科学からのインスピレーションを求めるとしても、ダーウィンや進化生物学から着想を得た経済学者に加担することを好むであろう。生物界における自然淘汰や進化と、分権化した市場経済で起こる成長や技術進歩の間には示唆に富む類似点がある。

どんな新しいビジネスの取り組みもイノベーションも、突発的な変異体としてみることができる。新しい製品、技術、組織の手法、商業組合は「生存競争」である。なかには生存だけでなく「繁殖」に成功するものもある。これはイノベーションが広く行きわたったり、業績の良い企業が大きく成長したりすることである。そのほかの変異体は消える運命にある。消え去るイノベーションもあれば、倒産する企業もある。ここには自然淘汰がある。生きるか死ぬかの判断は、合理的予測や間違いのない知性を持つ中央の意思によるものでなく、明確に生存能力の基準によるのである。偶然が大きな役割を果たすのだ。全体としてはよく機能しているが、つねにではない。価値のある企業が倒産したり、反対に、もっと良い企業が出現したかもしれないのに生き残ってしまう企業もあったりする。

生物学的進化と市場経済の進化もまた、「均衡」が意味をなさないという類似点を持つ。(5)

変化は連続的であり、生き残って増殖しようとする原動力と、環境に規定されるチャンスとのギャップによって推進される。しかしながら、ここで類似性についての議論を続ける前にしばらく立ち止まらなくてはならない。

ダーウィンはマルサスという経済学者から大いに影響を受けた[6](Coutts 2010; Jones 1989)。ダーウィン的な見方では、生命体は急速に増殖するが、彼らを支えるための物的資源の供給は限られている。その量の成長は停滞しているか、生命体たちの結合したニーズの増加よりも後れている。このことが競争を厳しいものにし、その真っ只中から進化的発生の連続的な変異体が現れるのである。一〇〇万年を超えるこの階梯に、私自身のボキャブラリーを当てはめるとすれば、自然界は、計画局も食糧配給組織も警察もKGBもない、無政府的な不足経済である。それぞれが自分のために、できる人はより多く自分のものにする[7]。一般的な言葉で言えば、これは超過需要の経済であり、そこでは天然資源はより不足の側にある。

ここで提示する市場経済の状況は正反対である。それは余剰経済であって、不足経済ではない。重点は供給の側にある。しかしながら、ここでも進化は二つの大きな過程によって駆り立てられる。それは供給サイドと需要サイドにおけるプロセスの違いとその緊張関係である。

私は何らかの進化モデルを機械的に適用することを推奨しないが、ここでは多少そうしたい。ダーウィン理論の哲学や見解、アプローチから、経済学はインスピレーションを引きだすべきである。ダーウィンの偉大な信奉者であるマルクスとシュンペーターは、ダーウィン的な見地から資本主義の歴史を見た。私はこの研究でその試みの続きに挑戦したいと考える。

ダーウィンの進化にかんする生物学理論に触発された進化経済学は、数十年前に遡る。先駆的な論文（Veblen 1898; Nelson and Winter 1982）以来、それは主流派経済学とそれ以外に両股をかける学派へと大きく発展を遂げた。[8] 私は彼らの論文に知的に近しい類似性を感じている。進化経済学者がこの論文の実証的基礎を成熟させ、数学的にモデル化し、広げることに貢献してくれるよう期待している。

## 5・2　非対称性の意義

市場、また生産と消費、販売と購入にかんする市場の調整機能について、一般的な経済学では両サイドを対称的に捉えるが、私は非対称とみている。この立場に立つのは私だけではない。現在多くの専門用語があるが、表5・1にそのなかでももっとも有用なものを示そうと思う。

第1ペアの不足経済は広く知られたものであり、この研究では余剰経済の紹介をしている。第2、第3ペアはケインズやカルドアに続く人々、「ポストケインズ学派」のなかでとくに広まっているものである。[9] 第4ペアは理論経済学に属するものではないが、ビジネス用語である。第5ペアにかんしては『反均衡』（Kornai 1971）という私の著書で紹介しようと

表5.1　調整機能の2つの側面——専門用語の概略

| 用語のペア | 焦点を当てる機能の特性 |
|---|---|
| 1不足経済　対　余剰経済 | 購入の意志、あるいは生産や販売の意志が実現しない。不足現象や余剰現象がそれぞれ支配的。 |
| 2需要制約経済　対　供給制約経済（または資源制約経済） | どれが生産の拡大を妨げる有力な制約なのか？ |
| 3超過供給経済　対　超過需要経済 | マクロ経済的な意味では、どちらの総体的な変数が「より長期的な側」になるのか？　ミクロ経済的な意味では、どちらの側面がより頻繁に、より強く現れるのか？ |
| 4売り手市場　対　買い手市場 | どちら側が市場においてより強いのか？ |
| 5圧力　対　吸引 | 市場参加者がする努力に関連するもの。それは売り手が買い手に製品を勧めるのか、あるいは買い手が製品を自らに「吸引」しようとするのか？ |

したが、経済の専門の学者には用いられなかった。

どの組の用語が最終的に広く知られているか、あるいはたまたま経済学者に広く受け入れられたかは重要ではない。究極的には、五つの対すべてが同じ見方を反映しているのである。つまり、売買の過程において両サイドには永続的で本質的な違いが存在する。一方は「より不足」で、もう一方は「より十分」である。同様に、より強いものとより弱いもの、有利なものとそうでないもの、などである。これを私は市場の永続的非対称性と解釈している[10]。

この点について、私は「非均衡」モデルの考案者と波長が合っている（Portes and Winter 1980; Benassy 1982; Malinvaud 1977)。いくつかの重要な方法論的な事柄（集積など）については論争中ではあるが、ワルラス均衡からある一つの方向ないしは別の方向に離れているという市場の状態に焦点を当てるという主要な事柄については同じ立場をとっている。

私はまた失業均衡について語るグループとも波長を同じくしている（Layard, Nickell, and Jackman 1991; Pissarides 2000)。彼らの分析は、失業が永続的で持続的なメカニズムによって作られ、瞬間的でない伝統的な状態であると述べている。前にも述べたとおり、ここでの「均衡」という用語に私はいくつかの問題があると考えているが、より重要なことは余剰労働力がつねに存在するということにかんするわれわれの合意である。

市場の対称性という見解は経済学者の考え方に深く埋め込まれてきた。この点にかんしては資本主義下において実務に励むビジネスマンと合意するほうがはるかに容易である。なぜなら、その生活が彼らに競争とは何かを教えてきたからである。彼らは「競争均衡」のような不合理に困惑させられているのである。もし売りに出されているすべての財に買い手が見つかるのであれば、すべての買い手が買いたいと望んでいる財を見つけられるのであれば、競争するインセンティヴとはどんなものであろうか。それは競争者と同じだけメダルのあるオリンピックのようなものである。競争と「余剰」の存在は同じ事柄の両面なのである。これを余剰経済や売り手競争と呼ぶか、あるいは別の表現を選ぶのかで、どちらの面を強調するのかは好みの問題である。本質的なポイントは、その言葉が非対称状態を描写していることであり、そのことは売り手を味方につけようとする買い手の競争を伴う不足経済として知られるのと正反対での非対称状態であると付け加えても差し支えない[11]。

## 5・3　二つの需要—供給レジーム

この論点に到達した読者が、この学術エッセイで不足経済と余剰経済について述べていることの概要に目を向け始めてくれることを期待する。そこには二つの代替的な需要—供給レジームがある。

ここで、これらの特性を集約しておこう。

説明を単純化するために、ある時点でのある経済における不足の大きさを示す指標と余剰の大きさを示す指標を取ってみよう。第Ⅱ部3・8節で描写した「合成指標」のようなものがあれば理想的ではあるが、それがない場合、不足や余剰の主要な現象を反映するほかの指標がこの目的にはふさわしいだろう。たとえば、不足の指標としての求人数と余剰の指標としての失業者数、不足の基準としての入居待機人数と余剰の基準としての空室数などである。不足の指標を$H$、余剰の指標を$T$として表し、その内容や統計的定義にかんする質問はひとまず置いておこう。

他の言わなくてはならないことは図5・1に描かれている。

四五度線は需要と供給の構成において$H=T$となる組み合わせを示している。原点

($H=T=0$) はワルラス均衡点である。

四五度線より上が不足経済の範囲であり、四五度線より下が余剰経済の範囲である。二つの破線は座標の横軸の上側と縦軸の右側に書かれており、それぞれ不足と余剰の最小を示している。情報の欠落や不完全性、調整における摩擦、あるいはそういったことがなくともワルラス均衡は市場では起こりえない。余剰経済であっても不足の現象は現れ、不足経済にあっても余剰は発生するのである。

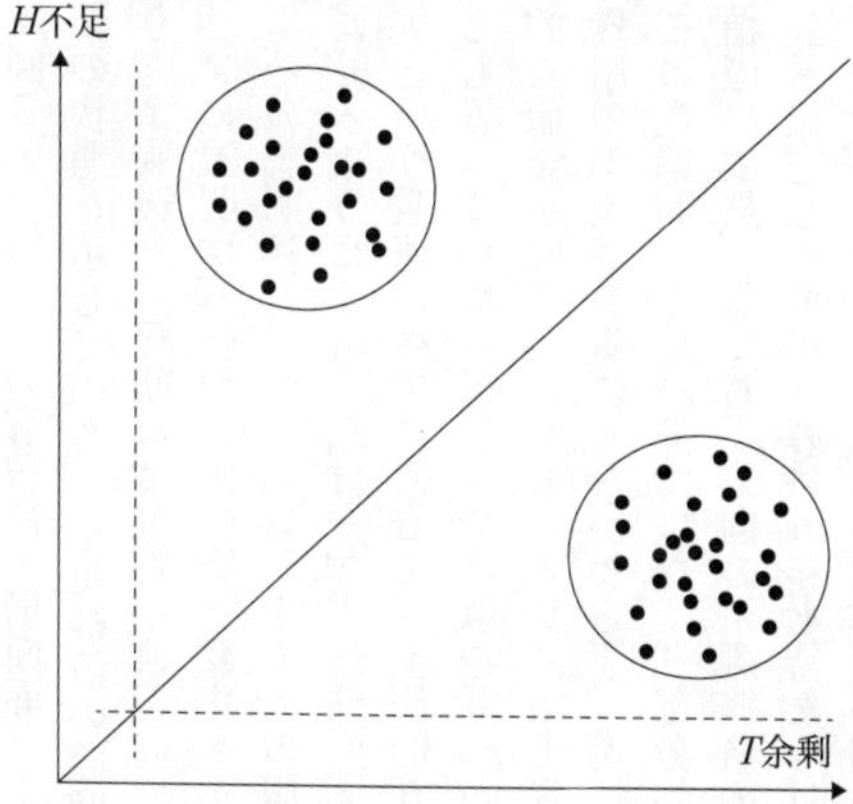


図5.1　不足経済と余剰経済の図式

図5・1は二種類の比較分析に有用である。第一の解釈は「時系列」である。二つの国があらわされており、その一つは不足経済であり、もう一つは余剰経済である。点が表しているのは二つの経済におけるさまざまな年の状態である。どの$t$時点における$H$ ($t$) と$T$ ($t$) の組み合わせも不足経済なら左上角方向（不足経済の範囲）にあり、余剰経済であれば右下角方向にある。

図5・1の第二の解釈は「横断面」の調査の表現である。それぞれの点は同時点でのある国の状態を示している。不足経済の範囲には不足が典型的である状態の国々が含まれており、余剰経済の範囲には余剰が典型的である状態の国々が含まれる。そうでないならば、グラフの説明は、一つの国の経年変化を示すという解釈に似ている。

その説明は、二つの「レジーム」の概念を定義するために主要な結論をある程度まで引きだせるようにする。私は、「不足経済」と「余剰経済」のそれぞれを説明するに値する$H$と$T$という数値のペアに対して、推測的な数値の閾値の組み合わせを与えようとも与えられるとも思っていない。日々の経験を元におおまかにわれわれが描くように、慎重な思考が数値的な値を示唆するかもしれない。もし私が都市近郊に住居を探しているとすれば、十分な賃貸用の部屋があるにもかかわらず、適切なものを見つけるのに数週間かかるだろう。しかしこの数週間は不足経済ではなく、部分的な不足の存在を示しているのである。その$H$という指標は依然として右下方向の余剰経済の「袋」のなかに収まる。しかしながら、地方政府が公営住宅をあてがうのに五年も待たなければならないとすれば、私は確かに不足経済のなかに生活している。そのときは、$H$の値は左上方向の不足経済の「袋」のなかにあるだろう。

市場の状態の指標が左上の範囲で動いている場合、不足経済のなかに生活している人々はそれを普通で正常のことと感じる。一方で、余剰経済に生活する人はその指標が右下方向の範囲にとどまっていることを普通だと感じる。生命体を扱う薬学やほかの科学のように、「正常」の定義（血糖の正常値、血圧の正常値）は正確に定義された数字ではなく区域であり、図ではどこも正常範囲内にあるだろう。「袋」の輪郭は、統計的分析の助けをもって現実の状態の観察と経験からのみ描かれる。

二つのレジームの定義をまとめてみよう。不足経済は不足の例が一般的で、慢性的で、集中的であるレジームである。もしそこに余剰の例がある場合でも、それは珍しく、一時的で、多くの場合集中的でない。

余剰経済は余剰の例が一般的で、慢性的で、集中的であるレジームである。もしそこに不足の例がある場合でも、それは珍しく、一時的で、多くの場合集中的でない。

この研究での根本的な考えは以下のようなものである。歴史的に発展してきた実際の需要―供給の要素配列の状態を表した図は、四五度線の周りにはまとまらず、ワルラス均衡の原点の近くでもない。それらは左上か右下のどちらかに向かう。四五度線上の点は二つの相反する部分の完全な対称の状態を象徴している。もし市場が均衡点周辺の対称的な変動しか示さないのであれば、市場の状態を示す点は四五度線の周辺にあるだろう。グラフの二つの範囲の位置は、現状が非対称であり、ある「袋」は不足の現象によって支配されており、別のものは余剰に支配されていることを示している。

図５・１では$H$と$T$という一つずつの変数しか表れていないが、実際には数百万もの変数が一つの国のあらゆる時点に存在している。この研究が示唆するのは、$H$という変数のなかで強い相関があり、$T$という変数のなかにも強い相関があるということである。繰り返しになるが、これは実証的な問いである。それは大規模な研究を必要とする。中間段階の総計や

混合指標を編集することは確かに可能であり、それによって各国の状態を二つ以上の、とはいえ、それほど多くはない――五か一〇、二〇くらいの――不足と余剰の指標で表すことができる。われわれの視覚的想像力では三次元空間を呼び起こすことしかできないが、たとえそれらの視覚的描写がなくとも、私の主張が不足と余剰の$n$個の指標に一般化されうることを数学に精通している読者は知っている。一国にかんする$n$個の指標はともに$n$次元空間に点を形成するのである。

①$n$次元空間において不足と余剰の指標の値を示すさまざまな点が、余剰の指標にかんして高い評価の束、不足の指標にかんして低い評価の束（二次元では右下角方向）に群がる場合、その国の需要―供給レジームは余剰経済である。

②$n$次元空間において不足と余剰の指標の値を示すさまざまな点が、不足の指標にかんして高い評価の束、余剰の指標にかんして低い評価の束（二次元では左上角方向）に群がる場合、その国の需要―供給レジームは不足経済である。

$H$と$T$の指標は広く撒《ま》き散らされているのではなく、二つのクラスターにまとまって分かれており、$n$次元の二つの範囲のなかに散らばって存在しているだけであるということは、実証的に証明あるいは棄却されるべきである。余剰経済において不足は例外的であり、逆もまた同様に、不足経済において余剰は例外的である。

実際に実証的な検証がなされた場合、さまざまな点で概念的枠組みは強化されるだろう。例外から何を理解するべきなのか、ある指標の値がその域内になくてはならないことをどのようにそのまま捉えるべきなのか、などというように。私はそのような制限を今、この研究であてはめることは差し出がましいと考える。この領域の数学的実証的な調査が始まったときにその時機がおとずれるだろう。

おそらく数理モデルに親しんでいる経済学者はより厳格な定義を期待するだろう。残念なことに、私はそれにこたえられない。おそらく理論的モデルや実証的観察を通して、より厳格な定義になっていくことは可能だろう。そのときまで、私は明言を避けたいと思う。

ここまで述べてきたアイディアとサーチ理論（Mortensen and Pissarides 1994; Pissarides 2000 を参照）との関係について、いくつかのコメントを示すために回り道をすることは意義がある。私は、言うべきことの重要な部分はその用語で表現されうるという印象を持っている。私が経験してきた現象の多くはサーチ理論が表す変数を使って描写できるし、分析してきた関係性のいくつかはサーチ理論を用いて描くことができる[12]。私はこの特定の変換の課題に取り掛かってはいないが、それをする誰かが現れてくれることを願っている。もしサーチ理論の用語で書かれていたならば、この本は現代の主流派経済学にもより簡単に受け入れられるだろうから、それはできる限りなされるほうが好ましい。

しかしながら、付け加えておくべきことがある。いくつかの密接な関連性と大きな重複にもかかわらず、サーチ理論の主導者が解明しようとした難題と私が関心を寄せるものとには大きな違いがある。サーチ理論の研究者は探索をより効率的になるようにしようとする。彼らの目標は求人枠と求職者がお互いをできる限り早く見つけることである。彼らは優れた識別力をもって、いかに賃金や雇用創出、雇用破壊（destruction）、探索の他、さまざまな要素のダイナミクスが失業や求人枠と結びつくかについて検証している。つまり、どのような条件で失業均衡が見られるのかである。彼らにとって、問題が資本主義のなかで検証されることは自明である。けれども私は、なぜ慢性的に「逼迫《ひっぱく》した」労働市場が社会主義システムで典型的で、慢性的に「緩慢な」労働市場が資本主義市場で典型的であるのか、ある場合にはは不足に向かい、別の場合には余剰に向かう労働市場の慢性的に非対称的な状態がいかにシステム特有であるか、これらを知りたいと考えている[13]。労働市場の範囲を越えて、私はこの学術エッセイで読者に、システムが財・サービス市場や労働市場の一般的な状況に決定的な影響を与えるということ、つまり買い手と売り手、求職者と雇用主が資本主義や社会主義の状況においてお互いを探しているということを納得してもらいたい。

私はここで数学の重要な部門、マッチング理論[14]（Lovász and Plummer 2009）として知られるグラフ理論の一派について言及しよう。一つの事例として、$n$という多数の男性と$n$という多数の女性が二人一組としてマッチする状況を考えてみよう。どのような状況で、どのような種類のアルゴリズムを使えば、それぞれが組み合わさる「完全なマッチング」が現れるだろうか。この数学的に将来有望な研究は、数学者たちの大きな注目を集め、すでにさまざまな実践的な応用がなされている。この理論のモデルの多くはマッチングにおいて双方に同数がある状態から出発する。それはある程度、需要側と供給側が対称的であるような、つまり、それぞれの販売されている製品やサービスが買い手を見つけ、その逆もまた同様である、経済学のディシプリンの伝統に似ている。

しかし、私が検証した状況は非対称によって特徴づけられている。前出の例に戻って男性と女性の数を見よう。自然の法則によれば大きなコミュニティではその数はほぼ同じになるだろう（たとえば一国の人口）。しかし実際には、より小さなコミュニティのなかで一致した選択が大部分ないしは包括的に高い確率で起こることはまれではない。たとえば移民居住地や被用者に空き時間のない職場では、知り合いがそこに限られているからである。両性の数が相当に異なるならば、「より不足した」側のマッチングの機会は「より十分な」側よりもずいぶんとましである。前者はある意味優位にあるので、選択肢が増える。

このような不均等な機会や一方の優位という状況がどのような条件で現れ、非対称性が双方の行動にどのように影響するのかは、私の研究において刺激的なものである。非対称的な組み合わせ問題を分析するための数学的装置を提供するサーチ理論は、助けになるだろう。

## 5・4　資本主義システムによる余剰経済の生成――因果連鎖

需要―供給レジームの二つの型について述べたことには、実証的なサポートが何よりも欠けている。不足と余剰の事例の出現を説明する因果関係の再考もまた必要である。不足と余剰を刺激するメカニズムはこれまでに何度も言及している。もっとも一般的な形で命題を提示しよう。

**命題1**——資本主義システムだけが経済全体を覆う余剰経済を継続的に生み、再生できる。資本主義だけが継続的に余剰経済という慢性的な兆候を生むメカニズムをもたらし、再生することができる。

この命題の方向は裏返すことができる。

**命題2**——ある国が資本主義システムであるとすると、それは必然的に余剰経済として動作する。余剰経済は資本主義の内在的な特性である。国は経済政策やその他の政策に従っているがゆえに、その特性が現れているわけではない。財政政策や金融政策、再分配政策、価格政策は余剰のいくつかの現象を強めたり弱めたりするかもしれないが、余剰経済を生みだすわけではない。余剰経済は資本主義の一つの構成要素であるゆえに出現するのであり、実際にもっとも重要な特性の一つなのである。

これらの命題は実証的な意見である。人は資本主義が余剰経済であることを享受するかもしれないし、それゆえに非難するかもしれない。規範的な基準については後ほど触れる。私がここで述べていることは、資本主義があるところにはどこでも、その中心には余剰経済があるということだけである。

資本主義と余剰経済についての命題はこの研究が解明する中心となるものであるが、私のこれまでの研究で練りあげた社会主義システムについての概略的な命題も付け加えたい。

**命題3**――社会主義システムだけが経済全体を覆う不足経済を継続的に生み、再生できる。社会主義だけが継続的に不足経済という慢性的な兆候を生むメカニズムをもたらし、再生することができる。

この命題の方向は裏返すことができる。

**命題4**――ある国が社会主義システムであるとすると、それは必然的に不足経済として動作する。不足経済は社会主義の内在的な特性である。国は経済政策やその他の政策に従っているがゆえに、その特性が現れているわけではない。財政政策や金融政策、再分配政策、価格政策は不足のいくつかの現象を強めたり弱めたりするかもしれないが、不足経済を生みだすわけではない。不足経済は社会主義の一つの構成要素であるゆえに出現するのであり、実際にもっとも重要な特性の一つなのである。社会主義があるところにはどこでも、その中心には不足経済がある。

私はこの命題を強固に主張する。後でそれらをより巧みに、例外や混在したケース、過渡期的な形態を許しながら再度定式化するが、読者にはあらかじめ、「古典的な」形態ではそれらの経済システムが、どのような「中道」にも収斂しないものであることを知らせておきたい⑮。

私はここで命題という言葉を使ってきた。おそらく学術的な作法に則《のっと》ればそれらを推測や仮説と呼ぶほうがよいのだろうが、そうしてしまったら取り繕っているように感じる。私の提案は日常生活における一〇〇万もの事実に裏づけられる。その論理的な正当化は余分なことである。さらに、この研究の六つの表と一〇点の図は統計的に命題を支持している。それらのデータが命題の「証拠」としてではなく、裏づけとして説明図を描くように意図されていることを強調しておきたい。

私の命題は空虚なものでも同語反復でもない。それらは反証されうるものである。私は命題にかんして、欠くことのできない懐疑の精神をもってさらなる研究をしなくてはならない。それらを論破する機会は、私を批判する者に対して開かれている。

四つの命題は因果関係の存在を仮定している。要因は資本主義システムや社会主義システムであり、結果は余剰経済や不足経済である。その要因と結果の間には、中間の要因と結果のより複雑な鎖が入り組んでいる。それらは私が図5・2で示そうとした因果関係をより詳細に描写する際に、資本主義システムに対して扱おうとしたことである。社会主義システム

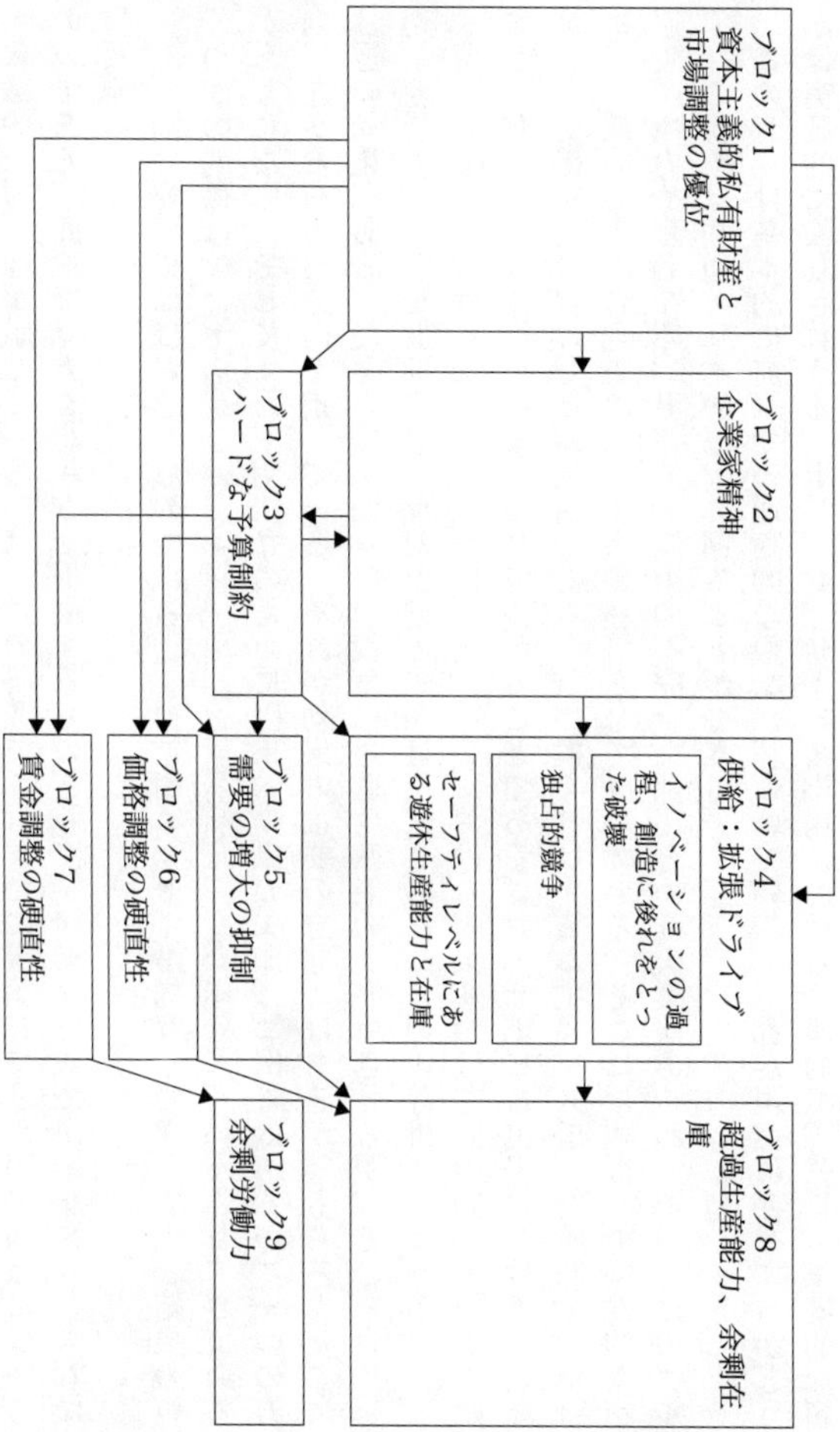


図5.2　余剰経済を生みだす要因：因果連鎖

の因果関係にかんしては私のこれまでの研究で扱っている。[16]

象徴的な形で図が示しているのは、この研究でこれまでに議論してきた因果関係についてのみである。簡潔な見方を想起させ提供するものとして、簡潔な形式で複雑なメカニズムに言及する。

その図は完璧にはほど遠いものである。この学術エッセイで描写してきた要因と結果のいくつかの関係は欠けている（たとえば、国際貿易の効果）。とはいえ、込み入りすぎているかもしれない。そしてまた、明快さのために因果的効果の矢印は（例外はあるが）一つの方向、左から右への方向を指している。それが効果の主要の方向ではあるが、もちろんそこには逆の効果もある。たとえば、売り手の競争は超過生産能力を発生させるが、その一方で超過生産能力が競争を促進する。反対方向の矢印は明快さのためにのみ除外されている。

留意しておかなければならないのは、図5・2における因果連鎖は左側の同一の要素に始まり、右の二つの並行したまとまりで終わることである。財・サービス市場における余剰経済と、労働市場における余剰経済である。言い換えれば、資本主義システムを吟味する場合には、双方の市場の現実の局面で余剰経済として動いている。そこには並行して慢性的な超過生産能力や超過在庫、潜在的労働力の不完全な利用という失業があらわれる。二つのグループの現象は共通の基本的原因に遡ることができる。[17]

この意見は基本的に前章での理論的な議論に基づいている。それが現実に存在するかどうかは実証的に検証されうる。もし、財・サービス市場における一般的で、強く、永続的な超過供給の現象が、まさに同様な労働力不足を伴って現れたとしたら、それは論破されることになるであろう。もし余剰の現象と反対の兆候とが同時に生じたとしても、それらが弱く、地域的で過渡的なものである限りは論破されないだろう（たとえば、全般的な余剰経済のなかの特殊な職業における労働力不足の場合）。

図5・2における余剰の背景にある説明要因のうち、私はここで、関係する国が資本主義システムであろうと社会主義システムであろうと、システムに関連することだけを強調する。これは私が注意を引きたいこの研究の主題であるが、他の要因も両システムのもとで余剰と不足という事実の出現に影響するということを決して否定していない。

①一連の要因は摩擦や調整不良、情報格差と結びついている。このような現象は超過供給も超過需要も生みだしうる（これらについては、前章の労働市場の文脈で議論した）。②供給、需要、価格設定の過程は国家の経済政策、とくに金融、財政政策によって、どんな社会経済的環境にも影響を受ける。これはどのようなシステム下においても当てはまるが、その伝わり方や、効果の程度が、社会主義システムと資本主義システムでは大きく異なる。第Ⅱ部第1章でも記したとおり、それを徹底的に議論することなしには、これに触れない。

図5・1の視覚的な特徴を用いると、①の要素は「袋」の位置に影響する。摩擦が小さけ

れば小さいほど、つまりスムーズに適応すればするほど、現実世界における不足や余剰の最低限度を示す二つの点線にクラスター全体が近づく。「不足なし、余剰なし」というワルラス均衡点は理論モデルの仮想世界にしか現れない。

②の要素をもってすると、政府の経済政策の効果は、もちろん重要なものであり、どんな方向にもその区域を移動させることができる[18]（これの特別なケースについて第II部第7章で再び触れる）。たとえば、そういったことは不足の存在を弱める（「袋」を少し右下方向に移動させる）一方で、資本主義に典型的な余剰の存在を強めることもあり、また逆も然りである。しかしながら、政府の経済政策は四五度線の上方へと経済を動かす、つまり不足経済へと変化させることはできない。それには一九一七年の帝政ロシアや第二次世界大戦後の東欧（東独を含む）のような規模のシステムの変化が求められる。それは、私的所有と市場による調整から優位を奪い取りながら、公的所有と官僚的調整をもって図5・2のブロック1における急激な変化を必要とする。同様に、どのような財政政策も金融政策も四五度線を越えて「不足経済の域」に要素を駆り立てることはできない。図5・2のブロック1にみられる私的所有や市場の優位を作るために、反対の方向への急激な変化が求められるだろう。

## 5・5　遺伝的な傾向

これまで私は自らについて、慎重な言い回しに努めてきたが、読者は因果連鎖の描写から私が決定論的な関係性を提案すると推測してきたかもしれない。たとえば、説明変数の数値を仮定すると、説明されるべき変数の数値が決まるだろう。しかしそのような単純すぎるかもしれない説明を思いついたと、私が必ずしも言うとは限らない。

社会主義システムや資本主義システムの「性質」といった表現は本書や私のこれまでの著作に現れている。実際、システム特有の性質は、人間の生来の、遺伝的な傾向や性質に似ている。たとえば、われわれの血管は年とともに硬化していく傾向を持つが、この傾向の強度は個人によって異なる。われわれの人生は、飲食の習慣や他の生活習慣が推移の速度に影響を与えるように運命に翻弄されるものではなく、遺伝子配列に組み込まれて決定されているのである。

スターリンや毛沢東の時代でなくとも、官僚的中央集権化はすべての国において等しく強力であった。多様性はあったが、性質は遺伝的に組み込まれていた。権力の独占、一党独裁制度、国有の優位などが不可避的に官僚的中央集権化へとつながることは、理論的に推測可能であり、実証的に立証されうるものである。

そのような性質に対して挑戦はできるが、勝利は完全なものとはなりえない。図式化するために、概念はすべての人間に組み込まれた性質という観点からではなく、祖先から引き継いだ家族の傾向という、より狭い文脈において表す。両親や祖父母、血縁者が心臓や循環器の病気にかかっているという人を仮定しよう。そのような場合、その人が病気へのかかりやすさを受け継いでいるかを考えることは価値がある。これは加齢とともに病気にかかりやすくなる高いリスクへの警戒とみなせる。

もしそのようなリスク要因があるならば、究極的な勝利を勝ち取ることを期待しないようにしよう。食事に気をつけ、適度な運動をし、たばこを吸わず、頻繁にストレスにさらされる状況にない人は、心臓や他の循環器の疾患への傾向と効果的に戦うが、いかに弱まったとしても、危険は再び現れる。

この意味で（研究の直接的な文脈へ戻るため）資本主義のシステム特有の性質は、十分にその力を発揮したり、さまざまな要素（政策立案者、社会の倫理的規範、法規制やその他の固有の国家介入による緩和）によって抑えられたりする。(19)しかしながら、内的な諸力はなお作動しており、社会のコントロールや国家による規制では除去しえないものである。それらは資本主義の遺伝子のなかに存在しているのである。

例を挙げてみよう。

資本主義の遺伝子には企業化するという傾向が含まれている。それは官僚的制約、重荷となる企業課税システム、危機後の信用収縮などによって抑制されるかもしれないが、企業は何度でも勃興することだろう。

資本主義の遺伝子のなかには、被用者の昇給要求に抵抗するための雇用主の努力も含まれる。彼らは好ましいグループに効率賃金を支払うことを価値のあることと捉えており、または思いやりから慈善的立場に立って、たとえば貧困の緩和のために、より多く支払う傾向にあるかもしれない。しかしながら、雇用主の自発的な立場それ自体は賃金コストを抑制するということである（これは自明ではない。社会主義下での工場経営者は上からの指令があってこの立場を取ることになる）。

これまでの議論のなかで言及してきた遺伝的に組み込まれた傾向は主にミクロレベルで現れたものである。多くのミクロ単位での同じ方向に向いた傾向はマクロレベルでも同様の傾向になるが、マクロレベルでの利害や誘因、シグナル、（複合効果を生みだす）関係性を見分けうる場合に限って、マクロレベルでの傾向に言及することは正当化される。

傾向と実際の作用との相違は、社会組織や社会システム、サブシステムなどを検証するための重要な分析のツールである。私はこれを、とくに伝統的な数理モデルの変数間の数学的関係で、経済組織と個人の関係を描写することに慣れた人々に対して強調する。たとえば、アルコール依存症のモデルでは飲まれるビールの本数が非負の数Xであると提示されるとしよう。生物学的な要因によって課された上限がある。二〇本のビールを飲んでまだしらふの人はいない。しかしながら、アルコール依存症にかんしての一般的な決定論的数値モデルにとって、変数Xが0から10に増えたり、あるいは10から0に減ったりすることは重要ではない。実際に、依存していく過程と止めるに至る過程の違いや、「進行」の過程と「回復」の過程の違いに、われわれは十分に気がついている。このことは標準の経済学モデルによっては示唆されないものである。行動経済学は、人々が彼らの財において一〇〇ドル手に入れるのと一〇〇ドル失うのとではまったく異なる評価をするというような注目すべき心理学的経験をもって発展してきた。行動経済学者にとって「損失回避」（Kahneman and Tversky

1979 and 1991; McGraw et al. 2010）として知られるそのような認識は、大部分の経済学者の考えに取り入れられてこなかった。

この認識はこの学術エッセイにおける議論のなかで重要な役割を果たしている。そのような現象がどのような文脈で現れているかを思い出してみよう。

・シュンペーターの創造的破壊――創造は壮大な活力を持って進む。それを前進させる人々は喜んで行っており、そうすることで物質的な優位性を獲得している。破壊とは苦楽のようなものである。敗者は抵抗し、消え行くべきものへの心理的な愛着を示し、彼らの物質的利害は、破壊されるべきものを維持することと少なくとも一時的には一致している（あるいは利害のなかにあると感じている）。

・競争のなかで勝利した人々は喜びを感じ、たとえば市場シェアを拡大するなど、少なくともより良い地位を手に入れる。拡大に向かう道のりは強力な動機づけとなる。立場を失うことはスポーツの競技会でのように自動的に起こるものではない。より良く成し遂げられなかった者も、勝者が勝ったのと同じようにその領域から撤退しない。これが余剰の発生する理由の一つである。

・資本主義市場経済において、価格形成企業は価格上昇にかんして何の罪の意識も感じない。彼らがそのように行動するのは巨大な利益を期待してのことである。価格は上昇よりも下落に対して硬直性が強い。このような非対称性もまた余剰の発生の一つの説明となる。

私は数ページ前に、需要—供給配列の正常状態は非対称によって特徴づけられると述べた。これは部分的には（全体ではないけれども）ちょうど説明した損失回避によって説明される。その傾向は一方向へ向かって動くが、反対方向へと抗《あらが》うことも不可能ではない。しかし、それは強い本能的な力との争いを含み、しばしば部分的にしか成功しない。

この主張には重要な実践的な含意がある。資本主義においてどの現象や過程が「内在的」、「遺伝的」性質としてあらわれるのか、特有の環境の組み合わせによってのみ生みだされるものはどれなのかを知る必要がある。どれほどその傾向が強いのかについてもまた重要である。

国家や何らかの組織が何らかの強い、（多くの場合にあたかも正当化される）内生的な傾向と戦おうとするときには、それを承知のうえで行わなければならない。なぜならそういった傾向を持つ者は戦おうとも避けようともしないので、そこには万能な規制のための障壁や国家介入の行為はない。

## 注

（1）私は自分の責任において、ある程度の皮肉をまじえて「書いている時点では」ということを付け加えたい。この重要な概念に対する私自身の物語は何度も変化したということを否定しない。そしてこれが読者を困惑させるかもしれないことを謝罪する。私はこの研究に私の考えがいかに発展してきたかについての歴史を背負わせるつもりはない。それについてはまた別の機会に執筆するであろう。ここでは私の考えの現状のみを記す。

（2）ここで触れているのは、私が提唱した考えにとくに関心が注がれた、オーストリア学派のいくつかの中核的な研究 Hayek 1948; Kirzner 1973; Lachmann 1976; Lavoie 1985; Cowan and Rizzo 1996. である。

（3）ニコラス・カルドアが均衡経済学を「的外れ」と呼んだ（私は正しいと思う）のは明らかにこの意味においてである。しかし、私は今日的な洞察をもって以下のことを付け加えなくてはならない。つまり、カルドアが多くの理論的な不適切さにいらだったために、彼は客観的でなくなり、均衡の数理モデルが理論の領域においては表しうる有用さを認めることを拒絶した。カルドアが怒りの論文を執筆したとき、私は同じ誤りに陥った。私はそのとき私の見解を示し、自伝のなかで自己批判的に評価した（Kornai 2006a, Chapter 10)。

（4）期待という観点から均衡の概念を定義する理論は大きな影響を及ぼしてきた。均衡状態は合理的期待の達成として特徴づけられる。この問題についてここでは触れない。

（5）私はここで数百年間続く長期の進化過程について話している。生物学の一分野と捉えられる生態系にかんして他の疑問が生じるが、通常生態系については、より短期の過程が生存する個体数と環境との関係のなかで検討される。生命組織の共存についての特定のシステムは、均衡の分析手法が有効である理論によって示されうる。たとえば、森林の動物世界は捕食動物と獲物の共存を示している。人間の介入によってどんな動物が森から取り除かれても自然のバランスは阻害されるであろう。捕食動物は獲物の欠乏のために絶滅するだろう（このことは、経済現象の分析でも用いられるロトカ・ヴォルテラのモデルで示されている）。

（６）私は知性の歴史についてのこの重要な事実を指摘してくれたアンドラーシュ・シモノヴィッチに感謝する。

（７）ここに示唆されている破壊的な力については、Vahabi 2004 を参照。

（８）Hodgson 1993 に良い概説がある。

（９）私の知る限り、「需要制約」と「資源制約的システム」という対義語の組は Kornai 1979 で初めて用いられた。

（10）この数十年、経済学者はしばしば非対称という表現に遭遇してきたが、通常それは「非対称情報」という文脈においてである。これは重要であるが、ここでの分析にそれを含めることは私の主張の筋を混乱させかねない。医師は患者よりも診察と治療についてよりよく知っている。それにもかかわらず、特定の経済的条件のもとでは医療サービスのいくつかの部門において「買い手市場」が発達するかもしれない。つまり、もし患者が自らの財布からサービスに対して支払うとすると、患者は自分たちを手当てする人を自由に選ぶだろうし、医師は支払いのいい個人の患者を求めて競争するであろう。そういうわけで、今われわれは情報の問題はさておき、後ほど簡単に触れるとしよう。

(11) 均衡という概念の検証はいくつかの方向に枝分かれしている。ここでは一つだけに言及する。それは、成長はいかにバランスされているのか、ということである。経済の均衡は成長によって歪められていないのか。これは知性を刺激する疑問で、政策にも関連する疑問である。そしてこれについては膨大な文献が存在する。私もそれについて研究を掘り下げたが、ここでは触れない。

(12) 労働市場の文脈でよく知られているのは縦軸を失業率（$u$）、横軸を求人率（$v$）で示した調整システムである。この学術エッセイの図5・1は明らかに関連する描写の方法を用いているが、それはより一般的でより包括的なものである。なぜなら、私の主張のなかで、私は労働力余剰をさまざまな余剰現象のサブグループの一つとして、そして労働力不足をさまざまな不足現象のサブグループの一つとして、扱っているからである。

(13) 私はここで意図的にサーチ理論の逼迫と緩慢という表現を借用している。この学術エッセイでの用語において、逼迫した市場は頻繁に不足を示してめったに余剰現象を示さない。また緩慢な市場はその反対である。

(14) 経済学の枠のなかで発展したサーチ理論の支持者と、数学の枠のなかで発展したマッチング理論の支持者の間には、両理論の主張する問題には大きな重なりがあるにもかかわらず、ほとんど知的な交流がないことに私は驚いた。

(15) もし私が均衡理論の数学言語で私の考えの筋道を提示しようとしたならば、私は一つではなく二つの均衡点を持つモデルを発明する必要があるだろう。均衡点の一つは「不足経済均衡」、もう一つは「余剰経済均衡」である。モデルの仮想の世界においては、システムはある均衡点か別の均衡点の周りで安定する。モデルは、システムがある均衡の罠を抜けて別の均衡に陥るにはどのパラメーターが変化しなければならないのかを示すのに役立つであろう。私は自分の責任で、おそらくそのような均衡形式の再定式化に向けて進んでいくべきであることを記しておく。近年の経済学が一つ以上の多重均衡、つまり互いにまったく異なる均衡点を示すのであるからなおさら、そのような言語だけを理解する経済学者によって提起された均衡の数理モデルに対する理解と受け入れを、再定式化はおおいに促進するであろう。

（16）拙著『社会主義システム』（Kornai 1992）参照。不足経済の因果関係については15章で述べている。

（17）このことは決して自明ではない。たとえば、マクロ経済学の論説における論争では、景気の上昇局面における投資の逃避が後の問題を導いているのか、あるいは労働需要不足なのか、今日の危機の原因について論争がある。両者の過程ともこの研究で描かれたフレームワークに沿うものであり、2章、4章で言及されている。

（18）レイヨンフーヴッドは論文で別のたとえを用いて同じ考えを示している（Leijonhufvud 1973 and 2009）。マクロ経済は「狭い回廊」のなかを動くことができるが、マクロ政策は経済を回廊の壁に衝突させようとする大きな移動を引き起こそうとする。回廊を離れることは深刻な帰結をもたらす。均衡という特殊な点の周りを考察することに集中するのでなく、市場状態の貢献はいかなる価値も定められた範囲（回廊の壁）のなかにあるという仮定を承認するという点でレイヨンフーヴッドの考えはこの研究に類似している。(19) 再びここで、ケインズがアニマル・スピリットと呼んだものとの関連で、アカロフとシラーの著書（Akerlof and Shiller 2009）に言及したい。二人がこの心理学的な現象を解釈したように、それはここでシステム特有の性質と呼ばれているものと（すべてではないが）重なっている。

# 第6章　余剰経済の効果とその評価

## 6・1　その影響と価値判断について

第II部第2〜5章では余剰経済の現象と要因に対して実証的なアプローチを取った。ここではその影響に矛先を変えてみよう。私は可能な限り、その影響の客観的描写と価値判断とを区別するつもりだ。すべての評価の背景には価値体系があるため、後者は不可避的に主観的である。場合によっては、とくに一般の論説のなかで大きな特徴となったものや世論に強い影響を与えたものについて、私とは異なるほかの評価について言及しながら、私自身の評価を項目ごとに付加するつもりである。

（図5・2に見られる）強い因果連鎖のために、資本主義システム一般に起因する影響と需要—供給レジームという余剰経済特有の特徴とを見分けることは難しい。余剰経済の影響（売り手間の競争、超過生産能力と余剰在庫、余剰労働力などといったこれまでに論じてきた余剰の現象）という、より狭い領域を再検討し、資本主義全体の評価は避けながら、価値判断に焦点を当てるつもりである。このことは民主主義や人権、立憲主義といった、私的所有や市場経済の存在に密接にかかわるものの余剰経済の主題に直接は関係のない、根本的に重要な問題を除外することを意味している（Kornai 2008 参照）[1]。

## 6・2　イノベーション

イノベーションを刺激したり妨げたりする要因にかんしては、豊富で多様な論文がある。私自身の分析は、第Ⅰ部に示してある[2]。

そのような活動への主な誘発剤が競争であることは広く同意されるところである。生産者は生産能力をよりよく使おうとし、売り手は集めた在庫を処分したがり、同様に新製品や新サービスをもって競争相手から買い手を勝ち取ろうとするので、競争の要因としても結果としても、生産者同士の競争（とくに独占的競争というもっとも一般的な形態で）は余剰を生みだす。余剰のないところでは売り手間の競争はない――つまり、売るべき余剰の存在に由来する原動力が欠如している――ということは容易に論理的に理解される。もし時代後れのモデルや電話回線への順番待ちがあるならば、なぜ社会主義下の輸送機工業や電話サービスはイノベーションに悩まされていたのであろうか。余剰経済で起こった急速な近代化の受益者は、技術進歩によって生活が快適で刺激的かつ生産的になった人々と、最初は高価であった新製品が次第に安価になるという価格の下落を経験した人々の全員である。

こうした考えについてはこれまでの章で詳細に述べてきた。ここでは、余剰経済を評価するうえで、私は価値基準の順序づけによって、これが余剰経済の不足経済に対する根本的な経済的優位性であるとして再び言及する。

すべての人がその評価に同意するわけではない。多くの人々にとって、消費社会という表現は軽蔑的な響きを伴っている。彼らは消費社会の主な特徴を形作る新製品や新サービスの連続を、行きすぎた、いらいらさせるものとみなしている。

イノベーションのプロセスが陰の部分を伴うことは否定できない。イノベーションを継続することは難しい。古いものを習得するよりも前に、ひととおりの新しい知識の利用を学び続けることが課題である。その努力がイノベーションによって提供される追加的な成果を享受するに値するものかどうかは、自らが全面的に判断しよう。

一般的にイノベーションと技術進歩は疑いなく危険性をはらんでおり、技術的な目新しさは有害な結果のために用いられることもありうる。[3] このことは人類の歴史におけるすべてのイノベーションにありうる宿命であり、しかしながら、そうであるからこそわれわれは価値判断を形成する際に心に留めておかなくてはならない。

## 6・3　消費者の主権とコントロールの範囲

適度な在庫と予備の生産能力はすぐに立ち上げられて、消費者が選択し、好まないものを拒否することを可能にする。余剰経済によってもたらされるこの選択の幅は、単に狭い商業的な現象ではなく、より本質的には自由という人間の権利の拡大である。不足経済において選択は否定され、強制代替が消費から得られるべき満足を減じている。物質的な側面から離れてみても、そのことはより狭い範囲での選択に加えて自由という人間の権利を狭めている。

生産者やサービス提供者はその能力を十全に活用し、買い手に在庫を手渡すことを目的としている。余剰があれば消費者の要望に適応することができる。中長期的な範囲で消費者のニーズにあわせて生産を継続的に調整するには時間がかかるが、すぐに導入できる在庫や余力を抱えることによってその後れを少なくできる。余剰は仕組みが適応する際の軋《きし》みを和らげて鎮める「潤滑油」である。

私は余剰経済における買い手と売り手の関係を美化したくはない。余剰経済において（あるいはより広く言えば、市場経済において）消費者主権が広がっていると述べる人々は誇張している。真の隷属者はすべての事柄にかんして真の主権者に服従するであろう。

ここでの事例はそうではない。その理由としてまず、とくに新製品や新サービスにかんして、供給が往々にして需要を呼び起こすからである。第二に、全体像についても、（明確に有用な情報を提供することによって）売り手は積極的に買い手の好みに影響を与えようとするだけではなく、操ろうとする（Galbraith 1998［1958］）。不足経済における宣伝広告は意味のない無駄遣いであるが、余剰経済においては不可避的にもたらされる副作用である。他の理由によって、余剰経済を不足経済よりも優位とみなす人々は、時には公平で正直な、しかし時には消費者を購入へと間違って導いたり騙《だま》したりする大量の宣伝広告や販売促進の存在を受け入れなくてはならない。表6・1がいくつかの国々について示しているように、宣伝広告の費用は社会全体において莫大である。

アメリカにおける宣伝広告費用は二〇〇〇年代にはGDPの二%台で推移している。この規模は政府支出との比較でより明確になる。二〇〇七年の連邦政府と地方政府を合わせた高等教育にかんする支出もGDPの二%であり、同様に家族と子どもへの支援プログラムは〇・六%、警察と消防が一%であった（Chantrill 2010）。

**表6.1　先進国における広告支出 1975～2007年**
**（GDPに対する広告支出の割合、%）**

| 年 | アルゼンチン | 日本 | イタリア | ニュージーランド | アメリカ合衆国 |
|---|---|---|---|---|---|
| 1975 | na | 0.8 | na | na | 1.7 |
| 1985 | na | 1.1 | na | na | 2.3 |
| 1995 | na | 1.1 | na | na | 2.2 |
| 2000 | 1.2 | 1.2 | 0.7 | 1.3 | 2.5 |
| 2005 | 1.8 | 1.4 | 0.6 | 1.4 | 2.1 |
| 2006 | 2 | 1.4 | 0.6 | 1.3 | 2.1 |
| 2007 | 2.1 | 1.4 | 0.6 | 1.3 | 2 |

注：広告支出の指標は、新聞、雑誌、ラジオ、テレビ、ダイレクトメール、広告板、その他の広告形態の総費用を反映している。それぞれのデータ元の定義に基づいているため、この指標がすべての広告支出を含んでいるのかどうかの確認はできていない。
出所：GDPデータは、IMF 2010とFederal Reserve Bank of St. Louis 2010より。広告費用は、WARC 2007、CS Ad Dataset 2007、Dentsu 2009より。

これ以上この方向に議論を進めることや生産者が真の主権者であると主張することは正しくないだろう。彼らがどれほど買い手を操作することに長《た》けていたとしても、余剰が存在している限り、買い手は提供された製品やサービスを拒否する機会を有している。アルバート・ハーシュマンの言葉に、出口は存在している、というのがある（Hirschman 1970）。つまり、買い手が強く保護される必要はなく、単に売り手から離れればよいのである。政治力にかんする言葉を用いるとすれば、余剰経済における消費者は完全な主権統治者ではないが、決定に影響を与え拒否することもできる「強い」大統領である。一方、不足経済には出口が存在していない。つまり買い手は隷属的であり、買い手から財やサービスを熱心に請われるために、生産者は支配的な地位にある。不足が強まれば強まるほど、買い手はより従属的になる。

余剰経済と不足経済という相対する組み合わせから、どのような力関係、いかなる形の服従—支配関係が最終的に働いているのかが明らかになる。標準的な主流派経済学を教授する際、通常この一連の議論は欠落している。

## 6・4　生産性と調整

生産者と消費者の相互の適応の仕組みを滑らかにすることについて私が述べたことは、生産のなかの関係においても当てはまる。原材料と部品の供給に伴う問題はいかなるシステムにも存在する。投入物が時間通りにサプライヤーから届かないかもしれない。人的ミスや規律の欠如が起こるかもしれない。しかしながら、在庫や、要請に応じて稼動できる遊休生産能力のある余剰経済では、問題を解決するのはより容易である。製造業に従事する人（経営者または従業員）が、社会主義における国有企業と資本主義における民間企業とで、日々の生産について比べる機会をもったならば、その違いについてより簡単に理解できる（第Ⅱ部のこれまでの章での表３・２や図３・４を参照）。余剰経済はより柔軟でよりスムーズで確実に機能し、繰り返される不足によって苛まれ柔軟性に欠ける不足経済よりも、ずいぶん頑健である。

この差異は確実に資本主義の生産性や成長に寄与しており、客観的ではないが、この「油をさすこと」は大量の資本が大量の在庫や遊休生産能力のなかに封じ込められていることを意味している。多くの人は、嫌悪感を持ってこの巨大な資本の「無駄」について考えている。

経済システムの一般的な性質はオペレーションズリサーチの計算に支えられているものではない。資本主義の余剰経済は、本来、大量の在庫を積み上げ、大きな生産能力を遊ばせておく傾向を持つものなのである。

## ６・５　適応力

これまで、生産者と消費者（ここでは個人または家計）の関係と生産者間の相互作用の関係とは別々に語られてきた。では経済全体、つまり経済におけるすべての参加者間の協力を見てみよう。調整は不足経済のなかでもいくばくかは起こっており、数十年にわたるその継続性は示すに値するものであった。

余剰経済の持つ大きな優位性のうちの一つは、不足経済の、柔軟性に欠けギクシャクとした遅い調整よりも、摩擦があるにもかかわらず、調整がスムーズで早く柔軟であることである。多くの資本主義の主唱者、たとえば標準的な主流派の教科書は、この釣り合わせて調整する役割を市場経済の優位性とみなしている。また中にはすべての市場経済の美徳をそこに帰する者もいる。私の評価では、静的な適応の柔軟性ではなく余剰経済のダイナミズムとイノベーションに対する抑えがたい性向が一番である。しかし、その好ましい適応的な性質も重要な美徳としてみている。

## 6・6　所得と富の分配

所得と富の不平等は余剰経済において公然と現れる。支払いさえすればどんなものをどんな量でも手に入れられる。購買力は買い手の財力によってのみ制限される。余裕のない人々はより少ししか買えない。

一方、不足経済は平等化効果を持っているが、それは明確に一貫した平等主義ではない。完全な平等化とは反対に働く多くの要素が存在する。所得の分配は均一ではない。社会主義経済における賃金の区別は、さまざまな理由のために意図的になされたものである。より良い業績への鼓舞、政治的な貢献や忠誠に対する報酬、などである。だから同じ法則が適用される。つまり、より多くの金を持つ人はより多く買える。

不平等は金で買うことに限られない。割り当てのシステム（たとえば住宅や供給不足の財など）は、支配政党に近い人や影響力のある人、コネのある人に明らかな優先権を与えている。

しかしながら賃金と財のアクセスへの不平等は通常、多くの資本主義国におけるそれよりは随分小さい。このことにより、人々はなんらかのモノを手に入れられているにもかかわらず、不足経済では手にできるモノがほとんどないという不正確な、とはいえ全体的に間違っているわけではない印象を生じさせてしまっている。

社会主義国家の温情主義的価格政策と福祉部門への資金供給は、平等化効果をもたらし、最終的には所得の再分配を必然的に含んでいた。実際に不足経済においてはすべての人に無料の公教育と医療を受ける資格があり、そこには「純粋な」市場経済においてはその費用を支払えない貧しい層の人々も含まれている[4]。家賃や必需食料品の価格は、低賃金の人々に益する巨額の国家の補助金によって低く抑えられている。

需要―供給構成の一般的状態における帰結は自明である。つまり、財やサービスが無料、ほぼ無料という状況では深刻な不足が発生する。より大きな価格の平等は不足を強める。不足経済は最終的には余剰経済よりも平等主義的ではあるが、平等化を行う所得再分配は不足を悪化させる。

## 6・7　「物質的」価値と「精神的」価値

余剰経済（「消費社会」）は人々を物質化したり、人々を物質的な条件志向に導くと非難される。[5]広告のキャンペーンやモノで埋め尽くされたショッピングモール、派手な新製品は価値観の体系の破壊を促進し、人々を精神的価値の重視から引き離すものとして責められる。

私は社会学者に対して科学的にこの問題を検証する課題を与えてきたが、思い切って余剰経済と不足経済の観察に基づいた論評をしたいと思う。話は一九七〇年代に戻るが、私はモスクワの百貨店で、新しく販売された靴をめぐってお互いに髪の毛を引っ張り合ってけんかしている女性を見た。競合している靴屋で、たくさんの（有り余るほどの？）靴のなかから快適に選ぶことのできる今日のモスクワの女性たちよりも、彼女たちは物質的でなかったのであろうか。

よりはっきりした歴史的な事例を挙げることもできる。スターリン時代のウクライナ、数十年後の毛沢東時代の中国において、不足経済のもっともひどい結果である飢餓のなかで亡くなっていった数百万もの人々は物質的なもの——たとえば穀物や小麦、ジャガイモ、パン——に少ない関心しか抱かず、そのような財を買える立場にある後の時代の人々よりも精神的な事柄に関心を多く抱いていたのだろうか。[6]

そもそも、全般的な需要—供給レジーム（余剰経済対不足経済）と「物質的」考えとに因果関係があるならば、それは以下のようなものだろう。さまざまな要因のなかでも余剰経済は、情報と教育の方法の広がりに貢献している（このことは以前に述べた）。精神的価値や知的価値あるいは情報を渇望している人々は、以前よりもはるかに選び取らなくてはならない。余剰——在庫や遊休生産能力——は出版社や書店の在庫、ラジオ局やテレビ局の提供、もはや測定できないほどの量のインターネット上の情報にまで及んでいる。価値あるものもガラクタも同様に、超過供給が存在している。

## 6・8　汚職の方向性の違い

汚職はすべての社会に存在している。その頻度や激しさ、形態はいくつかの要因が影響する。[7] 資本主義と社会主義のどちらにおいて汚職がひどいのか、といういまだに解くことのできない問いについてここで考えるつもりはないが、その代わりにここでの主題と何が直接的に関係しているのかだけを検討しようと思う。つまり、需要—供給レジームは汚職に何か関係しているのかという問題である。

関係していることは確かである。誰が誰によって買収されるのか。それは余剰経済にいるのか不足経済にいるのかによる。極端に単純化すると、不足経済における買い手はさまざまな方法で、幾分かは賄賂に近い方法で、売り手に影響を与えようとする。余剰経済ではこれは反対になる。つまり、売り手はさまざまな方法で、賄賂性に近い方法で、買い手に影響を与えようとする。

不足経済における汚職の事例は概して小さなものである。主婦が良い肉を手に入れようと肉屋にこっそり金を渡す。より深刻なのは、企業の調達の責任者が供給不足の原料や部品の入手を確実にするために、供給企業の代表者に賄賂を贈るといった事態である。汚職が大々的に蔓延してしまうために、小さな汚職の行為が深刻な異常事態となる。

余剰経済では汚職の企ては非常に強力である。とくに、売り手が買い手を見つけることに私的な関心を有していたり、買い手が公金を使ったりする場合である。それらの総額は小さいものではない。数百万ドルもの納税者の金が私企業の会計に流れ込んでいくのである。売り手の企業がライバル企業に取られずに契約を結ぶことを確実にするために、買い手である国家機関やその代表者に数百万を支払うことは十分意義のあることのように見える。売り手にとって、その数百万は総額の数パーセントなのかもしれないが、収賄側の公僕にとっては巨額である。汚職に手を染めている人はどこにでもいる。強大な力で誘惑する状況があれば、他には何も必要としないのである。私は以前、売り手間の競争の偉大な利点について述べたが、同じ競争が同様に汚職の企てを引き起こすのである。

## 6・9　資本主義的競争の利点と欠点——自動車産業の例を通して

余剰経済と資本主義的競争の利点と欠点についての考えを、経済史や経済政策の事例を用いて説明していきたい。そこで取り上げるのは過去数十年にわたる自動車産業の発展である。[8]すべての自動車生産国において長い期間、非常に大きな余剰生産能力が出現してきた。図6・1は遊休〔超過〕生産能力の割合が一二％から二七％にわたることや、一九九〇年から二〇〇八年にかけてその割合が強まっていることを示している。慢性的な過剰生産についてここで述べることは正当化される。

莫大な車の在庫は工場や販売店に集まっている。[9]分析者がしばしば警告するように、この分野のすべての専門家が大きな超過生産能力や買い手のついていない在庫について認識している。これを図6・2は明快に示している。

すべての工場経営者は世界的な規模で非常に大きな超過生産能力が存在していることを知っているが、拡大への衝動をコントロールできない。それぞれの企業がライバル企業から市場シェアを勝ち取ろうとするにつれて、能力はより拡大する一方であった。結果として、二〇〇八年に世界不況が始まったときに、とくにアメリカ合衆国において、自動車生産は危機的な産業の一つとなった。

不況はほとんど過ぎ去ってはおらず、ヨーロッパにおける自動車の販売台数は二〇〇八年以降年々減少している。しかしいくつかの巨大な自動車企業はいまだに巨額の投資を行っており、それゆえに自動車産業全体では稼働率が悪化し続けている（Piac & Profit 2013）。

自動車産業のサプライヤーやさらにそのサプライヤーの販売網は経済の相当大きな割合を構成しているため、自動車産業における産出の落ち込みは強力な乗数効果を持つ。それゆ

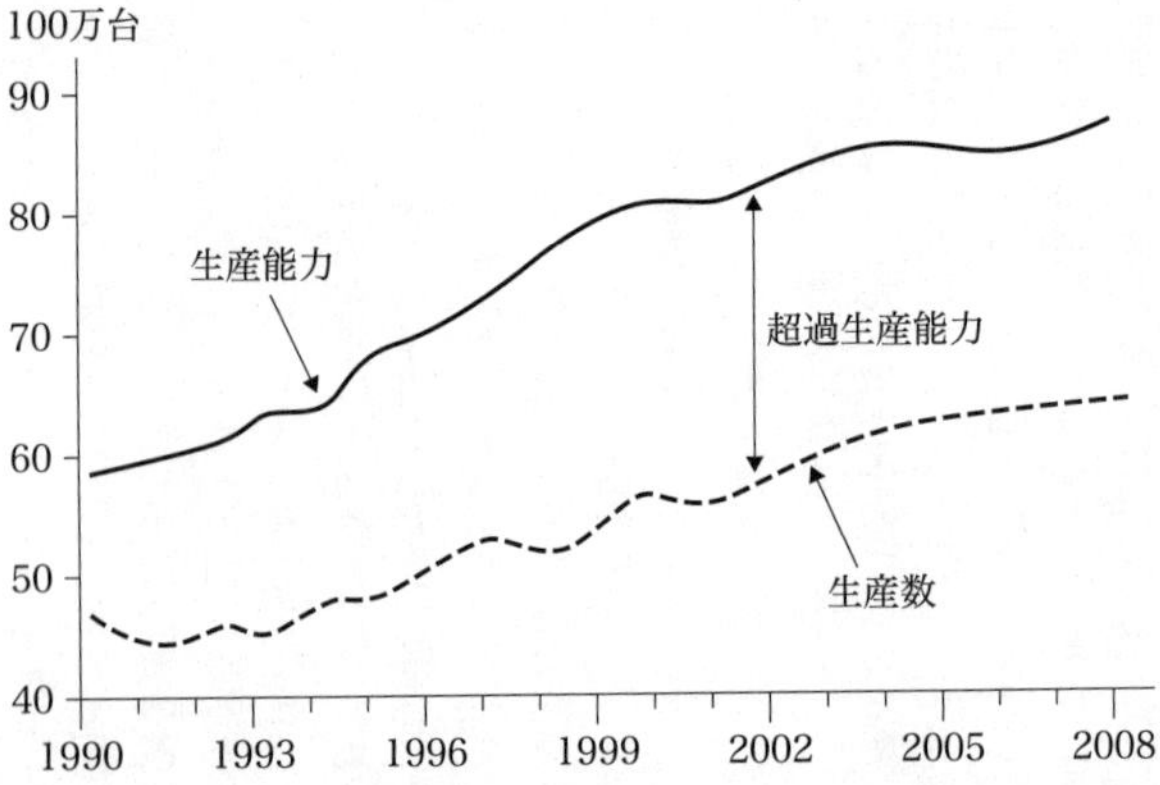


注：この図は世界の自動車産業、とくにいわゆる小型乗用車について述べている。ヨーロッパでは重量3.5トン未満の車がこのカテゴリーに分類される。
出所：Francas et al. 2009, 248

図6.1　自動車産業における超過生産能力 1990～2008年

え、困難に陥った自動車企業を助けるように強い圧力がかかる。巨額の救済措置がなされたが、そのことは将来におけるソフトな予算制約に対する期待を高めた。第2章で論じた創造的破壊を妨げる要因は明らかに自動車産業で例証された。

規模が大きいということは、一面では産業の巨大な遊休生産能力が示すひどい無駄を生み出す。自動車は大気を汚染する。交通事故を頻発させる。また一方では、世界の人口が増加するにつれて早くて快適な交通を提供してきたという貢献がある。自動車工場とその材料や部品の供給者は数百万の職を提供している。産業内での競争

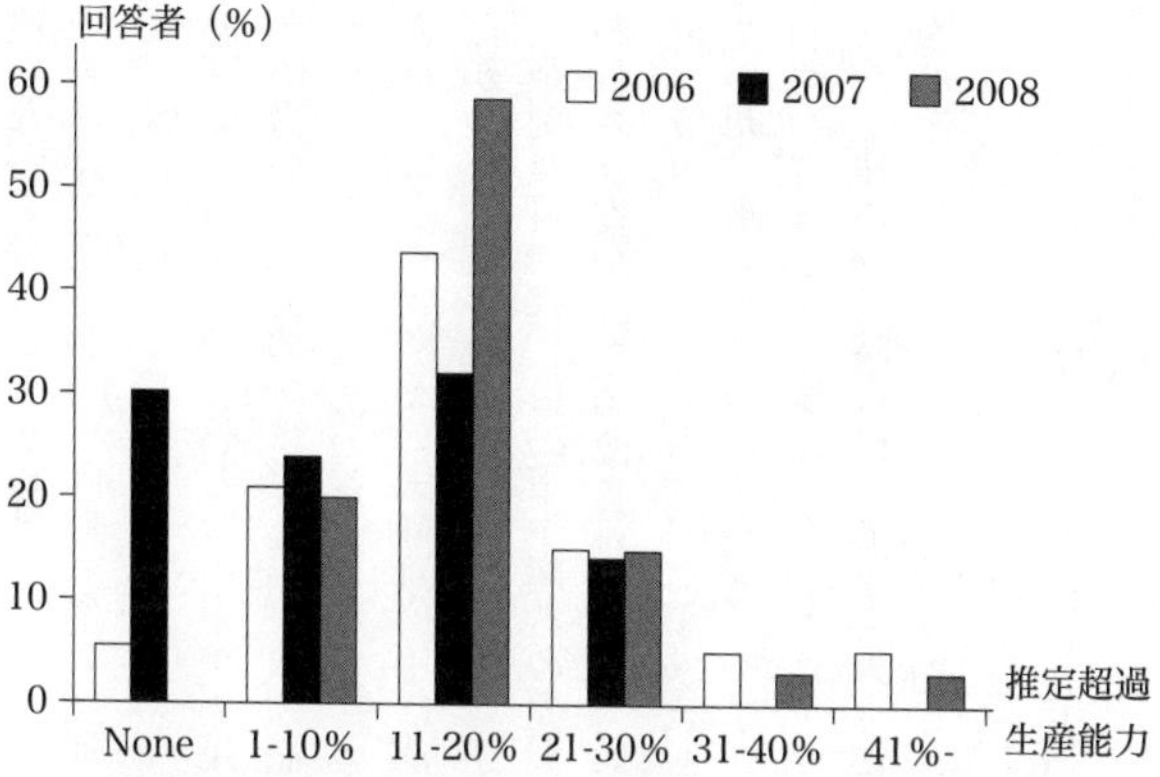


注：横軸には推定超過生産能力にかんして6つの区分がある。縦軸にはその区分を推定した回答者の割合が示される。たとえば、2007年には32%の回答者が超過生産能力を11-20%と見積もっている。
出所：KPMG 2009, 15

**図6.2　世界的な超過生産能力にかんする自動車産業の企業幹部の回答**

は、技術進歩に拍車をかけ、二〇年前、五〇年前と比べてもより快適で速くて安全な今日の自動車を作っている。遅かれ早かれ自動車における燃料消費を大変革する大発明があるだろう。好ましい結果をもたらすものも好ましくない結果をもたらすものも同様に、強い遺伝的な傾向によってそのような自発的な過程を開始するということが、資本主義の「性質」のなかにあるのである。

この点について、資本主義の余剰経済と社会主義の不足経済との別の比較を描くことは価値がある。確かに自動車産業の超過生産能力は巨大な資源を封じ込めてしまっているが、消費者はお金を算段しながら欲しいときに欲しいモデルの車を買う。もし消費者がすぐに支払おうとしないのであれば、金融部門や自動車産業、販売店舗が信用を提供するだろう。このことを反対にしたように、社会主義国における車の不足は抑え込まれていた。一九八〇年代末のソ連や東欧諸国ではおよそ四〇〇万台の車が不足しており、この数は資本主義世界で築き上げられた余剰能力の約三分の一に等しい[10]。東欧諸国ではいくつかのモデルにかんして一四年から一六年待ちということもあった（Kornai 1992, 236）。車を買うのに必要な信用がなかったというだけではない。多くの国の買い手は前金として全額あるいは一部の額を支払わなくてはならなかった。言い換えれば、消費者は生産者に信用を譲りわたしていたのである。

余剰経済では、自動車生産者の発展がイノベーションを促進する。新しい特性が毎年あらわれる。安全装置の改良からエアコンの発達、乗客を楽しませる装置（ラジオ、プレーヤー、テレビ）から排気ガスの減少といったように。不足経済では技術進歩はほとんど途絶えていた。東ドイツのトラバントやヴァルトブルク、ソ連のラーダやその他を含め、数十年にわたってほとんど変化がなかった。せいぜい西側で発達した特性のいくつかを後れて導入したが、技術的に時代後れの車を人々が何年も待っているなかで、何が技術の発展を刺激しうるだろうか。

## 6・10　資本主義と余剰経済に賛成する立場

余剰経済についての概観と余剰経済と不足経済の比較から、より広い疑問が導かれる。それについてはどのような大きな価値判断がなされうるのだろうか。本論の冒頭での注意を繰り返すと、それがカバーするのは、需要―供給レジーム、余剰経済と不足経済の選択といった、資本主義の作用の一側面のみである。これは瑣末《さまつ》なことではなく、むしろ資本主義の美徳と問題にかかわる本質的な側面の分析である。しかしながら、資本主義システム全体に判断を下すことは、たとえば資本主義システムと政府の代替的な形態、つまり民主主義と独裁制とにどのような結びつきがあるか、さらに言えば資本主義システムは被用者の社会経済的状況や所得分配に対して何を与えるのかを考えることをも意味する。ここで触れられなかった主題の一覧を私は簡単に続けることができるだろう。

さらに、この疑問を避けたいとはまったく思っていない。私は別の自著において、そこで議論した問題に関連するなかで資本主義への好意をつねに明らかにしながら、しかしその否定的な属性を無視するつもりがないことを表明し、他の側面についての結論には達した。システムについて、自らの価値観にしたがって、資本主義の信奉者であるというための二つの意見がある。

第一に、民主主義に対する私の言質《げんち》は、私が優先的に価値を置く一覧表の頂点にある。資本主義のない民主主義は存在しない。資本主義経済の土台は、民主主義の樹立や、それがうまく維持されること、反対者からの防御に対する十分な条件を保証するものではない。しかしながら、資本主義的な私的所有と市場経済の支配は民主主義の維持に対する必要条件である。資本主義に賛成するうえでこのもっとも重要な意見にここでは少ししか言及することはできないが、私は他の書物でそれについて述べている（Kornai 2008 を参照）。

第二に、永続的な近代化、イノベーション、そして急速な技術進歩の過程を維持し活発にすることは、余剰経済の機能を通じて、（他でもない）このシステムが可能にする資本主義の信用を支えている。このことは価値判断にかかわることである。この二つ目の重大な意見は、われわれをこの学術エッセイの主題へと引き戻す。私の考えでは、より多くの人々が飢餓や抑圧、資金欠乏の麻痺から救われ、より多くの人々が技術的な成果へのアクセスを手に入れるようになり、より多くの人々が生活水準の向上を享受していくのは、歓迎すべき進歩である。この進歩は余剰経済を生む資本主義システムによって可能となる。

私が余剰経済の美徳として示したほかのすべての側面は、私の目には三番目にしか値しない。私はシステムに反対する意見も真剣に取り上げるが、私の価値体系によると最初の二つの意見——民主主義と技術進歩——は選択を決定する。つまり、私は資本主義を選択する。他の多くの人が資本主義と社会主義の間で同じ選択をするだろう。しかしながらこの同意は多くの重要な問題を残している。

数十年前、著名なアイルランド人統計学者のR・C・ギアリーを祝う講義を行うために私はダブリンにいた。私は社会主義システムに現れる不足経済について話し、このことが社会主義国の住民にもたらす苦しみについて指摘したが、彼らが失業という問題から解放されていることも明らかにした。その後の議論の間、ギアリー教授は、アイルランドは資本主義市場経済で現れる財の豊富さを持ち続けながら、失業を回避する能力を、社会主義国から「輸入」することができるかと尋ねた。私はそのとき今この学術エッセイで指摘しているように答えた。つまり、それはできないと。財の不足と労働力不足は慢性的な不足経済の共同生産物であり、ともに生みだされるものである。反対に、余剰生産能力、余剰在庫、余剰労働力は、余剰経済において同時に現れるのである。彼らが良いと思うものを選ぶなら、良いとは思わないものをも同様に選ばなくてはならない。

私は、そのシステムへの冷静で「現実主義的な」見方を維持しながら、資本主義を擁護する用意のある経済学者という幅広いグループに属している。このグループは均質ではない。「単純な」改革者から構成されるサブグループ[11]は、資本主義の主要な問題点のすべては治しうると認識しているが、彼らのほとんどはその治療のために必要な国家介入を処方する。

私を含めまた別のサブグループは、問題点を完全に治しうるものと理解していない。資本主義とは矛盾、強い善の特徴と強い悪の特徴を含んだ有機体である。どれもが資本主義の本性の一部である。その美徳は政治家や官僚の努力によって作られたものでも、アドバイスをする専門家の努力によって作られたものでもない。またそれは、その悪をもたらす思想家の誤った意思や利己心、愚かさでもない。それらはシステムに内在する特性であり、それは深くしみこんだ利益や本能、進化によってかたどられる行動パターンなどを発展させてきた。

人々はシステムの先天的で矯正不可能な問題と共存していかなくてはならない。余剰経済のあるところでは、買い手を待つ商用の在庫が膨れ上がり、宣伝が激増し、公的な調達に関連した汚職が発生するといったことが認識されている。

私は、単純な楽観主義を当てはめることや、すべての問題に解決策があるという期待をすることが、主にアメリカ人の思考に典型的なものであると考えてきた。ヨーロッパの（フランスの？　ハンガリーの？　ユダヤの？）思考はより疑い深く、問題は解決不可能であるかもしれないことを受け入れている。

後者の思考では受動的な服従に導く必要がない。余剰経済の有害な影響を和らげるためにより多くのことがなされうる。そのいくつかを挙げるとしよう。

・調達や在庫の方針の改良が各企業で進み、企業間での財の流れがより円滑になった。ジャストインタイムの考えが日本企業に広く見られる。この点についてその成功がより広まれば、安全で買い手の満足を満たす余剰経済の水準がより低くなるだろう。

・国家は公正な企業間競争を保証するために規制し検査することができる。

・犯罪の調査の合憲的な方法は汚職に対して効果的に展開される必要がある。抑止の手段をもってその頻度を下げることができる。

・時代錯誤に見えるかもしれない提案をしよう。中長期計画の適用である。失敗した社会主義の命令的な計画ではなく、かつてフランスで用いられた実例に従った指令的な計画を新しくした形態である。必要な実験の後では、この計画は新しい生産能力と期待需要のより良い調整に貢献し、大企業の首脳陣が産業における遊休生産能力の増大しかもたらさない巨額の投資を企てることを、おそらく防ぐだろう。

これらの提案は、資本主義の内在的な欠点を冷静に認識することが、建設的な思考と、国家による効率的な規制や改革にいかに結びつきうるかを示す事例として、簡潔に述べたものである。

## 6・11　理論的統合への余地とその制約

この学術エッセイの参考文献は多岐にわたる。そこには考えがかけ離れている著者が含まれ、経済学のさまざまな学派や流派の著作は、正統から異端、主流派から非主流派に及んでいる。私は初期の著作のなかでこの知的親近性の多様さを皮肉もまじえて扱い、自らを折衷主義と評した。その呼び名をいまだに取り下げていないが、私はこのエッセイのなかで野心的な目的を己に課した。

資本主義経済と社会主義経済の実証的な描写と説明から脱線せずに、さまざまな考え方から発生する主張を統合することは可能であると私は確信している。同様の事実は、それを異なる、また時にはまったく反対の見方から観察する研究者たちによって、同じように発見されている。経済学者仲間によって生みだされたすべての興味深い考えが、偉大な共通の理論にまとまりうると言い張っているのではない。統合への余地はそれよりも狭いものである。

しかしながら今議論している領域において、本論で言及した学派により生みだされた考えの統合は可能である。[12] 本論はそのような統合を行うものではないが、その概説は試みる。私はそれを実証的統合と呼ぶ。ここでいう実証的とは、政治的な試みや望ましい目標について異なる、あるいは反対の見解の人々が、事実の理解と説明にかんして合意に達するという意味である。

表6・2は完璧を目指したものではない。本論で触れた著者や学派を完全に表したものでさえなく、名前や主題の索引にもなっていない。市場にかんする理論の新しい実証的統合へ組み込まれる著作や理論、提言のすべてを含んでもいない。しかし、おそらくそのような統合の余地の目安を提供はしている。

私は、理論の歴史を明らかにしたり「信用」を与えたりするために表をまとめたのではない。真ん中の列にある名前は、必ずしも新しい考えを最初に発展させたり出版したりした人のものではない。私が参照している研究の方向にある読者に着想を与えるかもしれない名前や他のキーワードを記しておいた。

表では制度派経済学に独立した行を割り当てていない。[13] というのも、表の三列目を満たせないからである。そこは制度派経済学のアプローチと一致する、現象にかんする理論的枠組みと全体を研究する位置である。偶然にもこの知的な親近性は私の初期の著作にも同様にあるものである。

理論的関心を持つ経済学者と経済学史の専門家は、しばしば正統と異端の考えを対照させ

表6.2　「不足経済―余剰経済」にかんする実証的統合の要素

| 項目 | 著者あるいは学派 | 本論との対照<br>(節番号と題目) |
|---|---|---|
| 寡占的競争 | 不完全競争理論 | 2・2 供給におけるプロセス |
| 超過生産能力 | 不完全競争理論、ポストケインズ学派 | |
| イノベーション、創造的破壊 | シュンペーター | |
| 在庫 | オペレーションズリサーチの在庫モデル | |
| 規模にかんする収穫逓増 | カルドア、アーサー | |
| 需要形成過程 | 不均衡学派 | 2・3 需要におけるプロセス |
| 雇用主と被用者の利害対立 | マルクス | |
| 価格と賃金の硬直性 | ケインズ、新ケインズ経済学 | 2・4 価格決定におけるプロセス |
| ケインズ学派の失業 | ケインズ、不均衡学派 | 4・3「ケインズ学派」における失業 |
| 構造的失業 | フェルプス | 4・4 資本主義にはらむ構造的失業 |
| 探索 | フェルプス、サーチ理論、マッチング理論 | 4・5 調整のミスマッチによる摩擦的失業 |
| 効率賃金 | スティグリッツとシャピロ | 4・6 効率賃金の意味 |
| 市場は不均衡である | オーストリア学派 | 5・1「均衡」概念の限界 |
| 効果的需要、需要制約 | ケインズ、カレツキ | 5・2 非対称性の意義 |
| 制度の進化 | ネルソンとウィンター、進化経済学 | 5・5 遺伝的な傾向 |
| 遺伝的傾向 | ケインズ、行動経済学、アカロフとシラー | |
| 損失回避 | 行動経済学 | |

る。しかしながら、過去であれ現在であれ、あるグループやほかのグループに経済学者を割り振るのに、基礎となる特徴についての合意はない。異端として自らを分類する（あるいはそのように他者から分類される）人々は、いつも彼らが正統の説と意見を異にする点について明確に述べる。問題なのは、さまざまな異端の個人や小集団の考えが正統のものと異なるだけではなく、それぞれ互いに異なっているということである。彼らは互いに議論するが、悪くすれば互いの著作を読むことさえもしない[14]。本論で述べた多くの良い見解は、異端として慣例上挙げられる経済学者の見解と合致していたり、似ていたりするが、その前にコメントしておかなくてはならない。異端として挙げられる学者のリストは長いものである。それはカレツキやスラッファのような過去のひときわ優れた学者で始まるものになるだろう。私は現代の人々の名前を続けることができる。（アルファベット順に）デイヴィッド・コランダー、ピーター・ドーマン、ヘルベルト・ギンタス、スティーヴ・キーン、アラン・カーマン、バークレー・ロッサー。私がこのリストの人々の考えに同意し、その反対者に同意していないというところに本質的な問題がある。しかしながら、異端の出版物と名付けて私の仕事を単に区別することでは読者に何も伝わらないだろう。

この学術エッセイの知的な体系をまとめあげる際に、表のなかに他の著者から当てはめうる要素の量がどれほどなのかを強調しようと努めた。青写真でさえ半分しか出来上がっておらず、多層にわたる構造物の草案の全体像はいまだにないままであることを後悔している。けれども、私は喜びをもって私の試みは孤独ではないと言える。統合を目指して何らかの形でまとめあげようという同じ目的を持つ多くの優れた著者たちがいるのである。

実現可能性に重きを置くと、実証的統合の機会は市場の他の領域よりも労働市場において見込みがあるように思われる。なぜならば、労働市場がまさに余剰経済であり、このシステムにおいては失業の問題が無視できないということにほぼ疑いの余地はない。余剰の現象は他のいたるところでも出現しているが、余剰労働力ほど大声で嘆かれているものはない。

実証的という形容詞は、統合への余地を議論しているなかで何度も用いた。現実を無視することは私の主義とは反する。照合と統合への余地は、実証的な描写が規範的分析や価値判断の領域、政策提言に取って代わられるところで終わる。そのとき大砲が鳴り、政治的イデオロギーや対立する見解、何が「良き社会（good society）」を構成するのかという信念についての活発な議論が始まる。そこでは客観性についての問題は存在しない。つまり、ほとんどの冷静な研究者にとって、公平なままでいることは不可能なのである。

シュンペーターは私の仕事に主要な刺激を与えてくれたが、彼は政治的な主張においては保守主義に傾倒していた。私は市場の取引の解釈についての多くをミーゼスやハイエク、オーストリア学派の後継者たちから学んだが、彼らの政治的主張も右寄りの領域に属している。ケインズはリベラルな政治家であった。ニコラス・カルドアは私が強く知的親近性を感じる考えの持ち主であったが、左寄りであるイギリス労働党で活発に政治活動を行っていた。新ケインズ学派の代表的な人々の多くはアメリカの民主党に同調している。超過生産能力の分析において、私は現在のポストケインズ学派と多くの接点を持った。たとえば、ジェームズ・クロッティの著作（Crotty 2001 and 2002）である。彼とその学派の主要なメンバーは明確に左寄りである。最終的には、本書はいくつかの主要な問題にかんしてマルクス寄りの立場をとる。

市場の理論について研究している経済学者の状況は、数人の医師が患者を診察し同じ診断に達したが施すべき治療について大きく異なっている状況とよく似ている。ある者は平穏な化学療法を主張し、また別の者は外科的な治療を主張する、さらに第三の者がいずれにせよ死に逝く患者なので不必要な治療で患者を混乱させても無駄だと言う[15]。

ここでいったん止めよう。たとえば、私は今日の政府が不況を克服するためにどのような政策を実行するべきか、いかなる推薦もしない。けれどもそれはここで扱う問題と密接に結びついているだろう。しっかりと定義された科学的な領域における実証的な描写と説明は、野心的というだけでなく実行可能なものでもある。理論や科学的説明、研究手法の幅広い統合は達成されうるものである。

## 6・12　説得力ある数理モデルへの需要

提案した統合を実現するための案の一覧は、数学的な構造を備えた理論とモデルなしで表される理論を含んでいる。この点において、実証的統合に組み込まれるべき要素を選《え》り好みしようとは思っていない。この学術エッセイは純粋に言葉によるアプローチをとっているが、もし理論的な数理経済学に従事する人々にできるだけ多くのモデル化を促すのならば有益なことだと考える。

私はモデルの数理化を、経済学を間違った道へと逸らす原因とは見ない。そうではあるが、数理モデルを当てはめることや数理経済学の理論を教えることに多くの欠点があり、学問へ多くの害をもたらしていることには同意する。しかし、この難問を包括的に研究することは本論の範疇ではない。

ここで議論した現象を数理モデル化することに反対はしない。逆にそれを歓迎し奨励したい。誰もそれまでに取り上げなかった重要な新しい問題というものは、しばしば、つねにではないが、言葉によって現れる。言葉による議論は実際の現象について繊細で多面的な描写を可能にする。しかし、それは科学的理解の始まりにすぎない。どのような条件がある意見に当てはまるのかが論理的に明確になるにつれ、より正確な概念の定義とそれらの関係の厳格な表現が要求されるようになる。

私はここでの考えに当てはめられるモデルを文献のなかに見つけていない。もしあったとすれば、熱心に研究し、主張を確固たるものにするために適用するだろう。もし数学的に置き換えることで複数の深刻な問題が明らかになったとすれば、私は考えを根本的に修正にかけるだろう。

本論で提示したテーマ全体が単一のモデルで分析されうるとはおよそ考えていない。もし別々のモデルで複雑な問題のある側面とまた別の側面を考察できれば、私は十分に満たされた気分になるだろう。いくつかの例を挙げてみよう。

供給と需要、価格設定の過程を議論した本論の第2章は、その三つの相互作用のある動的なシステムを表している。それらは一緒になって余剰（たとえば遊休生産能力や在庫）を生みだす。私の印象としては、これは差分方程式か微分方程式によって表されるだろう。そのモデルは、どのようなパラメーターの組み合わせが余剰の解消を導き、システムの均衡を不足経済状態に移動させるか、その組み合わせが延々と増加し続けるなかでシステムが最終的に「破裂する」のと逆方向に向かわせることができるのかを明らかにするだろう。モデル化されたシステムのどんな特性がワルラス均衡を不安定にさせるのか、市場の永続的な状態を不足経済または余剰経済に向かわせるのか。おそらく、破局の理論と分岐の理論の数学的な装置を利用する方向に手探りで進んでいくであろう。

ベラ・マルトス、アンドラーシュ・シモノヴィッチ、ジュジャ・カピターニィと私は余剰の発生するモデルを考案した（Kornai and Martos 1973 and 1981 参照）。実際に、在庫の増加と減少は、過程を制御するうえで主要なシグナルであった。数学的装置は差分方程式と微分方程式を検討することから生まれた。われわれは、そのようなシステムが存続可能で制御可能なものであると確信できた。しかし、技術や生産構造を一定のものとすることによって、物事を単純化した。このことは本論の中心となる考えを見えないものにしてしまった。つまり、永続的な変化と製品構成の刷新、シュンペーター的課題である。

はっきりとしたシュンペーター様式で編集された重要で興味深いモデルがあるが――先駆

的な研究として、『内生的成長理論』（Aghion and Howitt 1998）は触れられておくべきである——、それらはある程度までイノベーションの現象を捉えたにすぎない。もっとも欠けているものは、それによってイノベーションが動機づけされ、実行されるという内的なメカニズムの提示である。

規模にかんする収穫逓増を扱う数理モデル（Arthur 1994; Helpman and Krugman 1985）を私は簡潔に参照した。それらは大きな進歩を遂げたが、シュンペーター的過程の検証へとこれからまだつながっていかなくてはならない。

この課題は数学的に扱うことが非常に難しいように思われる。素人の私の目には、液体や気体の流れ、気象過程、素粒子の運動といった物理的な現象との類似性を示しているように見える。生物学の進化過程との明白な類似性についてはすでに言及した。そうした課題への数学的方法は数理モデル化に関心のある人々に方法論を提供するかもしれない。おそらく、適切な数学的方法論は確率過程論から採用される可能性がある。

私がここで大雑把に描いた事柄を正確に表現する新しい数学的装置を構築するためには、新しいジョン・フォン・ノイマンのような天才が必要なのだろうか。そのような天才が出現するまで、平凡な経済学者たちには二つの研究の選択肢がある。一つは、経済学の専門家としての所与の数学的知識で答えられる範囲の問題に主題の選択を限定し、この学術エッセイで描かれた多くの問題のモデル化をあきらめることである。もう一つの道は、非常に困難な問題を避けることなく、その答えが暫定的で不十分かつ不正確なものであろうが、われわれを理解に近づけてくれるという学識にもとづき、言葉を用いて答えようとすることである。私の場合は後者の道を選んでいる。

## 注

（1）資本主義の好ましい性質と好ましくない性質の長い一覧表ができるであろうが、たとえば、国際紛争の刺激か改善による環境的効果や家族関係の変質へのその影響といったことは、本論からは除外した。読者はこの章で、資本主義にかんする簡略な評価からの特異な抜粋を期待するべきではない。

（2）第I部では資本主義におけるイノベーションについての膨大な文献に相当言及した。

（3）第I部ではイノベーションの過程と技術進歩について詳細に議論した。私自身の価値判断はそこに記したとおりである。

（4）現代資本主義下での福祉国家の登場については第7章にて論じる。

（5）経済学史家は通常、この複雑な資本主義の批判をヴェブレン（Veblen 1975［1899］）やガルブレイス（Galbraith 1998［1958］）に遡る。さまざまな批判的な研究が資本主義システムや多くの別称、たとえば消費主義、消費者資本主義、経済物質主義、豊かな社会、消費する人、広告主義、などに表された資本主義の姿勢に注がれてきた。

（6）チェーホフはメシア信仰的預言者としてのトルストイの考えに異議を唱えている（Chekhov 1973［1894］, 261）。「慎重さと公正さは、人類にとっては純潔や肉食断ち以上に電気や蒸気への愛のほうが大きいということを示した」。
（7）コレギウム・ブダペストは二〇〇二〜二〇〇三年にスーザン・ローズ＝アッカーマンと私を長とした国際的で学際的な研究グループ「ポスト社会主義の移行の観点からの誠実と信頼」を立ち上げた。その成果は四〇の論文を二巻にまとめた刊行物に収められている（Kornai and Rose-Ackerman 2004; Kornai, Rothstein, and Rose-Ackerman 2004）。それらはその主題にかんする文献の詳細な一覧を含んでいる。
（8）全体数については、たとえば、Haugh et al. 2010; OECD 2009; Orsato and Wells 2006 を参照。
（9）余剰は自動車産業の主な性質ではあるが、豪華な車は数ヵ月待たなければならない。この状況は第3章での説明の印象的な事例である。つまり、余剰と不足は共存する可能性があり、しかしそのどちらかが支配的であって、もう一方は例外である。
（10）この推計はジュジャ・カピターニィの計算に基づく（Kapitány 2010）。
（11）私のこれまでの著作を読んだ人々は、この表現をよく知っているだろう。私はこの名前をずいぶん前に、社会主義の改革がすべての社会主義の問題点を正すだろうと思った人々に与えた。私の考えでは、社会主義の否定的な性質のいくつかは「遺伝的」であり、内在的な、生まれつきの、修復不能なものである。同様に、私が本研究で以前に指摘したとおり、資本主義の否定的な性質のいくつかもまた同じものとして見ている。
（12）私はそのような統合の機会に恵まれた初めての人間ではない（たとえば、Flaschel

2009; Helburn and Bramhall 1986)。統合に言及した著者は通常、ビッグネーム（たとえば、マルクスやシュンペーター、ケインズ）に結びつけることによってそれを特徴づけようとした。あるいは「新古典派総合」という表現を作りだした時のサミュエルソンに倣って「新〜」と接頭辞を用いる。おそらく「実証的な」性質はより広い説明を提供する「実証分析」という包括的な呼び名は相当数の流派や学派の貢献を含むことになるだろう。

(13) 制度派経済学の始まりはかなりの時代を遡る。ここ数十年間に主にダグラス・ノースの研究（North 1990 and 1991）によって、さまざまな学派のなかでも高い地位を得るようになった。

(14) Rosser, Holt, and Colander 2010 参照。この本には編者の一人であるバークレー・ロッサーによる、東欧の経済学者と「異端の」経済学との関係性についての私のインタビューが載っている。

(15) 実証的なものと規範的なものとを区別することにかんして、重要な議論がハイルブローナー（Heilbroner 1986）の研究に見られる。彼が示しているのは、マルクス、シュンペーター、ハイエクの三人によって推奨された、まったく異なる三つの行動計画が、状況に対する偉大な実証的描写から導かれたものではなく、異なる政治的信条から生まれたということである。

# 第7章　一般的図式からの応用

これまでのところ、本論は余剰経済の一般的図式化を試みてきた。余剰の大きさ、割合、割り当ては国ごとに明確に異なる。国ごとの工業設備稼働率が八〇%の平均値の周辺にいかに集まっているか見るには表3・1で十分である。余剰発生のメカニズムの構成要素は特定の細部において国ごとに異なるという事実があるため、違いにはいくつかの要因がある。本論は、それら国ごとの違いについては、重要であるかもしれないが、検証しない。2・1節で述べたように、同時に存在する多くの資本主義の変種は扱わず、「資本主義の多様性」の文献で用いられる類型化も行わない。本章ではさまざまな基準に基づいて時期を区分しながら、国家と余剰経済のメカニズムにおける経時的な変化を扱う。

## 7・1　景気循環の変動において

生産高はどんなレベルにおいても一定ではなく、むしろ変動する値であるという事実は一般的に知られている。伝統的なミクロ経済学は短期的な需要、供給、価格の相互調整を詳細に扱っており、それらにかんする知識は継続的に増している。本論はこれに貢献するつもりはない。

経済学の学派間で、景気循環における変動にかんしての合意は形成されていない。このことは中期の変動についても当てはまる。それらの正確な測定や主要概念の定義（たとえば、何をもって不況とするか）においては合意に達しているが、一世紀半の間における景気上昇と下降の要因、その効果の評価、それに対処するための国家の経済政策にかんしては論争が続いている。近年の不況の後（あるいはおそらく次の不況の前）、これまでになく論争が盛りあがっている。政治家や政策決定の直接的な業務にかかわる経済アドバイザー、経済学者間で相対する見解が存在している。

景気循環の変動にかんする議論を通して、公に重要で、知的な刺激を与えるもので、ここでの主題となるのは、中期的な市場の動向ではなく、資本主義市場の永続的なシステム特有の特徴である。私がこの主要な課題に取り掛かったとき、当代きっての経済学者たちは中期的な問題に夢中で、政治家や財界首脳に不況克服のための実践的なアドバイスをすることに没頭していた。それは危ういと感じたので、私は長続きする現象についての研究を進めていた。経済学者のなかには分業が存在する。つまり、誰かがそれらのことも同様に扱わなくてはならないのである。私の専門領域――社会主義システムと資本主義システムの比較――が永続的な差異を研究してきたので、私はその課題をすすんで引き受けてきた。

それらの条件を述べたうえで、二つのコメントにとどめたい。私は、不況や回復、景気循環の変動にかんする問題に焦点が当たっていたそのときに、私の考えがそれらの問題に関係があるということを読者に納得させたい。中期の変動の原因や効果は、それらが引き起こす永続的、断続的な需要―供給レジームから切り離されるものではない。

資本主義経済の一般的状態は、激しいうねりのなかでさえ、余剰経済の指標の範囲のなかにある（その範囲は5・3節を参照）。強烈なにわか景気の絶頂期でもないのに、成長が主導産業の注文帳簿を満たし、在庫は減少、設備稼働率は上昇、失業はいつになく減少し、多くのところで労働不足が発生する場合には、余剰経済が不足経済へと滑り落ちるだろう。

図3・1に戻り、一九六五年から二〇一一年にかけてのアメリカの工業設備の稼働率を見てみよう。灰色の縦線は不況の期間を示している。曲線は極端に変動している。稼働率は不況期にはかなり低いレベルにまで落ち込む。しかしながら、いずれの年も稼働率はフルには近づかず、たった二年間のみ八八％から九〇％を記録し、また別の二年間だけが八〇％を超えたのである。稼働率曲線の上の範囲は余剰の継続的な存在を示しており、工業設備稼働率の指標ではそれは一二％から三五％の範囲である。

このことを一般的に言い換えれば、景気循環による変動も継続的な余剰経済の領域のなかにあるということである。この領域には限界がある。もし経済が急速に発展した場合には、それは上限に達し、これまでの記録を破って超えてしまうだろう[1]。しかしながら、限界に近づいたとき、それ以上に限界を超えたときには、さまざまな防御機能が効力を発揮する。そのいくつかは自発的なものである。ある市場における「バブル」が自発的に破裂し、急激な減退が他の市場をそれとともに引き下げる、または超過需要の存在が価格や賃金の上昇を引き起こし、それが財政・金融政策を通じた介入を招くといったことである。現象の描写には多くの重複があり、景気変動を扱うケインズ学派の経済学者は上昇局面（中期的な現象）を描き、本研究は余剰経済（長期的な現象）を特徴づけている。

いかにして一般的な過剰供給（glut）をその経済において示せるかという何世紀にもわたる議論がある。純理論的な見解は、セイの法則を引用して、すべての供給がそれに見合った需要を生みだすという一般的法則を発展させようとした。もしこれが正しいのであれば、一般的な「過剰供給」とは明白に合致しない。ケインズ主義的マクロ経済学の登場によって、古い議論が復活した。ある短期間の経済全体における過剰生産がありうるかどうかについてのその場限りの論争であったと私は強調しておきたい。ケインズ主義的アプローチはありうることを示唆している。本論ではさらに踏み込み、継続的で、慢性的な余剰経済として資本主義を特徴づけている。

たとえ、そのような一時的な局面が無視されても、また別に言及すべき相違がある。本論は「過剰生産」（overproduction）という語句を避けてきた。以下の限りで、（言葉の意味を深刻に捉えるのならば）断続的な過剰生産に言及することは可能である。①生産局面における総生産能力はすべての買い手が買える総量よりもかなり多く生産できるだろう。②生産能力によって可能とされる生産が実際に行われているのであれば、この超過生産能力はすべてであるいはほとんどすべて利用されているだろう。③経済の成長率は、あたかもこの不均衡が永続的に続いていたようなものであった。もしそのようなことが起これば、均衡を欠いた在庫の増大と生産に対する在庫量の割合の着実な増加を招くだろう。「コーヒーの在庫が海に捨てられている」というのは大恐慌を思い出させる悪夢の光景である。

私はここで、生産、消費、供給、需要、それぞれのプロセスをより先鋭的に描こうとしてきた。遊休生産能力の相当大きな割合は（入手可能な機械、設備、物件、労働力といった形で）永続的に存在しているが、このことは利用されていない可能性だけではなく、実際の「過剰生産」を暗に意味している。買い手の選択を保証するのに十分で、競争を促進し、調整の問題を克服するための仕組みを潤滑にする相当量の在庫を持ってそのシステムは機能している。しかしながら、これは在庫の断続的な増大に付随するものではない。なぜなら、とくにシュンペーターの創造的破壊が、今はあるところで、また別のところで、生産能力や在庫を処分するからである[2]。

さて、因果関係における重複に戻ろう。

ここで余剰という現象の持続的な存在を説明するために用いられた原因となる要素は、特定の危機理論における余剰の一時的な例を説明するのに用いられるものと部分的に一致する。需要プロセスが持続的に供給プロセスに後れをとっている道のりは、本論で描いたように、ケインズとその多くの継承者たちが需要の非効率性について一時的な危機の原因として述べたことと明らかに似ている。私は、多くの類似点がありながらも、本研究でのそうした理論や考えが別の質問に答えていることをなんとか示したいと願っている。

ここで示した理論は、このことを「大きな」マクロ経済学的需要制約にぶつかる「大きな」マクロ経済学的供給の事例として前進させるものではない。以前に概説したように、マクロレベルでの需要と供給の概念と測定についてさえ難しい問題を抱えていた。私は自分の仕事を主にマクロ経済学的基礎に基づかせようとしてきた。独占的競争においては、生産者や売り手によって提出される供給は、質が変化し技術的に発展している間は増加する。とくに、技術的に競争相手に後れをとっていたり、その他の理由で買い手の支持を失ったりしている場合に、彼らの多くは頻繁にミクロレベルでの需要制約にぶつかる。特定のイノベーションに対して市場で不足が進行する場合があるが、究極的には余剰の現象は不足の現象よりも一般的でより集中的なものになる。

中期的な周期的変動を扱う経済学者の著作において、記述的説明での実証的分析は経済政策の提言と密接に結びついている。ここで私は政策提言を避け、資本主義によって生みだされる余剰経済を理解することに焦点を絞る。しかし、周期的変動の問題に触れながら、永続的な余剰経済のレジームにかんするこの研究が、景気対策を立案する人々に知識を提供するかもしれないことは言わせてほしい。

内在的な特性――生産と投資、信用の拡大にかんする資本主義システムの「遺伝的に組込まれた」傾向――の強い影響について深く考え、政治家や政府、中央銀行、国家の規制機関の誤りや不作為を含んだ政策措置の弱い影響からそれを分けて考えることは価値がある。たとえ前者が出来事の背景となる主な力であると容認されたとしても、それらに対して受動的な立場をとる必要はない。しかし、周期の上昇期間が膨大な活力によって動かされるということを知った上で行動は起こされるべきであり、それゆえにそれらに対する抵抗は相当な専門知識と見識が要求される。

さらにより一般的な意見は以下のようにされうる。つまり、加速する拡大と急激な上昇は資本主義に内在的なものである。結局はこれが制約にぶつかり、収縮は不可避的に続くことになる。究極的には周期的変動の特性は資本主義の「遺伝的に組み込まれた」本質的な特徴である。実際の財やサービス、信用の供給が最初に行きすぎ、不均衡が顕著になり、「加速する増加」が急にその方向を変え、続いて低下するということは驚くことではない。われわれは資本主義の伝達システムの性質と折り合いをつけなければならない(3)。

規制が無駄であるとは限らないが、規制を起草して政策決定者を助ける経済学者たちは幻想を抱くべきではない。一九六〇年代と七〇年代のハンガリー改革論争の後に作られた適切な表現は「規制の誤謬《ごびゅう》」である(4)。政府は規制や場合によっては実践的な介入をもって、いろいろな出来事を正しい方向に運ぶことができると考えている。一方で、企業レベルでの下位の意思決定者はいかに規制の穴を見つけるかを学ぶ。それは、相手の新兵器よりさらに新しい兵器を求める軍拡競争のようである。

おそらくこのことの最初の教訓は、経済的拡大と縮小の影響は害があって痛みを伴うばかりではないということである。いくらかは有益で進展的なものである。N・D・コンドラチエフなどによる先進的な研究と景気循環にかんするシュンペーターの偉大な研究（Schumpeter 1939）は、技術進歩が経済の拡大期に加速されていることを示している。今日の経済用語を用いれば、加速した成長のそれぞれの期間は無責任きわまりないビジネスに道を開く連続した出来事を生みだすだけでなく、同様の加速が急速なイノベーションの過程も誘発するのである。それはまさに「ドットコム」バブルの場合である。つまり、情報通信産業の前例のない成長と同時に起こっている。イノベーションの過程は実験を意味し、すべての成功の実験に対して一〇、あるいは一〇〇の失敗を意味する。失敗に金を投じるべきではなかったと後知恵で言うことは簡単である。非常に厳しい、保守的な金融市場は短期的なマクロ経済的バランスを維持するのを助けるかもしれないが、それはイノベーションを抑圧し、リスクの伴うものであり、時としてそのリスクは非常に大きいものである。

景気対策は周期の下降期には諸刃の剣《つるぎ》に等しい。第2章で創造的破壊が従来からの製品の多くを失わせ、多くの職を削減する道筋を扱った。不況期において職を守るための要請は人間としての連帯感から生じるが、近代化に歯止めをかけるものでもある。

シュンペーターとケインズの対立は理論の歴史においてよく取り上げられてきたテーマである。ケインズの「長期」は久しく使われておらず、両者とも忘れ去られた。いまこそお互いに補完し、妥協できない方法で、彼らの考えに折り合いをつけられるところを探すときである。

ここで再び、私は実証的アプローチと規範的アプローチとを区別しなくてはならない。シュンペーターとケインズのアイディアはそれぞれ資本主義市場の働きを理解しようとする試みで統合されうるように見えるが(5)、課題についてのはっきりした結論はここで概説した実証的な統合から導かれることはない。

私はこの機会に二人の偉大な思想家の著作に戻り、彼らが当時どんな政策を提唱していたのかを調べることを望んではいない。私が現在について考えていることは、ケインズやシュンペーターの名前を旗に記している人々の貢献である。本研究はいくつかの問題にかんして重要なケインズ学派の分析に合致するが、「通俗的ケインズ主義の」経済政策（「生産能力をより活用するためにいかなる価格においても総需要の制約を広げる」）というものには何の知的な援護も与えるものではない。同様に、本研究はいくつかの重要なシュンペーター主義の分析に合致するが、「通俗的シュンペーター主義の」経済政策（「破壊は創造に後れをとるがゆえに、危機は深刻な効き目を発揮する」）というものには何の知的な援護を与えるものでもない。

私は深刻な倫理的、政治的、経済的ディレンマに行き着いている。ワシントンやベルリン、ブダペストの政策立案者にアドバイスをするつもりはない。私の試みは本研究での議論の方向性が何を示しているのかを経済アドバイザーに知らせることである。つまり、介入に当たっての可能な方法のすべては曖昧な効果を持っているということである。

本研究はまた別の時宜にかなった教訓も、経済政策の立案者に提供する。国際的な議論のなかでの危機にかんする焦点は金融部門であった。金融部門の行動にかんする緩い規制、規制制度の貧弱な構造、財政・金融政策の不均衡にもっぱらその原因が求められた。実際の局面ではどんな機能が働いていたのか、どこで顕著に過剰な生産能力（superfluous capacities）が築かれていたのか、いかにして経済の部門間のつりあいがよりよく調整されうるのか、等々にはほとんど注意は払われてこなかった。

## 7・2　戦時経済において

もしある国が戦時下にあるならば、経済の働きも含め、その衝突はすべての活動の兆候に影響しうる。この点において、多くのことがどれほどの国の資源が戦争の遂行に費やされるのかに依存し、それはとくに軍からの直接の注文によって制限される労働やGDPの割合といった指標に表れる。もし割合が比較的小さいのであれば、資本主義経済は不足の現象が少ししか現れることのない余剰経済のままであろう。利用可能な資源に対して軍の司令の需要がより大きくなるほど、あるいは戦争がより〝総力を挙げたもの〟になるほど、不足の現象が築かれる傾向が大きくなり、一般的になる。配給が家計に導入され、市民が食糧を求めて列をなし、官僚が希少な原材料や中間製品を工場に割り当てる。戦争が長引くにつれて変化はさらにより強く感じられ、破壊は戦地から国の工業的後背地に広がる。[6]

第二次世界大戦は、私有に基づく資本主義が戦時中にも続いていたときに、世界の多くの国々に不足経済を経験させた。戦時経済は、〝資本主義システム→余剰経済〟という因果連鎖が機械的にあるいは普遍的に適用されるわけではないことを証明した。戦争は、一時的に余剰経済を生みだす機能の働きを制限し、止め、不足経済を生みだす機能を開始する条件をもたらす。

歴史的な経験によれば、いったん平和が戻ってくれば、（急速にあるいはゆっくりと）不足経済は余剰経済に再びとって代わられ、資本主義の基礎が残っているので、余剰経済は素早く回復する。たとえば、ドイツはヒトラーの全体主義的統治のもとで経済規制の官僚的集権化を導入して力をつけ、供給が非常に少ないという戦争の打撃をこうむったが、数年で不足経済から模範的な余剰経済に何とか戻った。

東欧の国々では共産党が権力をつかみ、私有財産を没収し、市場経済を破壊、社会主義システムが生みだす慢性的な不足経済へ変化するまでの間に、戦争が招いた不足経済から回復した期間はほとんどなかった。

## 7・3　現代資本主義における歴史的変化と持続

7・1節では短期の変動を扱い、7・2節では数年間続くが一時的なままである現象――戦争が引き起こす不足経済――を扱った。ではここで長続きする傾向[7]を検証しよう。それは十分に影響を及ぼすには長い時間がかかりながらも、絶えず断続的に小さな段階において起こるが、深く作動し社会と経済の働きに主要な変質をもたらす変化である。本論で検証した過程においてその効果は感じられる。

るようになった。

### ①福祉国家の成長

二〇世紀の福祉国家が先進国において基礎としてきたであろう社会サービスは一九世紀後半にヨーロッパに現れ始めた。その程度と範囲はさまざまだったが、すべての先進国に広まるようになった。

ここで私は慣習的に福祉国家として知られている形態を何が構成しているのかについての、概念的論争や統計的論争に巻き込まれたくはない。主に医療サービスや教育、子どもや障碍者、高齢者のケアの領域で無料あるいは低額で提供されるサービスがそこに含まれていることに議論の余地はない。それらの活動には税金や強制的な保険料のような擬似的な税金といった徴収金から公的に資金が提供されている。

不足の現象は、無料あるいはほぼ無料の公的サービスの割り当てや利用において普遍的に現れる。経済的環境のほとんどがいつもの副作用を伴いながら余剰経済として動いているが、余剰の海のなかに不足経済のしるしを持つ孤島を見つけられる。診療所は混んでおり、何時間も待たなくてはならないかもしれない。手術や処置を伴う診察の待機リストは数ヵ月待ちにもなっているかもしれない（表7・1参照）。医師や病院の選択にかんする患者の自由は厳しく制限されている。実際、患者が指定された医師や医療機関を受け入れなければならないために、患者の自由を完全に否定する医療サービス制度もある。強制代替の概念は、患者が選ぶであろう薬や治療、医師を手に入れられないであろう。そして割り当てられたものを受け入れなければならない医療サービスにおいても当てはまる。

表7.1　西欧諸国における医療分野での待ち時間（2004年、週数）

| 国名 | 専門医の診察 | 外来手術 | 入院手術 |
|---|---|---|---|
| オーストリア | 1.8 | 3.1 | 7.9 |
| デンマーク | 5.4 | 10.2 | 9.4 |
| フランス | 3.1 | 3.3 | 8.1 |
| ドイツ | 1.8 | 3.1 | 6.5 |
| イタリア | 2.9 | 12 | 9.4 |
| オランダ | 3.5 | 5.6 | 11.5 |
| スペイン | 4.9 | 17.6 | 24.1 |
| スウェーデン | 9.7 | 18.5 | 28.1 |

注：この表に含まれる指標は、欧州9ヵ国の代表サンプルで行われた「欧州における健康、加齢および退職にかんする調査（SHARE）」が提供するデータに基づいて算出された。表は調査の第1局面の結果をまとめている。患者は以下の質問に答えている。(1) あなたは専門医の診察を受けるのに何ヵ月間待ちましたか？ (2) あなたの直近の外来手術は受けるまでに何ヵ月間待ちましたか？ (3) あなたの直近の入院手術は受けるまでに何ヵ月間待ちましたか？　比較を容易にするために、質問に対する回答は月数から週数へと変換した。
出典：Siciliani and Verzulli 2009, 1299-1300；SHARE 2010

そうした不足の現象は国家によって直接指揮され運営されるネットワークに限定されないことを記しておくべきである。同様の経験が、匿名性の高い厳密に規制されている民間保険制度の加入者にもおとずれる。ここで、アメリカ合衆国の医療サービスシステムが教訓になる。サービスにはすべて格付けが存在している。極端なところでは、どんなに著名な専門家や高額な民間病院を選んだとしても自腹で支払うことのできる人々がわずかに存在する。そこでは余剰経済の通常の特徴が現れる。つまり、サービス提供者はすばらしい働きをするための強い金銭的インセンティヴを持ち、顧客は選択権を持つ、といったことである。また別の極端なところでは、少なすぎてほとんどいないに等しいが、まったく何の保険も持たない人がいる。彼らの多くは、すべての人に無料で提供されている緊急サービスしか頼ることができず、たとえ緊急でない場合でもそれを試そうとするかもしれない（オバマ大統領の医療サービス改革によって無保険者の数は大いに減少することにきっとなるだろう）。この領域部分は通常の不足経済である。つまり、混雑、長い行列、しばしば無愛想で要求の多い受付である。二つの極端の間には、余剰経済と不足経済の特性が入り混じったいくつもの段階が存在する。多くの雇用主は被用者に対し、保険制度を選ばせるために正直な料金プランを提示する。より安い選択肢は患者負担がより少ないが、医師や病院を選ぶことはおよそできない。指定された医師は、高価な薬や診断、手術などを指示できる範囲もまた限られているだろう。より高価な保険契約を選べば、潜在的な患者はより十分に余剰経済の領域に入る。もっとも高価な保険は限りない医師や病院の選択を提供し、保険会社は医師と患者の同意するサービスに対して料金を支払う用意がある。

広い意味での医療サービス業は、国家規制のある中央から賄われる部門の割合が非常に高いところでさえ、純粋に商業的な利益追求の民間部門の存在を含んでいる。はっきり言うと、その部分は支払ってくれる患者のためだけの民間所有の病院や療養所、診療所、自由診療の医師、利益追求の診療研究所によって構成される。製薬業や医療機器メーカー、薬局などもそこに含まれる。民間医療部門は通常の余剰経済として動いている。[8] このことは、強力な独占的競争とダイナミックなイノベーション、買い手の選択の幅、あふれるほどの広告量、消費者の操作、処方箋を書く医療従事者の頻繁な隠れた汚職という特徴を持つ製薬業にもっとも明らかである。

需要を満たせない医療サービスと比べて、教育サービスに対する必要は満たされているだろう。義務教育の年数は国によって異なるが、法律によって対象とされた年齢層にとって、教育に対する需要の大きさは周知である。[9] 一般的な需要—供給レジームの問題は強く高等教育に現れる。高等教育が無料あるいはほぼ無料であれば、不足経済のよく知られた兆候が現れる。つまり志願者が多くなりすぎるのである。受け入れられる学生数は厳格に規制されており、もし門戸が広く開かれていれば、大学に人が殺到し、教員の過労に帰結するだろう。多くの高等教育機関は質を犠牲にして学位を生産する工場になっている。若い年齢層の過剰な割合が高等教育を受けている。[10]

大学教育が普遍的な権利でなく、それに対して料金を支払わなくてはならない国においては、教育の場とサービスを入手できる人数とそれへの応募者数は通常の余剰経済の状態にかなり等しくなる。たとえば高い評判の大学への過度な応募と同時に無名の大学への定員割れといったように、同じ国のなかに余剰の現象と不足の現象は同時に存在する。余剰経済を生みだすメカニズムが作動する。つまり、独占的競争、イノベーション、供給サイドにおけるダイナミズムなどである。大学教育を望み、学費を支払える人がそれを手に入れることになる。支払うことのできない、または奨学金を獲得できない人はそうした教育の機会を失う。福祉国家の介入は、たとえば国家出資の奨学金や補助金つきの学生融資によって、そういった欠点を正すだろう。

どれほどまで無料の福祉国家のサービスは広がるべきだろうか。どんな条件を当てはめるべきだろうか。その選択がいくつかの難しい倫理的な政治的ディレンマを示す。一方で効率性や質の向上の要求があり、また一方で、平等な人権と社会的正義の配慮がある。

私はいたるところで福祉国家の規範的問題を扱ってきた（とりいそぎ Kornai and Eggleston 2001 参照）。本論では成長する福祉国家の非常に重要な歴史的傾向の実証的分析に限定している。資本主義によって生みだされる余剰経済が働く国の経済において、福祉国家に付随する無料のサービスの深さや広がりが大きいほど、不足の現象の可能性はより大きくなっていく。

「われわれは背中に社会主義を背負っている」というのは、仲間である市民を警告することに熱中している福祉国家の保守的な敵対者たちの叫びである。幸運にもそのようなスローガンは真実の半分しか伝えていない。確かに、国家による無料サービスは、（良くも悪くも、有益も有害も）強い影響があり、私がこれまで示そうとしてきた、不足の現象も含んだ社会主義システムの典型的な特性に付き物である。しかしながら、これは話のすべてではない。議会制度は崩壊せず、また国家が無料の医療サービスを提供しはじめ、無料の教育を普遍的な権利にしはじめたときに、ＫＧＢがやってくるわけでもない。社会主義の第一の特性は抑圧的で全体主義的な政治的独裁である。福祉国家は政治的民主主義の立憲的な条件のもとにあり、民主主義的制度と両立する方法で動いている。

### ②予算制約のソフト化

国家所有に基づく社会主義の主要な特性はソフトな予算制約として知られる症候群である。[11] 他の要因を伴って、これは不足経済の出現に貢献している。

予算制約の柔軟性は社会主義に限ったものではない。私はすでに何度もここで、国家が企業や逼迫《ひっぱく》した瀕死の財政的困難にある非営利組織、とくに病院や大学、小農家、銀行、地方自治体組織を救済するために介入した場合に、それは資本主義のもとでも突然出現すると言及した。そのような救済措置は通常広く周知される。

その効果は受益者だけでなく、経済の他の参加者にも広がる。緊急援助がより頻繁により目立って行われれば、困難な状況に陥ったときには国家が自分たちの組織を急いで援助してくれるだろうという企業経営者たちの期待がより強くなる。

資本主義の歴史を学んだ私の印象では、予算制約のソフト化は長期的な傾向である。資本主義の時代の幕開けのころには負債は鋼鉄の意志をもって回収されていた。その後、資金面の厳格さは緩くなり、緊急援助が激増した。大企業、そしてそれ以上に大銀行やその他の金融機関の破綻が、破産や倒産のなだれを引き起こすという懸念（妥当な懸念ではある）が、国家による緊急援助を不可避なものにしている。

そのような予算制約の柔軟性はその経済の余剰経済的特徴にどのように影響するのであろうか。

二つの影響が考えられ、それは両方ともに超過供給の方向のものである。第一のものは、第2章の供給関連の過程にかんする節で説明されたものである。そこでは遊休生産能力の出現とシュンペーターの創造的破壊の効果の減少を第三の要因として扱った。たとえ予算制約が厳しいままであったとしても、競争に負けた企業やイノベーションによって排除された企業はできる限り生き残ろうとするであろう。衰退した製鉄産業は、プラスチックの普及のあとも長くとどまったものの、より小さくなった機械や設備が鉄やスチールの生産に対する需要を相対的に減少させてきた。所有者は利益の縮小を受け入れ、労働者は職を一度に失うよりも低くなった賃金に我慢をした。私が前に指摘した存続したいという本能は、それ自体が利用されない生産能力を生みだす。これは所有者、被用者、地元住民による、国家が失敗の決まっている生産を救済しそれを不自然に維持することへの圧力によって成り立っている。そのような圧力はしばしば成功する。言い換えれば、予算制約の柔軟性は過剰となる生産能力の破壊と除去も制限するのである。

多くの国は農業について同様の状況に直面している。競争は多くの農場を追い出し、とくに時代後れの技術を用いている小さな農場がそうなる。農業ロビーは長い間、国家の補助金を獲得すること——予算のソフト化——によってそうした不採算の農業団体を何とか維持している。このことは農業生産において高い余剰を生み、維持することを助けている。

ここで述べたソフトな予算制約の第一の影響は、退出の速度を緩めることによって供給過程を変えることである。第二は、参入の速度を速めて変えることである。

ここで自ら課した枠を超えて、金融部門の貸し出し行動についてのコメントをさせてほしい。予算制約のソフト化と、問題を抱えた銀行は国家によって緊急救済されるであろうという期待と、そうした救済指令の連続による何度もの確証とが、銀行に貸し出しの際に注意を欠く行動をさせることになる。たいていの場合、容易に獲得された融資は存続できない新たな生産能力につながり、最終的には総体的な遊休生産能力を膨れ上がらせることになる。貸し手と借り入れた投資家は、失敗した場合でも救済の好機があるのならば、注意を欠くようになる傾向がある。古典的な資本主義のもとでは、予算制約の厳格さが拡張ドライブを中断させ、投資への渇望が予算制約を厳格化するようになっていた。これが現代資本主義においてソフト化した場合、資本主義企業が社会主義的な投資意思決定者の勢いでリスクのある投資プロジェクトに参入しはじめる。大半の者がそうなる。直近の不況でも、アメリカ合衆国やヨーロッパ諸国で、自動車産業や他の産業の多くの巨大企業の巨大な利用されない生産能力や販売業績の悪化が、金融破綻を引き起こしかけていると判明した際には、それらの企業に命綱が投げられる事例が見られた。

私はここで経済政策における「救済か断念か」というディレンマを扱うつもりはない。すべての緊急救済決定の背景には、深刻なマクロ経済的で社会的な問題、究極的には政治的で倫理的なディレンマがある。実証的アプローチを通して私が証明したいのは、ここで述べたような傾向の存在である。

予算制約のソフト化にかんする見解をまとめるために、実証的アプローチへの一文に戻ろう。ソフト化する傾向の明白な兆候にもかかわらず、予算制約の厳格さは今日の資本主義において支配的なままである。

### ③グローバリゼーション

単純化するために、これまで国際貿易を扱ってこなかった。けれども独占的競争を扱った際に、たとえば製造業の企業は明らかに国内のライバルだけでなく輸入品にも立ち向かわなくてはならない（製品が輸送可能な場合）。数千年間にわたって輸出と輸入は存在してきた。われわれの時代における国際貿易の役割は、グローバリゼーションとして知られる複雑で包括的な過程によって強化されてきた（Feenstra 1998; Bhagwati 2004）。

輸入品の可能性を検証すると、直ちに入手可能である余剰についてこれまで述べてきたすべてのことがさらに当てはまる。輸入された製品は、国内の生産者が買い手のむら気に対応するために棚に置いたり倉庫に抱えたりする必要がない（そうあったほうがいいのだけれども）。同じ品質の、あるいはより良い、より安い製品が単に望めば輸入によって手に入れられるのであれば、そのことは余剰経済の行動を顕在化させるのに十分であろう。

グローバリゼーションの影響は、遊休生産能力の配置が断続的に国際的な枠のなかで変わることである。多くの輸出可能な製品は中国やインド、その他の発展途上国で増大している。このことは似たような従来製品をより高い価格で供給するヨーロッパや北米の企業に販売の困難さをもたらしている。彼らはいきなり店を畳んだりはしない。製品の範囲を変更して生き残る企業もあれば、遅かれ早かれ廃業する企業もある。しかしながら大変動の時期には、そもそもほとんどが使われていないが、彼らの設備（生産能力）は停止する。

今や非常に急速な勢いで成長しているかつての途上国の多くは、主に先進国の市場を念頭において新たな設備を建設している。しかしながらそこでも同様に遊休生産能力があらわれているので、市場の拡大は、投資家の期待を除いて落ち込みつつある。[12]

## ④情報通信技術の発達

売買関係における情報通信技術の急速な発展の影響に移る前に、インターネット時代以前の状況を再現しよう。これには第4章で議論し、探索とマッチングのさまざまな理論によって研究された論点を思い出してみよう。[13] 売り手と買い手はそのシステム利用者についての情報を手に入れ、売り手は買い手の、そして反対もまた同様にして、その上で最終的に両者は出会わなくてはならない。問題はシステムに特有のものではないとこれまでにも述べた。すべてのシステムは生産者と消費者、売り手と買い手のマッチングを必要とする。すべてがそのような情報を必要とし、しかしその過程はシステム特有の効果によって影響を受ける。余剰経済と不足経済という二つのタイプの需要―供給レジームは、どちらの側が情報入手の負担を負うのか、それはどの程度なのか、という点についてまったく異なる。

不足経済では、主に情報を入手するのは買い手になる。供給不足のなか、最初に入った店で情報を見つけるのに失敗した買い手は、それを探すために店をめぐることになる。そして、幸運であれば見つけられる。同様に、製造企業の購買担当管理職は要求された材料や中間財を探しださなくてはならない（それはどんな単一の独占的な販売業者の倉庫にも限定されないと考えられる）。

指令経済のシステムのもと、情報の仕事は官僚によってなされ、主要な投入物の配置をしている。生産者や売り手の立場はこの観点からすると快適である。官僚が彼らを割り当てるか買い手が自ら接触してくるので、彼らは買い手を探し求める必要はないからである。

情報の必要な流れを確保する努力は余剰経済では別に分けられている。官僚は関与しない。努力のほとんどは売り手によってもたらされる。莫大な広告機構は主に真実味のある情報を買い手に伝える手段を大量に用いるが、もちろん前にも言及したように、情報のいくつかは一方的だったり、まったくの嘘だったりして、消費者を刺激しようとする。

インターネット時代以前でさえ、余剰経済での買い手は情報を探すという仕事から解放されていなかった。価格は中央で決められている社会主義経済のように均一ではない。どこがもっとも安いのかを見つけることが買い手の関心である。売り手も価格だけで競争しているのではない。彼らはまったくの新製品でさえ、何か追加的な、特別な何かを提供したり異なる品質の財を提供したりしようとする。ある店で見つけられないものは、別の店で見つけることが可能である（あるいはきわめてそれに似た代替品で、場合によってはより良いものであるかより安いもの）。実際、選択が可能であること――余剰経済の際立った美徳――は買い手が情報を探して手に入れようとするもう一つの動機になっている。[14]

インターネットは慣れ親しんだ分業制から著しい変化を起こした。買い手は供給についてより多くの情報をずっと容易に手に入れることができる。つまり、何がどんな値段でどこで売られているのか、ということである。大部分の情報が画面上に出てくるので、店から店へと歩き回り、いたるところに電話をかける必要はない。買い手はさまざまな製品とさまざまな売り手のなかから選ぶことができるので、買い手の立場は強くなる。もし競合製品の客観的で専門的な比較を行う組織（消費者保護の市民団体や国家機関、専門誌）があれば、消費者はこの優位性をさらにもっと利用できる。そういった情報はインターネットで手に入れることができる。

売り手もまたインターネットの提供する選択の余地を認識している。彼らは情報を広めて買い手を刺激するためだけでなく、以前よりも適切な製品を見つける負担を軽くするためにもウェブを利用している。これは公正な商業的手段で金銭的インセンティヴを伴ってなされている。つまり、もし買い手がインターネットで注文すれば、売り手は製品やサービスをより安く販売するのである。そのようなコストを削減する的確な手段に並んで、なかにはしばしば公正さの低いものもある。売り手は情報を手に入れるすべての負担を買い手に転嫁しようとする。多くの売り手は買い手が旧式の（インターネット以前の）方法で取引することを難しくしている。このことはとくにコンピュータやインターネットを使ったことのない人たちに負担の大きいものである。

現代世界の状態を鑑みれば、このすべては6・3節で示した売り手と買い手の負担と相対的な強さの図式（消費者主権と消費者の操作）に加えられる。

## 7・4　社会主義国の市場志向の改革とポスト社会主義への移行

ユーゴスラヴィア、ハンガリー、ポーランド、中国における社会システムの市場志向の改革を描写し、分析した文献は大量にある。それに続く本や記事は鉄のカーテンの東側の国々におけるポスト社会主義への移行を扱っている。世界の歴史におけるこの転換はここでは、ある観点から扱われる。私が一般的需要—供給レジームと呼ぶものに何の変化をもたらしたのかという観点である。

ユーゴスラヴィアもまだ社会主義陣営にあった一九四九年から始めよう。当時、東ドイツから中国までのすべての共産主義国で不足経済がその古典的形態で支配していた。その後いくつかの国——最初にユーゴスラヴィア、続いてハンガリー——が、計画的指令と官僚的機構による調整に基づく完全に集権化されたシステム（これが不足経済を生みだして維持するのであるが）からわずかに離れていった。同時に、不足の海からいくつかの余剰経済の孤島が出現しはじめた。[15] たとえば、一九七〇年代にブダペストのダウンタウンにある巨大な食料市場に行った人なら誰でも感じることができたが、そこには買い手を息苦しくさせるほどの大量の財がある一方で、同じ都市で電話や自家用車、住宅については何年もの順番待ちが発生していた。

一九八九〜一九九〇年の政治的分岐点は急速な経済的変化をもたらした。変化の順序や速さは国ごとに異なった。私有化された国有企業には強制的な速さで変化したものもあったし、漸進的なものもあった。余剰と不足はいたるところで同時に発生していた。市場の自由化はある場所では急激であり、他のところでは長引いた。多かれ少なかれ、二つのタイプの現象、つまり超過需要と超過供給の存在、不足経済と余剰経済の存在、この割合は所有関係の転換と調整機能の転換に同調していた。

経済的な転換が終わりに近づいたとき、余剰経済は明らかに優勢となった。古典的なスターリン的不足経済から出発し、成熟した余剰経済に到達する、この歴史的転換は、本研究において述べた考えのもっとも鮮やかな描写であるだろう。(16) 明確にするために、表7・2を見ながら、本論第2章のはじめに議論した電話サービスの例に戻ろう。表7・2はシステムが変化する以前、電話の不足がどれほど絶望的なものであったかを示している。このことは不足経済のもっともひどい例の一つとしてよく知られているが、一九八九〜一九九〇年のあとすぐに不足は終わり、固定回線が（もちろん携帯電話も）増大した。

この研究のために私はデータを集めていたが、残念ながら、旧共産主義国のすべての住民が変化を感じたにもかかわらず、これを伝える表現力を持った時系列のものがないまま結論を閉じることになる。先進国でしばしば繰り返される変動は、何百もの異なった経済や商

表7.2　中東欧諸国における電話の順番待ちリスト 1971～2007年

| | ブルガリア | チェコ | ハンガリー | ポーランド | ルーマニア | スロヴァキア |
|---|---|---|---|---|---|---|
| 1971-1975 | na | 25.1 | 36.6 | 33.6 | na | na |
| 1976-1980 | na | 30.2 | 47.2 | 45.7 | na | na |
| 1981-1985 | na | 11.3 | 55.5 | 57.1 | na | na |
| 1986-1990 | 23.5 | 18.7 | 59.0 | 73.2 | 77.8 | na |
| 1991-1995 | 20.4 | 25.5 | 41.7 | 51.2 | 98.4 | 8.8 |
| 1996-2000 | 11.0 | 7.2 | 2.9 | 10.4 | 56.8 | 3.8 |
| 2001-2005 | 3.2 | 0.8 | 0.5 | 3.8 | 23.1 | 0.4 |
| 2006 | 2 | 1.0 | 0.5 | 1.3 | 6.3 | 0.2 |
| 2007 | 0.2 | 0.8 | 0.5 | na | 4.9 | 0.2 |

注：固定電話加入者数に対する固定電話接続への待機者数の比率を示したもの。第2列（チェコの列）の1990年以前はチェコスロヴァキアの数値を表している。ブルガリアとスロヴァキアの場合、1990年以前のデータは入手できないので、1986-1990の行にあるブルガリアの数値は実際には1990年の数値である。

出所：移行期前のチェコスロヴァキア、ポーランド、ハンガリーについてはKornai 1993, 238、それ以外についてはUnited Nations Statistics Division 2009a and 2009b、およびInternational Telecommunications Union 2006 and 2007。

業、金融の指標をもって取り組まれ、観察されている。しかしながら、東側は、市場が不足経済から余剰経済に変わるという歴史的な重要性を持つ、独特の、繰り返されることのない転換を経験したが、ほんのわずかな統計的調査や表現ができる時系列が示されただけである[17]。このような機会は二度とないだろう。

## 注

（1）ここで再びレイヨンフーヴッドの「回廊」（corridor）に言及したい（Leijonhufvud 2009, 第5章注18参照）。私がここで余剰経済の限界と呼んでいるものは、レイヨンフーヴッドによると通常状態で資本主義マクロ経済が動く範囲にある回廊に一致する。

（2）資本主義システムは過剰生産（overproduction）の危機に瀕していると私が主張しているわけではないということがここまでたどり着いた読者には明らかであることを願っている。私は「過剰生産の危機」という古い理論の何らかの新しいバージョンを提案しているのではない。「生産」は実体領域であり、一方、「供給」は観念的な領域である。過剰供給（oversupply）は資源側で実行可能な計画であるが、通常は需要が不十分であるという壁にぶつかり、利用されない生産能力となる。

（3）暖房のサーモスタットなど多くの制御機能は、次のように技術者によって設計されている。室温が設計水準よりも高くなっているようにするため、基準値以上の温度に到達するとスイッチが切れ、「寒すぎる」という温度の水準を下回ると再び電源が入る。

（4）この表現はラズロー・アンタルによって造られた（Antal 1980）。

（5）ケインズとシュンペーターの統合は経済学者のなかでの流行となっており、題名にそのような試みを謳《うた》った研究が続いている。

（6）第二次世界大戦後に書かれた戦争経済にかんする文献のなかで、とくに私は Galbraith 1952, Milward 1979, Olson 1963 に言及したい。

（7）propensity、inclination、tendencyなどの語は辞書の定義によれば、ほとんど互換可能である。概念を明確化させるために、資本主義に遺伝的に組み込まれた固有の性質という文脈では、私は最初の二つの単語を用いる（第5章参照）。本章では、数十年以上の長い時間をかけた深い歴史的変化を表すためtendencyという単語を取っておきたい。

（8）ハーヴァード大学教授のアーノルド・レルマンはアメリカの実例から、医療サービスの「商業化」と規制のない「企業家主義」（レルマンの表現による）が超過供給と超過能力を生みだすことを明らかにした（Relman 2010）。

（9）しかしながら、より少ないよい学校の供給と需要には大きな広がりがある。それゆえ、義務教育においては超過供給と超過需要が同時に発生する事例が現れうるのである。

（10）「学位の工場」の生産は多くの国において大学卒労働者に対する社会の需要を上回っている。学歴過剰の社員はしばしば、より低い地位で雇用される。教育サービスの無料化は高学歴への需要を押し上げる。高需要の圧力のもとでは「生産」の上昇と当然の帰結としての大卒の超過供給が発生する。

（11）この理論の要約と論文についての話は、Kornai, Maskin, and Roland 2003を参照のこと。ソフトな予算制約の理論によって研究された論点と契約理論によって研究された論点との間にはある重なりがある。契約理論の概要とソフトな予算制約理論と契約理論とのつながりについてはBolton and Dewatripont 2005を参照。

（12）“China: The Vicious Circle of Excess Capacity”（Artus 2009）という適切なタイ

トルの研究がある。
(13) サーチ理論とマッチング理論はすでに労働市場についての4・5節にて論じた。
(14) ハンガリーとアメリカ合衆国の間を定期的に仕事で往復していた一九七〇年代と八〇年代に、私の妻はいつもこう言っていた。「店には品物がなくて、製品はやっとの思いで見つけ出すものだから、私たちはブダペストの店を渡り歩かなくてはならない。アメリカ合衆国にいる限り、品探しにかかる時間は最低限だったけれど、良い値段を探したり、バーゲンセールを探したり、良い製品を探したりする範囲はずっと広い」。
(15) 私は余剰経済の海のなかにある不足経済の孤島について以前にも同じたとえを故意に用いたが、ここではその逆である。
(16) ディヤンコフとマーレルは、旧社会主義国の移行の結果についての統計データに基づく実証的な研究文献をレビューした。それらの中で、もっとも緻密で信頼のおける研究者の間には以下のような合意があった。ビジネスセクターの再組織化と生産の増加をもたらす大きな要因は、売り手の競争の発達であった (Djankov and Murrell 2002, 20-21)。
(17) 例外として、ハンガリーの Kopint-Tárki (経済・市場研究機構) によってなされた生産における障害についての調査がある。その時系列は体制転換前の一九八七年に始まり、途中中断や方法の変更などなく現在まで続いている。それゆえに時を経ての一貫した比較が可能となっている。それを図式化したものが図3・4であり、完全なものは第II部末の付録表である。

# 第8章　おわりに

私は本研究を個人的印象を描写することから始めたが、そこに戻ることで閉じることとしたい。不足の問題は、はじめに私のデビュー作で扱った。それは五〇年以上前の一九五六年に学位請求のために書かれたものである（Kornai 1994 [1959]）。それ以来、最大の関心事であり、後の二つの著書の主題を形成した。私がそこで得た見解は半世紀にわたって変化していない。私の目前から二項対立が消えることはなかった。その二項対立的経済現象を記述し説明する私の分析装置が研究を進めるごとに発展し、その二つの状態の功罪それぞれについて十分かつバランスよく評価することができたと思う。しかしながら、この問題への私の本来の見解は何ら変わっていない。

私はポスト社会主義地域に暮らすほとんどの人々と、市場で起こったこの変化の印象を分かちあえると思う。この観察にもかかわらず、専門の経済学者は別の概念から考えていることに気がついた。彼らはその状況に均衡を見出す。しかし私は均衡などではなく、不足経済から余剰経済にひっくり返った状態にあると見ている。私のお気に入りの比較は、エッシャーの白鳥が飛んでいる絵である。ある人は白鳥が左から右へ飛んでいると見て、また別の人は同じ絵で黒鳥が右から左へ飛んでいると見る。

この考え方で表したい別の比喩は、前にも引用したドーマーの論文で読んだものである。[1] 古いインドの説話によると、ある王子が、盲目の男性を何人か呼んで、象を観察させ、それがどのようなものであるか言わせた。それぞれが一つの部分を観察し、報告した。ある者は足を観察し、象は太い円柱であるといった。別の者は象の鼻に触り、象はやわらかく、細い柔軟な管であるといった。盲目の男たちはお互いに自分だけが正しいと言って口論しはじめた。

私は議論を闘わせる用意はあるが、あらかじめ自分が盲目であるという謙虚さを持って言うようにしよう。象は大きく、私はそのほんの一部しか観察できないからである。

**注**

（1）ドーマーのタイトル『盲人と象――イズムについて』（Domar 1989）はすばらしいものである。彼は有名なインド系アメリカ人でソ連研究家のパドマ・デサイ教授からどのようにその話を聞いたかを述べている。

付録表　ハンガリーにおける工業生産にとっての障害 1987～2012年（%）（指摘された比率）

| | | | | | | | 原材料・部品の不十分な供給 | | | | | | | |
|---|---|---|---|---|---|---|---|---|---|---|---|---|---|---|
| 四半期 | | 調査時期 | 障害なし | 不十分な需要 | 労働力不足 | 熟練労働力の不足 | 国内要因 | 輸入 | ルーブル圏からの輸入 | ドル圏からの輸入 | 生産能力の不足 | 資金面での困難 | 不明確な経済規制 | 見通しの立たない経済環境 |
| 1987 | Q1 | 1987/4 | 13.0 | 26.0 | 22.2 | | 41.2 | 42.6 | | | 7.2 | 31.2 | 0.0 | 42.8 |
| | Q2 | /7 | 10.3 | 27.4 | 23.7 | | 42.3 | 46.7 | | | 6.7 | 24.3 | 28.5 | 42.9 |
| | Q3 | /10 | 11.2 | 21.3 | 24.1 | | 46.6 | 50.4 | | | 8.2 | 22.1 | 22.0 | 42.1 |
| | Q4 | 1988/1 | 17.0 | 24.1 | 15.8 | | 39.4 | 41.8 | | | 4.6 | 20.4 | 20.4 | 45.8 |
| 1988 | Q1 | /4 | 10.7 | 28.0 | 15.7 | | 50.0 | | 50.0 | 32.8 | 6.3 | 32.7 | 24.8 | 45.3 |
| | Q2 | /7 | 10.8 | 28.3 | 24.7 | | 44.1 | | 44.1 | 35.3 | 7.9 | 36.4 | 27.1 | 42.2 |
| | Q3 | /10 | 11.8 | 27.3 | 23.0 | | 45.3 | | 45.3 | 64.0 | 8.6 | 35.0 | 31.2 | 47.6 |
| | Q4 | 1989/1 | 16.5 | 30.7 | 19.3 | | 38.5 | | 38.5 | 22.4 | 6.1 | 40.1 | 25.3 | 46.9 |
| 1989 | Q1 | /4 | 10.8 | 38.0 | 21.5 | | 37.6 | | 37.6 | 17.9 | 4.7 | 49.6 | 23.9 | 46.6 |
| | Q2 | /7 | 14.7 | 40.1 | 22.0 | | 28.7 | | 28.7 | 11.8 | 7.1 | 46.1 | 22.0 | 41.5 |
| | Q3 | /10 | 12.7 | 40.4 | 21.9 | | 27.5 | | 27.5 | 8.9 | 5.2 | 46.8 | 24.6 | 42.6 |
| | Q4 | 1990/1 | 13.6 | 51.2 | 13.4 | | 21.4 | | 21.4 | 6.3 | 0.7 | 49.4 | 21.2 | 54.6 |
| 1990 | Q1 | /4 | 10.8 | 51.3 | 12.1 | | 13.8 | | 13.8 | 3.9 | 3.6 | 57.8 | 16.4 | 50.9 |

| | | | | | | | | | | | | | | |
|---|---|---|---|---|---|---|---|---|---|---|---|---|---|---|
| 1990 | Q2 | /7 | 8.7 | 56.1 | 13.9 | | 13.0 | | 13.0 | 2.2 | 3.3 | 45.2 | 1.6 | 47.3 |
| | Q3 | /10 | 6.9 | 51.0 | 10.3 | | 15.3 | | 15.3 | 5.2 | 2.5 | 51.9 | 17.2 | 54.1 |
| | Q4 | 1991/1 | 8.9 | 54.5 | 4.3 | | 11.3 | | 11.3 | 3.7 | 2.7 | 48.7 | 20.4 | 54.7 |
| 1991 | Q1 | /4 | 6.0 | 60.6 | 4.3 | | 9.4 | | 9.4 | 2.6 | 3.4 | 53.2 | 12.6 | 47.9 |
| | Q2 | /7 | 5.5 | 70.1 | 4.0 | | 7.1 | | 7.1 | 2.4 | 1.3 | 54.1 | 9.9 | 43.0 |
| | Q3 | /10 | 7.0 | 66.8 | 3.3 | | 6.2 | | 6.2 | 2.0 | 1.8 | 52.7 | 13.5 | 40.4 |
| | Q4 | 1992/1 | 0.0 | 65.9 | 3.0 | | 7.2 | | 7.2 | 1.0 | 2.7 | 47.3 | 13.7 | 42.3 |
| 1992 | Q1 | /4 | 7.0 | 65.1 | 3.3 | | 5.8 | | 5.8 | 1.0 | 2.3 | 51.0 | 15.1 | 47.2 |
| | Q2 | /7 | 6.9 | 62.2 | 7.4 | | 5.9 | | 5.9 | 1.5 | 3.7 | 45.9 | 15.0 | 43.0 |
| | Q3 | /10 | 6.8 | 56.1 | 4.4 | | 10.6 | | 10.6 | 3.1 | 2.8 | 47.8 | 18.2 | 51.3 |
| | Q4 | 1993/1 | 9.2 | 54.5 | 4.8 | | 8.7 | | 8.7 | 2.3 | 3.3 | 42.9 | 15.6 | 45.9 |
| 1993 | Q1 | /4 | 7.4 | 57.7 | 2.2 | | 6.1 | 1.3 | | | 2.4 | 45.5 | 13.9 | 40.4 |
| | Q2 | /7 | 6.4 | 68.8 | 3.0 | | 8.0 | 3.2 | | | 3.2 | 47.3 | 11.0 | 44.0 |
| | Q3 | /10 | 9.6 | 67.9 | 3.7 | | 7.5 | 3.1 | | | 4.5 | 46.6 | 10.6 | 42.4 |
| | Q4 | 1994/1 | 10.9 | 62.5 | 4.3 | | 9.4 | 2.4 | | | 4.6 | 47.3 | 14.4 | 46.6 |
| 1994 | Q1 | /4 | 11.4 | 59.0 | 4.3 | | 9.5 | 2.4 | | | 4.5 | 44.7 | 11.9 | 38.5 |
| | Q2 | /7 | 11.7 | 59.5 | 6.7 | | 7.1 | 2.9 | | | 6.5 | 42.4 | 10.7 | 39.8 |
| | Q3 | /10 | 12.7 | 58.2 | 6.5 | | 11.1 | 3.0 | | | 7.6 | 44.4 | 11.3 | 41.2 |
| | Q4 | 1995/1 | 13.2 | 55.0 | 7.8 | | 10.1 | 2.2 | | | 5.4 | 40.0 | 14.6 | 40.9 |
| 1995 | Q1 | /4 | 9.8 | 55.0 | 4.3 | | 13.5 | 2.6 | | | 6.9 | 44.8 | 17.0 | 46.0 |
| | Q2 | /7 | 8.1 | 60.2 | 7.4 | | 10.2 | 5.1 | | | 7.1 | 42.4 | 16.8 | 43.1 |

| 四半期 | | 調査時期 | 障害なし | 不十分な需要 | 労働力不足 | 熟練労働力の不足 | 原材料・部品の不十分な供給 | | | | 生産能力の不足 | 資金面での困難 | 不明確な経済規制 | 見通しの立たない経済環境 |
|---|---|---|---|---|---|---|---|---|---|---|---|---|---|---|
| | | | | | | | 国内要因 | 輸入 | ルーブル圏からの輸入 | ドル圏からの輸入 | | | | |
| 1995 | Q3 | /10 | 9.8 | 54.2 | 8.5 | | 12.9 | 2.8 | | | 4.6 | 45.0 | 16.2 | 45.2 |
| | Q4 | 1996/1 | 11.1 | 56.2 | 4.1 | | 9.4 | 2.6 | | | 6.1 | 41.0 | 18.7 | 45.8 |
| 1996 | Q1 | /4 | 9.9 | 65.3 | 5.1 | 14.4 | 8.0 | 4.8 | | | 4.1 | 37.3 | 13.6 | 34.6 |
| | Q2 | /7 | 11.5 | 65.7 | 4.6 | 12.1 | 5.5 | 3.2 | | | 4.6 | 36.9 | 11.8 | 32.6 |
| | Q3 | /10 | 12.1 | 58.0 | 6.0 | 17.0 | 7.4 | 4.8 | | | 5.5 | 30.8 | 14.0 | 36.0 |
| | Q4 | 1997/1 | 10.9 | 61.6 | 3.6 | 14.9 | 7.1 | 2.1 | | | 5.0 | 30.1 | 17.1 | 33.6 |
| 1997 | Q1 | /4 | 14.0 | 61.0 | 3.7 | 13.5 | 7.9 | 2.8 | | | 4.5 | 30.1 | 16.0 | 34.0 |
| | Q2 | /7 | 15.2 | 63.0 | 4.4 | 15.0 | 5.3 | 1.5 | | | 4.1 | 27.9 | 16.1 | 30.2 |
| | Q3 | /10 | 19.0 | 56.1 | 6.6 | 18.2 | 7.1 | 2.1 | | | 7.9 | 24.6 | 11.4 | 26.0 |
| | Q4 | 1998/1 | 25.4 | 53.3 | 5.5 | 21.1 | 8.1 | 2.3 | | | 6.9 | 23.7 | 13.0 | 21.4 |
| 1998 | Q1 | /4 | 21.3 | 49.5 | 5.2 | 20.3 | 8.0 | 0.3 | | | 7.0 | 22.4 | 11.5 | 17.5 |
| | Q2 | /7 | 22.5 | 58.9 | 5.1 | 16.1 | 4.0 | 1.4 | | | 6.5 | 22.3 | 11.5 | 20.3 |
| | Q3 | /10 | 18.0 | 57.4 | 8.9 | 19.5 | 3.6 | 1.9 | | | 5.3 | 22.8 | 10.6 | 25.1 |
| | Q4 | 1999/1 | 24.0 | 58.4 | 7.0 | 19.8 | 3.3 | 1.2 | | | 6.4 | 21.6 | 9.7 | 22.5 |

| | | | | | | | | | | | | | | |
|---|---|---|---|---|---|---|---|---|---|---|---|---|---|---|
| 1999 | Q1 | /4 | 15.7 | 70.6 | 4.9 | 13.0 | 4.5 | 0.7 | | | 3.8 | 23.8 | 10.5 | 25.5 |
| | Q2 | /7 | 13.2 | 71.4 | 5.0 | 11.0 | 3.8 | 0.6 | | | 3.5 | 23.3 | 11.0 | 31.1 |
| | Q3 | /10 | 16.0 | 65.7 | 6.3 | 14.8 | 5.2 | 1.8 | | | 5.5 | 23.6 | 7.4 | 24.0 |
| | Q4 | 2000/1 | 18.0 | 60.6 | 4.4 | 18.6 | 3.5 | 2.0 | | | 4.7 | 24.6 | 9.8 | 25.2 |
| 2000 | Q1 | /4 | 18.4 | 63.1 | 6.1 | 15.2 | 3.7 | 2.0 | | | 5.3 | 22.1 | 8.6 | 26.6 |
| | Q2 | /7 | 16.9 | 55.1 | 7.4 | 18.9 | 6.8 | 3.4 | | | 10.1 | 25.0 | 12.2 | 21.6 |
| | Q3 | /10 | 14.8 | 49.6 | 9.4 | 22.2 | 8.6 | 3.0 | | | 10.2 | 25.2 | 10.9 | 22.6 |
| | Q4 | 2001/1 | 23.0 | 53.6 | 7.9 | 23.0 | 7.1 | 4.4 | | | 8.7 | 23.0 | 13.9 | 23.4 |
| 2001 | Q1 | /4 | 17.0 | 55.8 | 6.2 | 19.0 | 3.5 | 1.9 | | | 8.1 | 29.8 | 11.6 | 32.2 |
| | Q2 | /7 | 12.1 | 61.7 | 6.6 | 19.1 | 3.9 | 2.3 | | | 5.5 | 26.6 | 13.7 | 31.6 |
| | Q3 | /10 | 15.7 | 64.3 | 5.5 | 18.4 | 6.3 | 1.2 | | | 4.3 | 24.7 | 8.2 | 33.3 |
| | Q4 | 2002/1 | 14.8 | 67.0 | 3.5 | 15.7 | 2.6 | 1.7 | | | 2.2 | 23.0 | 10.4 | 30.4 |
| 2002 | Q1 | /4 | 16.1 | 64.8 | 3.0 | 16.6 | 4.0 | 1.5 | | | 2.5 | 21.1 | 8.0 | 26.1 |
| | Q2 | /7 | 14.3 | 67.9 | 6.3 | 16.0 | 3.8 | 2.5 | | | 5.1 | 23.6 | 3.4 | 27.0 |
| | Q3 | /10 | 16.3 | 66.1 | 4.0 | 20.3 | 4.0 | 2.6 | | | 5.7 | 18.5 | 7.9 | 25.0 |
| | Q4 | 2003/1 | 12.2 | 68.3 | 3.6 | 14.5 | 3.6 | 1.8 | | | 3.6 | 14.5 | 9.0 | 29.9 |
| 2003 | Q1 | /4 | 12.4 | 70.3 | 3.2 | 15.1 | 4.3 | 2.2 | | | 2.2 | 21.6 | 4.9 | 30.3 |
| | Q2 | /7 | 8.7 | 66.9 | 4.9 | 12.5 | 4.2 | 1.0 | | | 7.0 | 24.0 | 11.5 | 37.6 |
| | Q3 | /10 | 11.7 | 59.9 | 7.8 | 20.8 | 7.2 | 3.3 | | | 6.8 | 25.4 | 17.9 | 38.1 |
| | Q4 | 2004/1 | 9.3 | 64.0 | 5.4 | 17.8 | 5.0 | 3.9 | | | 4.7 | 23.6 | 15.9 | 43.8 |
| 2004 | Q1 | /4 | 16.0 | 58.0 | 6.1 | 16.7 | 7.9 | 3.9 | | | 5.3 | 26.8 | 13.6 | 37.7 |

| 四半期 | | 調査時期 | 障害なし | 不十分な需要 | 労働力不足 | 熟練労働力の不足 | 原材料・部品の不十分な供給 | | | | 生産能力の不足 | 資金面での困難 | 不明確な経済規制 | 見通しの立たない経済環境 |
|---|---|---|---|---|---|---|---|---|---|---|---|---|---|---|
| | | | | | | | 国内要因 | 輸入 | ルーブル圏からの輸入 | ドル圏からの輸入 | | | | |
| 2004 | Q2 | /7 | 14.0 | 54.0 | 7.1 | 19.9 | 11.2 | 6.2 | | | 8.3 | 25.7 | 11.6 | 34.4 |
| | Q3 | /10 | 13.0 | 59.8 | 7.0 | 24.0 | 9.2 | 4.4 | | | 6.3 | 28.4 | 9.2 | 33.9 |
| | Q4 | 2005/1 | 9.1 | 59.6 | 7.7 | 19.7 | 7.2 | 4.3 | | | 5.3 | 26.4 | 15.4 | 34.6 |
| 2005 | Q1 | /4 | 8.8 | 65.4 | 3.2 | 19.3 | 4.6 | 1.8 | | | 7.8 | 27.2 | 12.9 | 36.4 |
| | Q2 | /7 | 8.5 | 69.7 | 3.8 | 23.7 | 6.6 | 2.4 | | | 5.7 | 25.6 | 18.0 | 37.0 |
| | Q3 | /10 | 10.9 | 61.7 | 7.1 | 22.4 | 6.6 | 3.3 | | | 8.2 | 29.0 | 16.4 | 37.2 |
| | Q4 | 2006/1 | 10.3 | 60.9 | 3.3 | 26.6 | 4.3 | 3.8 | | | 7.6 | 28.3 | 14.7 | 33.7 |
| 2006 | Q1 | /4 | 12.6 | 56.5 | 6.8 | 26.2 | 4.7 | 4.2 | | | 8.9 | 24.1 | 12.0 | 34.0 |
| | Q2 | /7 | 11.7 | 53.2 | 8.3 | 30.2 | 4.9 | 5.9 | | | 8.3 | 19.0 | 21.5 | 46.3 |
| | Q3 | /10 | 10.4 | 52.0 | 10.4 | 30.2 | 9.4 | 6.9 | | | 8.4 | 23.8 | 21.3 | 48.5 |
| | Q4 | 2007/1 | 9.6 | 47.8 | 10.1 | 30.3 | 8.4 | 5.1 | | | 9.0 | 25.3 | 19.7 | 44.9 |
| 2007 | Q1 | /4 | 13.9 | 50.3 | 11.9 | 29.1 | 6.0 | 6.0 | | | 11.3 | 21.9 | 15.9 | 36.4 |
| | Q2 | /7 | 7.3 | 47.6 | 9.8 | 32.7 | 7.8 | 3.9 | | | 8.3 | 32.7 | 26.3 | 53.2 |
| | Q3 | /10 | 6.0 | 56.0 | 7.5 | 41.8 | 5.2 | 2.2 | | | 9.7 | 29.9 | 26.1 | 57.9 |

| | | | | | | | | | | | | | | |
|---|---|---|---|---|---|---|---|---|---|---|---|---|---|---|
| 2007 | Q4 | 2008/1 | 8.5 | 56.8 | 9.0 | 36.2 | 8.5 | 2.5 | | | 7.5 | 28.1 | 30.2 | 48.2 |
| 2008 | Q1 | /4 | 5.3 | 50.6 | 8.4 | 41.6 | 7.4 | 4.7 | | | 4.7 | 31.1 | 27.9 | 55.3 |
| | Q2 | /7 | 10.3 | 49.7 | 10.8 | 38.5 | 5.1 | 4.6 | | | 9.2 | 27.7 | 27.2 | 54.4 |
| | Q3 | /10 | 3.7 | 69.4 | 4.5 | 20.8 | 4.2 | 1.5 | | | 3.8 | 40.0 | 29.4 | 66.4 |
| | Q4 | 2009/1 | 4.5 | 75.0 | 2.3 | 14.0 | 4.2 | 1.9 | | | 1.1 | 40.5 | 35.6 | 65.9 |
| 2009 | Q1 | /4 | 3.9 | 78.6 | 0.9 | 12.7 | 4.3 | 2.2 | | | 2.2 | 39.7 | | 62.4 |
| | Q2 | /7 | 4.7 | 76.3 | 1.4 | 13.0 | 4.7 | 1.4 | | | 1.9 | 39.1 | 30.7 | 58.6 |
| | Q3 | /10 | 4.5 | 76.8 | 2.3 | 11.4 | 2.3 | 0.8 | | | 3.8 | 36.4 | 28.0 | 64.4 |
| | Q4 | 2010/1 | 8.0 | 79.1 | 1.0 | 13.9 | 2.0 | 0.9 | | | 2.5 | 37.3 | 30.4 | 58.9 |
| 2010 | Q1 | /4 | 5.4 | 78.4 | 2.7 | 9.9 | 3.3 | 1.6 | | | 2.7 | 39.6 | 26.1 | 52.3 |
| | Q2 | /7 | 3.0 | 69 | 2.0 | 14.1 | 8.1 | 2.0 | | | 4.0 | 46.5 | 24.2 | 54.5 |
| | Q3 | /10 | 3.0 | 66 | 3.0 | 8.0 | 9.0 | 7.0 | | | 3.0 | 33.0 | 25.0 | 47.0 |
| | Q4 | 2011/1 | 6.0 | 72 | 2.0 | 13.0 | 6.0 | 1.0 | | | 3.0 | 37.0 | 24.0 | 46.0 |
| 2011 | Q1 | /4 | 4.0 | 75 | 0.0 | 6.0 | 4.0 | 3.0 | | | 2.0 | 31.0 | 38.0 | 47.0 |
| | Q2 | /7 | 4.0 | 70 | 1.0 | 13.0 | 3.0 | 0.0 | | | 1.0 | 40.0 | 28.0 | 60.0 |
| | Q3 | /10 | 5.0 | 71 | 0.0 | 12.0 | 6.0 | 0.0 | | | 5.0 | 34.0 | 40.0 | 65.0 |
| | Q4 | 2012/1 | 1.0 | 79 | 1.0 | 11.0 | 1.0 | 4.0 | | | 0.0 | 30.0 | 49.0 | 67.0 |
| 2012 | Q1 | /4 | 5.0 | 76 | 0.0 | 19.0 | 4.0 | 2.0 | | | 3.0 | 30.0 | 39.0 | 63.0 |

注：質問は——「どの要因があなたの企業の生産をもっとも妨げていますか？」。複数回答可。表の項目の冒頭を参照のこと。表の記載は回答の相対的な頻度を示している（全回答者を100とする）。

出所：Kopint-Tárkiによる直接の聞き取り。図3.4は本表のいくつかの項目をグラフ化したものである。

# 補論

# 補論1　自由、平等、博愛――社会主義体制崩壊以後の変化の考察

## 1　はじめに

フランス革命は圧政を打倒しようとするものであった。歴史的重要度はそれに劣らない共産主義の圧政打倒二〇周年が祝われている。二〇年前の革命は流血を伴うものではなかった。それでも、革命の標語である自由、平等、博愛にかんして、何が実現されたのかを問うことは適切であろう。

フランス革命の標語は、すべての基本的価値を包括するものではない。そこには成長と物質的福祉の二つの価値が欠けている。この二つについては、ポスト社会主義時代の移行にかんする研究が、その実現度を吟味してきた。ここでの私の目的は、タイトルにある三つの基本的価値に焦点をあて包括的なフレームワークを打ち立てることである。

## 2　自由

自由は、一連の権利からなる。ここでは三組の権利を検討する。

### ① 政治的権利と人権

社会主義レジームは市民の基本的人権を奪ってきた。変化は、以下のような基本的な政治的権利を付与した。

・言論の自由
・公然または非公式の検閲から自由な出版
・集会・結社の自由
・旅行の自由
・政府批判の自由、政治的抗議の権利
・単一党国家の拒否と、競争的政治勢力およびイデオロギーの間での選択の権利の導入

われわれは、新しい民主主義の力強い波を見た。ここでは、民主主義の定義にかんする議論に深く立ち入ることはしないで、広範に受け入れられている単純な指標を使う。ある国が、民主主義であると見なされる最低限の条件は、指導部の解任が政治的殺人行為や軍事クーデター、武装蜂起などによってではなく、法に基づいた平和的で文明化された競争的選挙の手続きを経て行われることである。

中東欧の最初のEU新加盟国（一〇ヵ国）を見てみると、指導部の解任は選挙を通じて繰

り返し行われており、それは民主主義になった証拠となっている。

多くの人にとって、とくに若い世代にとって、基本的な政治的権利は自明の事実のようにみなされているが、それは自明ではない。中国を見ればよい。繁栄する市場経済への転換はフル・スピードで進行しているが、政治分野の変化は遂行されてはいない。東欧の圧政崩壊二〇周年の祝賀は、天安門広場の民主主義を求めるデモに対する流血を伴う攻撃の二〇周年でもある。われわれ、東欧に住む人間は、経済的自由と政治的自由を同時に獲得したという点で幸運である。民主主義と資本主義の歴史において、二つの大転換が（すなわち、政治的自由と経済的自由の実現が）、非常に短い時間に、しかも時期を同じくして起こったというのはユニークである。

**② 自由な企業の権利、市場への自由参入の権利、所有の権利**

この分野の変化のためには、多数の法律、新しい法を執行させるための独立した司法と、他の制度変更が必要であった。

公的所有優位を私的所有と自由参入ならびに競争の優位に転換することが、成長、イノベーション、技術進歩、効率に貢献することを示す研究がある。すなわち、それは市民の物質的福祉の増加のような基本的価値を実現するための道具的価値とみなされる。しかし、起業、市場参入、競争者への挑戦、イノベーションを伴う実験を行うなどの人権を持つことが重要なのである。私は、この倫理的側面を強調する。なぜなら、一面的な経済的変化のテクノクラート的な評価は、この側面に十分に注目していないからである。

### ③ 代替的財およびサービスの間での選択の自由

社会主義システムは不足経済を生みだした。予告なしの停電が企業や家計に害を及ぼした。また、人々は自動車購入や住宅保有のために長期間待たねばならなかった。不足経済の買い手市場への転換は、経済状況の変化のみならず、倫理的意味を有する。なぜなら、それは個人の自由を強めるからである。慢性的な不足経済は基本的人権、買いたいものを買う選択の自由の剝奪を意味する。売り手は支配でき、買い手は売り手に賄賂さえ贈ろうと試みる。このような状況は、体制転換後、いちはやく消失した。

われわれは、自由と関連する根本的な達成物を享受している。個人が有する価値の順序を比較する調査がある。よく知られている *World Values Survey* によれば、一九八九年以前から資本主義であった国と比べて、ポスト社会主義国では自由がもっとも重要な価値だと考える人々の数は少ない。

人々が自由の重要性をより良く理解できるようにするために、教育者、政治家、ジャーナリストの役割は重要である。進歩の兆候とともに、道徳の劣化の兆候もある。政党間の敵対から、汚職、無責任、デマゴギーなどの副産物が生じた。競争的で自由な議会制民主主義への失望という問題もある。社会のある階層は強い指導者を求めている。反ユダヤ主義、反ロマ、反資本主義のレトリックで支持を得た極右政党もある。あれこれのポスト社会主義国だけでなく、欧州全体がこれに対して注意を払わなければならない。ワイマールが反動をもたらしたことを忘れてはいけない。

## 3 平等

ソ連型社会主義は、確信を持って平等なシステムであったと言えるわけではない。そこで謳《うた》われたのは、労働に応じた分配であった。実績主義の原則はあったものの、実際に存在した社会主義における実績の物差しは党国家権力のもとでのそれであった。すなわち、この物差しは、平均的労働者よりも社会主義的労働の英雄に対して、大学教授よりも地区の党書記に対して、より多くを与えるものであった。ノメンクラトゥーラのメンバーは物質的特権を持った。それは、より高い給与というよりも、むしろより良い住宅条件、不足しがちな財および設備の整った病院やリゾート地へのより良いアクセスの形をとった。

若干の不平等があったが、住民全体の所得と富の分配にかんして言えば、現実の社会を特徴づけたのは、ある種の灰色の平等と、所得不平等に対する徹底した抑圧であった。効率的な人物も、浪費家も、創意を持つ人物も、保守的な工業と農業の指導者も、概ね同等の報酬を得ており、平均と比べて多少の差異があるとしても、それは業績、学習、勤勉さ、創意工夫というよりも、政党（共産党）への忠誠度に起因するものであった。

所得不平等の状態は、体制転換後の短い時間に、劇的に変化した。時間軸で各国のデータを見れば、社会主義崩壊以前と、それから約一五年後を比べると、ジニ係数は大きく異なっている〔増加している、すなわち、不平等度が高まっている〕。それは体制転換の深い影響を示すものである。

体制転換は勝者に報いた。事業で成功した起業家や個人、新製品と新しいテクノロジーをもたらした者（イノベーター）、新しい経済環境や国内および外国市場に早く適応した産業や商業の指導者たちが勝者である。外国語の知識あるいは、現代の情報スキルを利用した者もそうである。これらの才能と努力は、市場経済によって報いられた。これは市場経済の長所である。すなわち、それは良い業績に対しては高い特別の報酬をもたらす。こうして、市場経済はイノベーション、競争、効率にとって不可欠な刺激をもたらすのである。

しかし、真の優秀さに対する報酬のほかに、経済的成功の他の源泉があった。うまくたちまわって国家資産を安く入手した者もいれば、国内およびソ連帝国の他の諸国のかつての人脈を利用する者もいた。国家高官や政治家に賄賂を贈った者もいた。利益を得るきれいなやり方と汚いやり方を、白黒をはっきりさせるような形で分別することはできない。事態は灰色であった。ともあれ、分配面で頂点に立つ者の所得は非常に高く、それは社会主義時代の最高所得の何倍もの額に達した。

分配面での底辺に属す者にとって、変化は辛いものであったが、それはいくつかの要因で引き起こされた。

成熟した社会主義経済では、事態は単に完全雇用ではなく、むしろ慢性的労働力不足であった。そこに失業がやってきた。一定数の女性は労働市場から自発的に退場し、主婦と母親としての役割を期待されることになった。しかし、その自発的退場とは別に、仕事〔労働需要〕の不足が、就業率低下と登録失業者の大幅な増加をもたらしたのである。

多くの個人は格下げされた。すなわち、以前の高い地位を失い、給与が下がった人が多くいた。主に、インフレ時代の帰結として年金の実質価値は低下し、何百万の高齢者が極度の貧困に陥った。

差別も目撃される。ハンガリー、ルーマニア、スロヴァキアと他のポスト社会主義国にはロマの人びとが住んでいる。そして、ロマの人びとの失業率の方が社会全体の失業率よりも高い。

多くの研究は、不平等が増大したことを否定しない。移行の過程で起こった富者と貧者の格差の増大は一時的かもしれないが、資本主義は社会主義よりも大きな所得格差をもたらす恒久的な傾向を有している。しかし、資本主義のもとでも、ある程度不平等を和らげることができる。大多数のポスト社会主義諸国では、そうでない国と比べて、より多くの人々が不平等を減らすための政府の行動を要求している。

「金持ちに支払わせよう」と繰り返し主張されるが、税の徴収が可能なところで課税がなされるべきだというのは冷静な財政の要請ではない。富者が富者であるのは不当なので、豊かな人々の所得から多くを奪うと、われわれは平安な気持ちになるというのは感情的なスローガンである。それは、ポピュリストの政治的レトリックの中心となった。私は、このようなスローガンに同意しない。ロビン・フッド的な措置（税を通じた再分配）から人々の満足が生まれることはないと思う。

そうではなくて、所得分配を改善するもっとも重要な手段は、機会の平等を増加させることである。重要な役割は教育によって果たされる。不平等が学習機会の不平等から始まるというのももっとも重要な公理である。貧困な、もしくは読み書きできない家族の子どもは、高い教育水準の家族の子どもと比べてハンディキャップを負って、人生を始める。彼らの機会は、良い学校や大学への入学の確率の低さによってさらに悪くなる。平等な権利を説くだけではなくて、アファーマティヴ・アクションが必要である。

通常の教育格差に加えて、広い意味での知識の不平等にも留意が必要である。ハイテク社会では、高い所得を得る機会は、どれほどコンピュータ、インターネット、他の現代的情報技術に通じているかによって決まる。税の累進制度などよりも、これらの要素が、所得分配にはるかに強い影響を及ぼすであろう。

汚職に対する闘いで実際の成果があれば、それは不平等に対する不満を和らげるのに役立つ。そのことは、実績と高い所得に相関関係があり、不正直な手段による財産や高い所得は例外であるという人々の意識を強めるからである。

## 4　博愛

「博愛」の現代の同義語は「連帯」である。その倫理的な公準は、社会一般において、とくにポスト社会主義の社会においてはもっとも複雑な問題の一つである。社会主義の遺産は「時期尚早の福祉国家」である。それは、移行の初期に、私が付けた名称であるが、他の人々の怒りを買った。私はこれまで、発表論文のせいで敵を作ったことがあるが、「時期尚早の福祉国家」の概念を提示したときほど敵を作ったことはなかった。社会主義国家は、さまざまなサービスと支援に対する市民の権利の法を整備し、実践してきた。

・誰でも無料の医療を受ける資格があるとされた。しかし、多くのクリニックや病院での治療の質は満足のいくものではなく、患者は長い行列や混雑した病院、時代後れの設備、十分に衛生的でない環境、薬の不足などに悩まされてきた。
・誰もが無料の教育を受ける資格があるとされたが、教育の質は不均等で、教師の給与は低く、彼らは過労気味であった。学校は混雑しており、情報技術は言うまでもなく、教育設備は不十分であった。
・公的に供給される住宅が誰にも補助付きで貸与された。しかし、若者は自分たちのアパートに移る権利を得るために、何年も何年も待たねばならなかった。そして、住宅の質は低いものであった。

・企業や市町村は、すべての家族に保育所や幼稚園を、無料か、名ばかりの料金で提供した。

・国有企業を含む国家セクターにおいて、予算か、国家あるいは企業によって賄われる年金基金が財源となる国家年金が、年金受給年齢の被用者に支払われた。

上記のような国家組織による供給を、私は総体として「時期尚早の福祉国家」と呼んだのである。なぜなら、社会主義経済の発展水準はこれらの約束を達成しなかったと私は認識していたからである。実際のところ、国家は普遍的資格に基づく供給を実現できないか、そのように努めたとしても、満足のいくものでない低い質の供給を行っただけであった。実際の受給資格と実際の供給、国家の約束と物質的原資の大きな落差は、社会主義体制の特徴であった。時期尚早の福祉国家という初期条件からどこに向かうのか。私はこの問題について、この学術エッセイでプログラムを示そうとは試みない。すでに、他の研究のなかで示したからである。ここでは、福祉国家にかんする四つの政治的立場、すなわち二つの「純粋な」立場と、二つの「混合的」立場を示す。

①普遍的な資格という原則を放棄する立場、方向である。（受給の）普遍的資格を、国家

の援助を必要としている人々だけに絞るという原則に取り換えることである。（福祉国家は）問題を自分で解決できない人に対して進んで助けるべきだという立場である。

・無料の大学教育を廃止し、授業料を取るべきである。それが支払えない学生には融資すべきであり、学生生活が送れない人には奨学金を与えるべきである。

・より制限された給付原則を実施するためには、子どもの数に応じた普遍的手当ではなく、育児と幼稚園使用料のための資力に乏しい人だけが、特別手当を国家から入手する資格があるという方向への転換が必要となる。

上記は、経済学者の多く、市場志向改革者の立場であり、ヨーロッパ的意味でのリベラル派や保守派政治家も受け入れる立場である。このように転換すれば、ポスト社会主義国の福祉国家はその発展水準に見合ったものに引き下げられる。プラグマティックな点からは、財政政策の健全性、投資、雇用、企業家精神を刺激する低い課税率といった論拠から、それは支持される。また、政治哲学的側面について、個人の自律性、選択の自由の尊重、国家の温情主義と個人主権に属する領域への国家介入の拒否といった点から支持されうる。

②普遍的資格を支持し、福祉国家の削減に厳しく抵抗するという立場である。多くの社会学者、医者、教員、ソーシャルワーカーがその方向を支持している。それは、旧左翼、す

なわち、一九五〇年代のスカンディナヴィア、ドイツ社会民主主義のイデオロギーに忠実な立場である。それを実施するための財源は増税である。プラグマティックな点からは、普遍的（受給）資格の方が所得・資力調査を通じる福祉よりも行政的にシンプルであるという論拠からの支持がある。政治哲学的根拠は、すべての市民は平等の権利を有し、国家はすべての市民に対し同一の義務を有するというものである。この立場は、革命の標語のうちの二つ、つまり平等と博愛、平等と連帯の結びつきを強調する。

③財源も示さないで、普遍的資格を維持するどころか福祉国家を拡張するというポピュリストの態度である。この立場は、野党でいるときにはよいが、そうした方向を唱える政党が選挙に勝ち、いざ実施しようとすると破壊的な財政赤字、それに伴うマクロ的帰結が生まれることに留意が必要である。

④明快な原則がないという態度である。明確な立場がないので、こうした政治家の行動は、第一の方向と第二の方向を行ったり来たりする。私の見るところ、トニー・ブレア型の新しい社会主義とともに、ハンガリーなどのポスト社会主義国を含む一連の国々でこの現象が起こった。

本論の足場はフランス革命の三つの標語にある。標語の間に整合性があるかどうかは長らく問われなかった。現在、政策立案者は構造改革の追求のなかで整合性の問題を避けることはできない。そして、避けようとするなら、政治的代償を支払わなければならないであろう。

## 5 展望

現状の診断と今後の展望を示せればよいのだが、ここで、将来何が起こるかをはっきりと示すことはしない。ポスト社会主義国は一様ではない。普遍的資格の削減があるかと思えば、あらたな社会権が加わったこともある。

二〇〇六年以前に二つの方向への動き（福祉国家の削減と拡充）は明らかだった。ポスト社会主義地域の人々は困難な資源再配分、所有権の劇的な転換、適切な制度の欠如などに直面した。さらに大不況期を上回る規模の転換不況が起こり、職が保障されていた社会から失業というトラウマが生じた。社会主義から継承された福祉国家のサービスが、ある程度はその影響を和らげた。さらに、失業保険、エネルギー補助金、住宅建設補助などが付け加えられた。これらがなければ、怒りと不満はもっと大きかったであろう。ポスト社会主義国の多くの人々が、福祉国家を支持するのはこのためである。

二一世紀の初めの一〇年近くの間に、経済的飛躍が始まり、社会主義から資本主義への移行の最初の果実が現れ、それはもっと効率的で速い成長を約束するかのようであった。新しい一撃が起こった。グローバル金融危機と景気後退である。それが、一九二九年以後の、あるいはポスト社会主義国の転換の後の生産低下を上回るものかどうか誰にもわからない。すでに、大きな困難が現れており、ポスト社会主義国の何百万という人々に窮状をもたらしている。

このなかで、保護主義的国家を求める声は強くなるだろう。政治家は二重の圧力のもとに置かれるだろう。多くの市民は個人の主権を放棄しても、自由の点で譲歩するとしても、国家が——これまでよりも温情主義的であったとしても——福祉と安全に責任を負うことを求めている。福祉国家を小さな規模に削減し普遍的な受給権もやめる、という方向の改革を放棄する国もあるだろう。しかし、遅かれ早かれ、寛容な福祉支出から、財政赤字、経常収支赤字などが起こり、国際金融機関など金融・ビジネス共同体から批判と警告がやってくるであろう。ここから、政治家は支出削減や投資促進のための減税措置など、従来とは反対の政策に転じるよう圧力をかけられる。

これらの結果何が起こるか。正直であろうとすれば、私にはわからないというべきだろう。おそらく国によって帰結は異なるであろう。危機の深さ、勝者と敗者の比率、上で述べた福祉国家をめぐる四つの立場に対する世論の動向、などによって異なるだろう。幸運な国と不運な国があるだろう。広い長期的な展望を失わずに、短期的には厳しい選択に向き合う良い指導者を持つ国は幸運である。逆に、そんな政治家を持たない国は不幸である。結びは疑問文となる。この地域（ポスト社会主義地域）で自由、平等、博愛がどうなるのか、誰が知っているのであろうか。

＊この補論は次の著書収録論文の要約である。

Kornai, János. 2011.“Liberté, Égalité, Fraternité. Gondolatok a szocialista rendszer összeomlását követő változásokról.”*Gondolatok a kapitalizmusról. Négy tanulmány.* Budapest: Akadémiai Kiadó: 185-206.

なお、要約に際して、次のものを参考にした。

Kornai, János. 2010.“Liberté, Égalité, Fraternité: Reflections on the Changes following the Collapse of Communism.”*European Review,* 18（3）: 379-397.

コルナイ・ヤーノシュ著、田中宏訳「共産主義崩壊後の変化に関する省察——自由LIBERTÉ、平等ÉGALITÉ、友愛FRATERNITÉ」『立命館経済学』第五九巻第三号、二〇一〇年、三六五—三八一頁。

# 補論２　一人の東欧知識人の目に映るマルクス

## １　はじめに

私は一九二八年、ハンガリーに生まれた東欧人である。成人した頃、第二次世界大戦が終わった。歴史的な出来事が、私の思考に深い印象を与えてきた。私の国での戦争、ホロコースト、ナチスの支配からの解放、共産党を通じての社会主義の到来、一九五六年のハンガリー革命とその敗北、社会主義再建、一九六〇年代の市場社会主義と人間の顔をした社会主義の実験とその失敗、社会主義体制の崩壊と資本主義体制への回帰、民主主義による独裁との置き換え、現在の金融・経済危機などが、それらの出来事である。東欧で暮らし、現在、七〇、八〇代にある私たちは、一度や二度でなく八回も転換を体験し、見てきたと言える。それは大転換であり、少なくとも劇的な政治体制の転換であった。資本主義と社会主義を比較対照すること、これら二つのシステムの特徴、大転換は、マルクスがもっとも関心を持ち理解しようとした事柄であった。しかし、私たちはそれらの事柄に知的にかかわっただけではなくて、それらの変化を身をもって経験したのである。なんらかの特別の分析能力ではなく、経験が私に、マルクスの一群の文献に何かをつけ加える資格を与えている。

神奈川大学は、大学創設八〇周年に八〇歳のハンガリーの経済学者の私を招待してくれた。その時、私が講演したコンファレンスはマルクスにかんするものであった。

私が示すのは集団としての東欧知識人の見解ではない。それは私自身の歴史である。誰の人生もユニークであり、異なっている。しかし、私自身の歴史が多くの点で典型的であったと付け加えるべきであろう。私が辿った多くの局面は、全体でないとしても、他の人々の人生と似ていた。『思考の力（自伝）』〔邦訳『コルナイ・ヤーノシュ自伝――思索する力を得て』〕を刊行したとき、その叙述のなかに自分自身を見出したと言ってくれる人がいた。私の人生の節目節目におけるマルクスとのかかわりについても同じことが起こることを願っている。ここでは、豊かなマルクスの作品からほんのわずかの思想を選んでいる。急ぎ足で、私のマルクスの作品とのかかわりの主観的な物語を語ることによって、大きな主題を論じることが許されることを願う。

## 2 マルクスに引き寄せたもの

私は、本ばかり読んでいる子どもだったが、一九四五年までマルクスの本を読んだことはない。家庭でも、上中流階級の家庭出身者が通う学校でも、誰一人として私にマルクス主義の文献を手渡してくれなかったからである。しかし、それから一年か二年後には自らを確信的マルクス主義者と表明できるようになっていた。

このような急速な変化をもたらし、私をマルクスに引き寄せたものは何であったのか。私の多感な時期に「反ユダヤ法」があり、ブダペストで苦しい期間が終わった後、父がアウシュヴィッツに送られて殺され、長兄が労働奉仕から戻らなかったことを知った。私は、ヒトラーの体制とハンガリーでの共謀者が、ハンガリーを戦争とジェノサイドに押しやったことを知識と体験から理解した。新しい諸政党が出現するなかで、私はすぐに共産党支持者となった。迫害の危険のなかでも数十年にわたって、ヒトラーと同盟するホルティ体制に反対していたのが共産主義者であった。そこが私の居場所であり、共産党に参加した。社会主義社会への転換を目指す綱領に惹かれたからではない。

それから、共産党の青年運動の集会や講演会に参加するようになり、社会主義思想には説得力があると思えるようになった。ドイツ語の『資本論』を読んだのは、私が一八歳の時であった。ここで時系列について注意してほしい。共産党の活動への参加という政治的アプローチがあり、知的な体験が私をマルクスに引き寄せたわけではない。

他方で、私は『資本論』を読み進むなかで、その作品にある厳密な思想と叙述に魅せられた。子どものときから私は「秩序マニア」と家族や仲間から呼ばれたように、粗雑さや冒険主義に、自由な対話のなかでさえ耐えられないという性格の持ち主であった。だからこそ、マルクスは純粋で透明かつ明晰な概念で私を圧倒したのである。その後、ブローディ・アンドラーシュ（ハンガリー）、森嶋通夫（日本）、ジョン・ローマー（アメリカ）などの経済学者が、数学的言語でマルクスを構築した。

若い知識人というものは世界全体の包括的な説明を切望している。それを宗教に見出す者もおれば、「合理的選択の理論」によって世界を説明しようとする者もいるだろう。私の切望を満たしたのは、マルクス主義であった。

上述の二つと関連する三つ目の魅力は、マルクスが抑圧と迫害の原因に情熱的に関与していることである。戦争の最終盤の一九四四年に、私は中産階級の家庭から切り離され、肉体労働に従事しなければならなかった。私はそこで労働者と連帯感を培った。『資本論』は、温かみのある人間的感情と搾取に対する憎しみを冷静な経済分析と結びつけた書物である。

## 3　マルクスの思想から解き放ったもの

一九五三年にスターリンが亡くなり、それに続いて共産党とその支配に転換点がやってくる年月に、私の思想にも転換点がやってきた。

罪のない古参の共産主義者が逮捕され拷問にかけられたことを知ったとき、私のそれまでの確信を支えていたモラルが崩壊したのである。

突然に道徳的基盤が崩れると、〔マルクスに対する〕批判的思想への門戸が開かれた。私の場合、知的変化の前に何かがあるが、今回はモラルの次元の変化であり、政治的な次元のものではなかった。

当時、私は経済問題を扱うジャーナリストであり、浪費、無規律、低品質、不足の問題を扱っていたが、マルクスの政治経済学は、これらを分析する手助けになるものではなかった。私は、他のマルクスのライバルの理論を研究しはじめた。良かれ悪しかれ、それらの理論は未解決の問題に取り組んでいた。すなわち、それらの理論は、資本主義下だけでなく、社会主義下でも重要な普遍的問題（効率、生産と必要の諸側面、供給と需要の関係）に目を向けているように見えた。

私は、マルクスとその信奉者の命題にも疑いを持つようになった。一例を挙げよう。マルクスは貧困の蓄積について何度も繰り返している。マルクス主義者は労働者階級の絶対的および相対的貧困化に言及している。しかし、海外への旅行での印象や信頼に足る統計は、先進国では一世紀以上に及ぶ期間に、労働で生計を立てている人々の平均的生活水準は向上してきたことを示している（貧困がなくなったわけではないが）。

マルクスの教義についての批判的知識を身につけるにしたがって、その経済理論の本質的な、ますます多くの部分が、私に受け入れがたいものになった。最終的に、私は、価格、賃金、費用、利潤の現実的動きについての諸理論に照らしてみて、労働価値説を拒否するようになった。

## 4　社会主義体制に対する知的責任

一九五〇年代半ばまでに、私は社会主義の建設者から、その批判者に変わっていた。すべての私の同世代人が同じようなペースとやり方で転換したわけではない。しかし、一九五六年のハンガリー革命と鎮圧、一九六八年のプラハの春と制圧、その後のポーランドの連帯運動と逮捕・非常事態宣言と続くなかで、社会主義の世界観の断片を残そうと試みる人さえ、強い疑いを持つようになった。二〇世紀の根本的問題の一つは、社会主義の名を持つ体制は一体何だったのかという問題である。私たちが経験した、技術的後進性がもたらす飢饉から慢性的不足まで、思想の自由の否定から残虐な警察のテロ、強制収容所まで、それは「不可避」だったのかという問題である。あるいは、それは犯罪的なほどに悪い実践によってもたらされた歪《ひず》みのせいであり、マルクスと彼の理論や行為のプランとは何の関係もなかったのか。

言い換えれば、レーニン、スターリン、フルシチョフのソ連、毛沢東の中国、他の共産主義国で起こったことに対して、マルクスに責任はないのかという問題である。もしマルクスが二〇世紀に生きていればどうしたかを多くの人が想像してきた。しかし、それはすでに述べた問題を避けることである。

問題は、マルクスの理論的思考と社会主義体制の歴史的現実との関係である。私の「答え」はこうである。マルクスのプランは実際に社会主義体制によって実現されてきた。

このような厳しい発言を聞いて驚く人がいることを私は知っている。しかし、一九一七年以降の共産主義地域で起こり、一九八九年まで存在したものは、基本的にはマルクスが資本主義に置き換わるものとみていた社会主義体制が実現したものであった。それは、歴史的事実によって支持される見解であると私は信じている。

マルクスが予測し、現実の社会主義の顕著な特徴となったのは次の二つである。第一に、私的所有の廃止（への接近）、公的所有の優位に置き換えること。第二に、市場経済の廃止（への接近）、中央計画化、官僚的調整、指令経済の優位に置き換えることである。

私的創意と市場的調整が廃止された経済（社会主義体制）は、上位の管理者に頼ることになり、規律と指令が上意下達に与えられるが、それは抑圧なしに機能しない。抑圧機構は遅かれ早かれ崩壊する。これがソ連と東欧諸国で起こったことである。

上のことは、マルクスの独裁と民主主義にかんする見解と結びついている。マルクスとエンゲルスは、ブルジョア立憲主義、議会主義、民主主義が、形式的で空虚であるとみなし、プロレタリア独裁を唱えた。レーニンは、マルクスやエンゲルスからプロレタリア独裁を支持する引用を行えたが、社会主義思想を堅持しつつ議会制民主主義を正しいと考えたカウツキーは、自分の見解を裏づけるものをマルクスから引用できなかった。マルクスは人権と自由の制度的保護にかかわる問題領域を無視してきた。それが、レーニンやその他の追随者に深く染みついている。

私的所有と市場の廃止を唱えたから、あるいは人権を擁護するための議会制民主主義と法の支配の価値を認識しなかったからといって、マルクスが倫理的義務に反したというわけではない。私はただ知的責任について語っているだけである。人々に社会的行動を促す思想を提示する人には、実際に行動を起こした人とともに責任があり、その行動の結果にも責任がある。言葉の影響が大きくなればなるほど、責任は大きくなる。そして、その思想と行為のプログラムを合わせて、マルクスほど多大な影響力を及ぼした人は他にいないのである。

## 5 マルクスの教えのうちで生き残るもの

共産主義崩壊のとき、マルクスの思想も崩壊したとするのが一般的な見解となった。そして、経済危機の後、マルクスに言及することが流行になった。しかし、この極端な揺れは正当なものではない。今日の時代を理解するために、マルクスの思考のいくつかは手助けになる。しかし、他方でマルクスの思想を評価している学者でさえ、資本主義の最終的崩壊という議論を支持していない。私は未来の社会組織がどのようなものになるのかわからない。私が言えるのは資本主義はまだ崩壊していないし、その基礎は堅固であるということである。

〔こうした議論よりも以下の点にマルクスから学ぶことがある〕

『資本論』の第一巻と第三巻に示されるように、信用拡大によって過剰生産が生まれることを指摘した最初あるいは最初の一人がマルクスである。

次に、シュンペーターが「創造的破壊」で意味していることを、マルクスとエンゲルスはすでに『共産党宣言』のなかで述べていた。すなわち、資本家は技術的革新と進歩において大きな役割を果たすのだと。

また、マルクス以前も以後も経済学者は市場均衡に注目しているが、マルクスは労働市場で絶えず供給が需要を上回るという現象を「相対的過剰人口」という言葉を用いて経済学的に説明していた。私は市場均衡からの絶えざる乖離《かいり》を研究することの重要性をマルクスから学んできた。

さらに、私は著書の一つで「システム・パラダイム」という言葉を使った。それは政治的領域、文化、知的領域、経済を連結された全体に焦点を当てて捉える見方のことであり、全体を歴史的動態のなかで描く。その創始者はマルクスであった。マルクスは経済学者であるだけでなく、社会学者、政治学者、歴史家でもあった。

私は、マルクス主義者かどうか尋ねられる。明確に否定する。ただし、オーストリア学派と呼ばれても、ケインズ学派、新古典派、新自由主義者などと呼ばれても肯《うなず》かない。私は、さまざまな学派の思想を統合するよう努めてきた。そして、私にもっとも影響を与えたのは誰かと問われるなら、シュンペーターとケインズとハイエクだが、そのリストの最初に来るのはカール・マルクスである。

＊この補論は次の著書収録論文の要約である。

Kornai, János. 2011.“Marx egy kelet-európai értelmiségi szemével.” *Gondolatok a kapitalizmusról. Négy tanulmány.* Budapest: Akadémiai Kiadó: 207-225.

なお、要約に際して、次のものを参考にした。

Kornai,János. 2009. “Marx through the Eyes of an East European Intellectual.”

*Social Research*, 76 (3): 965-986.
コルナイ・ヤーノシュ著、出雲雅志訳「私のマルクス体験と現代」『神奈川大学評論』第六五号、二〇一〇年、一二一―一三六頁。

# 訳者あとがき

本書は、ハーヴァード大学およびハンガリーのコルヴィヌス大学（旧カール・マルクス経済大学）名誉教授であり、ハンガリーだけでなく、アメリカ合衆国、欧州、イギリス、ブルガリア、フィンランド、ロシア、スウェーデンのアカデミーメンバーでもあるコルナイ・ヤーノシュ（János Kornai、本書では日本と同じハンガリーでの表記方法である姓・名の順で氏名を表示している）による、*Dynamism, Rivalry, and the Surplus Economy: Two Essays on the Nature of Capitalism*, Oxford University Press, 2014 の翻訳である。本書はハンガリー語版をオリジナルとして、日本語を含め六ヵ国語で刊行されている。少しでもオリジナルのアイディアに近づけるという思いもあり、オリジナルの *Gondolatok a kapitalizmusról, Négy tanulmány*, Akadémiai Kiadó, 2011 に含まれ、英語版で抜け落ちた、短いレジュメのような第Ⅲ部と第Ⅳ部に相当する部分を補論（要約）の形で付け加えている。彼が本書に込めた意図が少しでも正確に伝われば幸いである。

コルナイ・ヤーノシュの研究水準の高さは、研究業績の豊富さはもちろん多くの受賞歴と一五大学での名誉博士の授与に象徴的に表現されようが、さらに彼は国際計量経済学会（The Econometric Society）、ヨーロッパ経済学会（The European Economic Association)、国際経済学連合（International Economic Association）の会長を務めた経験を持ち、文字通り世界の経済学をリードする役割を果たしてきたと言える。一九二八年一月二一日ブダペスト生まれのコルナイはまさに世界大戦、社会主義の到来と崩壊、市場経済の動揺と世界経済危機のなかで人生を歩んできたが、米寿を迎えようとされる現在もなお現役として第一線で活躍し、実際に圧倒的筆力で論文を執筆し、経済学に問いを発し続けている。

### コルナイの経歴

自伝『コルナイ・ヤーノシュ自伝——思索する力を得て』（以下『自伝』。盛田常夫訳、日本評論社、二〇〇六年）がある以上、彼の経歴を紹介するうえでそれにまさる書物はないが、彼自身による履歴書と紹介（http://economics.harvard.edu/people/j%C3%A1nos-kornai; http://www.kornai-janos.hu, 二〇一五年九月二八日にアクセス、E. Maskin and A. Simonovits, "A Short Biography of János Kornai," Maskin, E. and A. Simonovits eds., *Planning, Shortage, and Transformation: Essays in Honor of János Kornai*, MIT Press, 2000）を手掛かりに、彼の研究史を簡単に振り返ろう。

コルナイは、一七歳で共産党に入党し、ブダペスト大学で歴史学・哲学を学び、自ら「最初の経済学との出会い」の場所あるいは「最初の真の大学」と呼ぶ共産党中央機関紙「自由な人民」の経済記事編集でそのキャリアをスタートさせる。しかし、このキャリアによりコルナイの思考の覚醒が生じ、共産党への裏切りという評価で編集局を離れ、一九五五年科学アカデミー経済研究所で学問の道を再スタートさせる。ここで彼はインタビューというナイーヴな実証主義に依拠して、現実の経済メカニズムがどのように機能しているのかを問うたが、「社会主義の脅威となる修正」を主導するとして解雇され、閑職に追われる。一九五八年軽工業計画局、一九六〇年繊維工業研究所、一九六三年科学アカデミー計算センターがその時代であるが、同時にこの時代は彼が数理経済学を学び研究を深化させる機会を提供する。一九六七年再び経済研究所に戻り、一九九三年まで在籍する。社会主義時代は文字通り計画の現場と研究の場を行き来し、共産党の弾圧とそれへの批判の場に身をおき、自身の体験とそこでのネットワークこそが社会主義経済システム研究の基盤になっている。一九九二年から当時新設の高等研究所コレギウム・ブダペストに所属するとともに、時代は遡るが一九八六年からはハーヴァード大学教授をも兼務し、文字通り自らが東西の架け橋となった学究生活を送ってきたのである。

**コルナイ初期の業績**

彼の研究業績は社会主義経済システムそのものを対象としながらも、たえず経済学研究それ自体に対する挑戦として位置づけられる。節目となるものを中心に追跡しよう。

一九五六年『経済統制の過剰な集権化について』(*Overcentralization in Economic Administration: A Critical Analysis Based on Experience in Hungarian Light Industry*, Oxford,1959)を著すが、本書は体制内の人間による指令経済に対する批判の書物であると

ともに、彼の博士候補論文でもあった。この学位審査会には数百名が押し寄せたと言われ、ハンガリーの政治経済システムにも十分に影響する存在であった。その後、数学を用いた手法での研究を進め、「天才的と言っても過言ではない」（前掲『自伝』、一三七ページ）数学者リプターク・タマーシュとの一連の共著論文“A Mathematical Investigation of Some Economic Effects of Profit Sharing in Socialist Firms,” *Econometrica*, Jan. 1962, Vol. 30, No.1 および“Two-Level Planning,” *Econometrica*, Jan. 1965, Vol. 33, No.1 を皮切りに、数々の世界的な経済学のトップジャーナルで論文を公表した。その意味では研究は最初からグローバルに行われていたのであり、当初渡航を制限されていたものの一九六三年以降多くの海外からの招聘をうけ国際的に活躍している。コルナイ＝リプターク・モデルとは中央機関と企業の二水準計画の理論モデルであり、理想化された中央集権的計画化が考察された。完全に分権化された経済を描いたワルラス＝アロー＝ドブルー・モデルと正反対の像であった（『自伝』、一八五ページ）。当時コルナイは多くの西側経済学者の影響を受けており、フランスのエドモンド・マランヴォーはじめ、チャリング・クープマンス、レオニード・ハーヴィッツから、ヤン・ティンバーゲン、ケネス・アローまで錚々《そうそう》たる経済学者と交流を重ねた。

新古典派経済学を批判する大著『反均衡』（*Anti-Equilibrium*, North-Holland, 1971：岩城博司・岩城淳子訳『反均衡の経済学』日本経済新聞社、一九七五年）が刊行され、価格とともに非価格シグナルに注目し、均衡概念に異を唱えて主流派経済学に挑戦する。このときに、資本主義と社会主義の均衡状態に対し、圧力と吸引という「専門分野でも日常用語でも受け容れられなかった」（『自伝』、一九四ページ）用語を導入する。さらに、一九七〇年代には、『反均衡』に関連するテーマの研究に携わり、その成果は『非価格コントロール』（*Non-price Control*, with Béla Martos, North-Holland, 1981）に結実する。

コルナイに影響を与えた学者のなかにインセンティヴ両立性、メカニズムデザインの研究でノーベル賞を二〇〇七年に受賞した上記のハーヴィッツが含められるが、まったく同じ時期にハーヴィッツに師事し、二〇一五年七月に亡くなられた青木昌彦が、『反均衡』と同じ頃に新しい政治経済学を目指してS・ボールズ、H・ギンタス、J・ロールズらとともに『ラディカル・エコノミックス』（中央公論社、一九七三年）を、さらに最適計画化を扱った単著『組織と計画の経済理論』（岩波書店、一九七一年）を刊行した。後者の書物の「まえがき」には、「新古典派経済学の積極的貢献は、むしろこのような市場経済の効率性の限界をあきらかにしたまさにその否定面にこそ存在する」と主張し、経済システムを記述的に比較する伝統的アプローチを批判し、代替的メカニズムの設計を課題とする規範的比較経済理論、公共経済学の有効性を強調する。ほぼ同じ時期に、コルナイと青木は主流派経済学を批判するとともに、社会主義経済システムの作動原理に着目しながら自らの経済理論の発展に向けその歩みを速めていったのである（青木は一九六八〜六九年にハーヴァード大学で比較経済システム論を講じており、上記まえがきのなかにもコルナイへの謝辞が記されている）(1)。

## コルナイの出世作

コルナイの名声を一躍世界的な地位に押し上げたのは、全二巻からなる大著『不足の経済学』(*Economics of Shortage*, Amsterdam, North-Holland, 1980) である。このなかで、彼は水力学モデルを用いて、水槽（国民経済）のなかを流れる水（財）がなぜ社会主義経済において干上がってしまうのかを、ミクロ経済学から企業行動、行動制約に着目して論じている。慢性的な不足再生産の因果関係を「ソフトな予算制約」概念で論じ、不足経済は社会主義体制に内在する特性と見なす。日本では、その著書の翻訳そのものが出版されたわけではないが、『反均衡と不足の経済学』（盛田常夫・門脇延行編・訳、日本評論社、一九八三年）、『「不足」の政治経済学』（盛田常夫編・訳、岩波書店、一九八四年）および『経済改革の可能性』（盛田常夫編・訳、岩波書店、一九八六年）が十分にその内容を語るものと位置づけられており、実際にコルナイ自身がこのテーマで一九八三年に日本に招聘されている。「予算制約」概念はさらに進化し、一般化される。予算制約のソフトさとハードさが経営者の関心を方向づけ、制約がソフトになれば権力者との上下関係、ロビー活動が資源確保において重要な意味を持つ。こうした現象それ自体は市場経済、とりわけ公共セクターなどでの経済主体の行動を説明するうえで適合的なものであった。個人的体験と印象を記すことになるが、L・ハーヴィッツ著「集権的経済における効率性」（季刊現代経済編集室訳『季刊現代経済』一九八三年）の刊行とともに、コルナイの『不足の経済学』はそれまで市場社会主義型の経済改革の有効性に議論の焦点を当てた社会主義経済システムに対し、その再生産メカニズムと持続性の問題に視座をおいて光を当てるアプローチとして斬新なものであった。また、コルナイだけでなくその紹介とともにそれをベースに独自の社会主義経済研究を進められた盛田常夫は、当時駆け出しの大学院生の訳者（溝端）を魅了するに十分な輝きを放っていた。

一九九二年にコルナイは、社会主義から資本主義へ、体制転換が生じたころにこれまでの研究成果をとりまとめて、「日本語版への序文」でも言及している『社会主義システム――共産主義の政治経済学』（*The Socialist System: The Political Economy of Communism*, Princeton, 1992）を著す。共産党の支配するあるいは支配があったエリアにおける経済システムを総体として分析し、古典的社会主義における要素間の因果関係を明らかにした。また、『自由経済への道、社会主義システムからの移動』（*The Road to a Free Economy. Shifting from a Socialist System: The Example of Hungary*, W. W. Norton, 1990, 佐藤経明訳『資本主義への大転換――市場経済へのハンガリーの道』日本経済新聞社、一九九二年）は移行の経済政策にかんする先駆的な研究成果になった。その後も、彼は、移行の経済政策、福祉国家・社会政策、金融政策について発言するとともに、アジアを含め多様な移行の経路を視野におさめながら体制転換そのものを振り返っている。

ところで、コルナイの仕事は「制度学派的な考え方、制度の進化論的分析を、一般均衡理論の展開の過程で開発されていった、すぐれて分析的なテクニークを使った研究」（宇沢弘文「現代経済学からみたコルナイの世界」、法政大学『社会労働研究』三〇［一／二］、一九八三年、一一ページ）と評されながらも、経済システム全体の作動様式に焦点を当てているために、必ずしも明示的に狭い意味で経済制度にかんする研究を行っているわけではない。新制度学派が東欧、とりわけハンガリーに浸透するプロセスを考察したコヴァチ（J. M. Kovács, "Beyond Basic Instinct? On the Reception of New Institutional Economics in Eastern Europe," János Mátyás Kovács ed., *Capitalism from Outside? Economic Cultures in Eastern Europe after 1989*, CEU Press, 2012）は、西側の二つのパラダイム（ドイツ新自由主義であるフライブルク学派と新制度学派）が東西の出会いの場に登場したが、この出会いは文化的ハイブリッドをもたらしたと見なし、さらにいくつかのタイプに分ける。①避難探求者（マルクスの教科書から新制度学派に逃れる）、②妥協しない美文家（急進改革派のなかで新制度学派から中心概念を借りる）、③フライブルク保守派、④無関心主流派、⑤実践制度派、⑥新参者（主流派には反対しないが居心地が悪い）、⑦学際的支持者（政治学者や社会学者など）、⑧潜在的統合者（転換で実証方法を失い、新制度に接近）、⑨西側ただ乗り（西側理論と東側の経験の接合）。

こうしてコヴァチは寄せ集めとして出会いを捉えるが、市場社会主義やカール・ポランニーの伝統、EU統合の影響に注目する。そのうえで、コルナイにかんしては次のように言う。「彼は改革の実施から距離を置いており、体系的な記述と公式の分析において大抵の同僚にとって代わった。そして、彼は進化的変化には敏感であったが、西側の制度派のパラダイムを受け入れるようにはオープンではなかった。……一九九〇年代初めにコルナイは慎重に事を進めていたのだ。彼は、フライブルク（たとえば、比較経済システム）と新制度学派（たとえば、社会的信用）の両方から借り入れていたが、……熱心にどんなものでも受け入れるのは避けていた。……彼は、自分のお気に入りのソフトな予算制約の概念を除いて、確立された新制度学派のモデルを試したりポスト共産主義の転換の世界で新しいモデルを発明する代わりに、言説・歴史の構図を応用し、全体的な見方（たとえば、システム・パラダイム）で引き続き研究していた。……コルナイは長年模倣やシミュレーション（西側の物まね）に強い恐れを抱き、一般均衡理論に疑いを持っていたので、彼は新古典派の研究に夢中になれず、その結果新制度学派の知的コミュニティに加われなかった。確実なことだが彼の場合、数学が参入障壁になることはなかった」(J. M. Kovács, *op. cit.*, pp. 299-300)。こうして、コルナイは無意識的に制度研究を継承し意識的に経済システムに対するアプローチに磨きをかけ、『社会主義システム』の兄弟本『資本主義システム』の上梓に自身の問題関心と研究の深化を集中させていったのであり、それにかかわる所産が本書になる。本書にいたる知的遍歴を回想したものとして、ヤーノシュ・コルナイ、ベルナール・シャバンス「知性の遍歴についての風変わりな回想」（北川亘太訳、『比較経済体制研究』第二一号、二〇一四年）がある。

**本書の特徴**

コルナイの紹介から再び本書に戻ろう。本書はハンガリー語版をオリジナルとして、日本語を含め六ヵ国語で刊行されている。本書にかかわり、本書を推薦する、ベンジャミン・フリードマン（ハーヴァード大学）は「ヤーノシュ・コルナイは現在のもっとも重要な経済思想家のひとりだ。長年にわたる彼の洞察力はその鋭い思考からだけではなく、彼が生きた経験から湧き出てきたものだ。二つの学術エッセイはこうした型からできている」と賞賛した。また、ハンス＝ヴェルナー・シン（ミュンヘン大学）は「本書は欧州でもっとも著名な経済学者のひとりによるイノベーションと経済変動にかんする、資本主義と社会主義の本質にかんする深みがあり魅力的な書物だ」と言う。

本書は二部からなり、各々五章と八章からなる。コルナイ自身が意図するように、相互に関連はするが別々の学術エッセイである。本書に収載されたエッセイはそのハンガリー語版オリジナルを含めて、まったく同じではないがすでにその中間段階の形状で論文として公表されており、かつ邦訳されたものもある。第Ⅰ部は「イノベーションとダイナミズム（上）――体制と技術進歩の相互作用」（久保庭眞彰監訳・日臺健雄訳『エコノミア』第六二巻第一号、二〇一一年五月、四三―五九ページ）、および「イノベーションとダイナミズム（下）――体制と技術進歩の相互作用」（久保庭眞彰監訳・日臺健雄訳『エコノミア』第六二巻第二号、二〇一一年一一月、四三―六〇ページ）、補論1（ハンガリー語版第Ⅲ部）は「共産主義崩壊後の変化に関する省察――自由、平等、友愛」（田中宏訳『立命館経済学』五九［三］、二〇一〇年、三六五―三八一ページ）、補論2（同第Ⅳ部）は「私のマルクス体験と現代」（出雲雅志訳『神奈川大学評論』六五、二〇一〇年、一二一―一三六ページ）である。

翻訳にあたり、コルナイ自身から訳者達に翻訳・出版の依頼があり、補論をあわせたひとつのまとまりとして世に出すことで彼の資本主義システムに対する考え方を表現することに並々ならぬ情熱を見せた。実際、訳者一同と本書にかんして言葉を交わしたときにも意欲は十分に見て取れた。なお、二〇一四年九月四日コルナイは、欧州比較経済学会におけるキーノート・スピーチとして本書の内容を講演しており、そのときには中国経済の位置づけ、不足経済下での抑圧されたインフレーションの評価、経済システム分析の基軸における再分配の位置づけが質問されるとともに、トマ・ピケティの『21世紀の資本』に対する評価もまた発言された。印象に残ったのは、「私は現実的なものの見方をしており、中国の経済システムはレジリエントだ」という発言であった。

さて、本書の内容であるが、いずれのエッセイでも社会主義システムとの対比で、資本主義のシステム上の特性が描かれている。二つのシステムは動機づけ、行動、ダイナミズムにおいて非対称的であり、こうしたミクロレベルの行動（経済主体の動機づけ、推進力）こそがシステムの特性を規定する。第I部では資本主義の長所であるイノベーションがシステムに根差した現象であることを述べている。第II部では、資本主義の超過供給（余剰）を正常状態と見なし、未利用資源の存在こそがシステムを彩るが、逆に社会主義は不足を基盤にすると述べている。ここでは、一般均衡理論そのものが批判の対象となる。

二つのエッセイは別様に位置づけられるが、余剰経済は寡占的競争、イノベーションとダイナミズム、すなわち過剰能力・過剰在庫・過剰供給により生じ、市場均衡と両立しない。言うまでもないが、こうしたアプローチの基盤には、シュンペーターが位置しているが、同時にケインズを鏡像として位置づけている（コルナイ、シャバンス、前掲論文、七一―七三ページ）。「余剰経済が継続的に生き残ることは、資本主義の機能、ダイナミズム、技術進歩、市場における生産者とサービス提供者の絶えざる競争を規定するシュンペーター学派のイノベーションによって規定される」（József Móczár, Kornai's DRSE Theory Versus General Equilibrium Theory, *Public Finance Quarterly*, 2015. 2, p. 204）。「日本語版への序文」が言うように、本書は六七〇ページを想定した仮想の著書『資本主義システム』には及ばないが、これまでの研究史そのものを反映した資本主義分析の書と位置づけることができよう。

その後もコルナイの筆は止まることを知らない。市場移行国のなかで移行度では先進国に分類されるハンガリーにおいて、二〇一〇年の選挙でビクトル・オルバン率いるフィデスが政権を取ったことによる、政策だけでなくイデオロギーにおけるUターン、ナショナリズムの高まりと西側世界との対立を検証している（Hungary's U-Turn, *Capitalism and Society*, Vol.10, Iss. 1, Article 2; Hungary's U-Turn: Retreating from Democracy, *Journal of Democracy*, July 2015, Vol.26, No.3）。さらに、二〇一五年九月、“So What is Capital in the Twenty-First Century?: Some Notes on Piketty's Book” (in *Capitalism and Society*) を公表し、ピケティの『21世紀の資本』における資本主義システムの分析としての不十分さを批判する。とくに、本書にかかわり、所得格差が資本主義の問題であるとしても、そこにあげた高所得者のなかには資本主義のダイナミズムであるイノベーションの担い手、ビジョンをもった企業経営者、資本主義の副操縦士の金融部門、そして文字通り努力と幸運のうえに栄誉を得た者が含まれ、あらためてシステム分析の重要性を提起する。その意味では、本書はピケティの書物の対極に位置するとも言えるのかもしれない。

## 翻訳にあたって

本書の翻訳作業に携わったのは、溝端佐登史（第Ⅰ部および日本語版序文）、林裕明（第Ⅱ部第1−4章）、里上三保子（第Ⅱ部第5−8章および英語版序文）、堀林巧（補論1と2およびハンガリー語版とのつき合わせ）であり、相互に翻訳のチェックも行った。翻訳に際し、小林拓磨京都大学経済研究所研修員（松山大学経済学部准教授）には補助をいただいた。感謝申し上げたい。

また、本書は、京都大学経済研究所共同利用・共同研究拠点共同研究プロジェクトの研究成果でもある。訳者の林裕明（二〇一三年度）および堀林巧（二〇一四年度）がそれぞれプロジェクトをリードし、経済制度の研究と資本主義の多様性に焦点を当てた研究を行った。本書の刊行の企画と検討もまたこれらのプロジェクトにかかわって進められたものであるが、それに止まらない。両プロジェクトでは、コルナイに強く影響を受け、市場移行研究における経路依存性を考察したコロンビア大学のデーヴィド・スタークを二〇一四年七月に京都大学に招聘し、移行経済研究とその進化にかんする議論を行うことができたが、それもまた本書の副産物と位置づけられる。

翻訳をつうじて、コルナイご自身との交流を相当に行った。二〇一四年九月の国際コンファレンス時には直接に意見を交わす機会を設け、その後も彼の要求に沿って本書の情報更新のための作業を行った。彼自身すでに世界的に情報収集を進め、日本の研究データも加え本書のバージョンアップを志向されていたが、それは叶わなかった。何よりも、日本の統計がほかの国と必ずしも同じ基準で存在しなかったという事情が作用しており、たとえば工業設備利用水準の統計などは彼を決して満足させなかった。それでも、温かく本書の刊行に向け、日本語版序文を用意してくださるとともに、*The Journal of Comparative Economic Studies,* No. 10にも最新のお考えをご寄稿いただいた。少なくとも、日本語版には他の言語版とは異なる付加価値が加わっており、その意味でも教育者コルナイのご指導に心から謝意を表したい。

最後に、経済学、比較経済学の研究動向に耳を傾け、本書の企画を受け入れてくださったNTT出版、佐々木元也氏、斎藤公孝氏、山田兼太郎氏にお礼申し上げたい。

二〇一五年一一月一日

訳者を代表して　溝端佐登史

（1）「学問的にコルナイと私（青木―引用者）は同じようなことを考えていた。アロー＝ハーウイッツ（原文ママ）の扱った価格メカニズムが働かないような環境、つまり外部性や規模の経済性のある場合、どういうメカニズムで効率的な資源配分が実現され得るのか、という数学問題だ。コルナイはそれを社会主義的な計画経済の枠内で考え始めたのだが、私の場合は、後に市場経済における企業組織の役割にかんする基礎理論となっていく」（青木昌彦『私の履歴書　人生越境ゲーム』日本経済新聞社、二〇〇八年、一二四ページ）。

## 追記

二〇二二年二月二四日、ロシアがウクライナに侵攻した。一九五六年のハンガリー革命においてソ連の武力侵攻を経験したコルナイ・ヤーノシュは、このたびの事態をどのように受け止めただろうか。しかし、残念なことに、もう彼はいない。二〇二一年一〇月一八日、九三歳の生涯を終えたのである。

その逝去の報をうけて世界中から多くの追悼文が寄せられたが、日本人のものとしては、コルナイの紹介者であり、実際に本人を日本に招聘したこともある盛田常夫先生の文章がきわだっている（https://www.morita-from-hungary.com/j-01/01-01/01-01_10.pdf）。盛田先生が手がけた『コルナイ・ヤーノシュ自伝』とともに、ぜひご覧いただきたい。

なお、本書の文庫化再刊について、二〇二一年八月一六日に著者本人に直接連絡をとり快諾をいただくとともに、文庫版序文の執筆もお願いしていた。いまにしてその無神経さを恥じ入るばかりだが、このときすでにご体調がすぐれなかったのだろうか、「弱っていて書けそうもないが、講談社から出版できてうれしい」というお返事を頂戴した。

本邦訳の原本がNTT出版から刊行された二〇一六年から、このたびの文庫版に至るまでも、コルナイは第一線の研究者でありつづけ、その研究意欲は決して衰えることはなかった。ポピュリズムに傾斜したハンガリーの政治情勢も、また彼の研究意欲を刺激したかもしれない。

彼の問題関心は多岐にわたり、そのことが多くの研究者を魅了したように思う。彼の生きざまは自伝に譲るとしても、研究上の評価としてはマイケル・エルマンの論考がとりわけ興味深い (Michael Ellman, János Kornai: economics, methodology and policy, *Cambridge Journal of Economics*, 2021, 45, pp.371-390)。エルマンは、コルナイを「因習を打破した経済学者 (iconoclastic economist)」と呼び、彼の思想はマルクス主義、オーストリア学派、ケンブリッジ・ソーシャル・オントロジー・グループ、ケインズ主義、進化経済学と重なるという。そして、生産過程と人間行動から生ずる経済システムの属性から分析することで、「現実的分析」が可能となり、政策の失敗も見通すことができた。経済学、広く社会科学における研究上の意義は強調してなお余りある。

コルナイの研究を再考し、いかに継承するのか。これまでにも節目ごとに彼の研究業績を見直す論集が三冊、刊行されてきた。そのひとつは、二〇〇〇年にコルナイ七〇歳を記念して（Kornai70）、ハーヴァードとハンガリー科学アカデミーから刊行された（Eric Maskin and András Simonovits eds., *Planning, Shortage, and Transformation:Essays in Honor of János Kornai*, Cambridge, MA, MIT Press）。この論集では、世界から著名な研究者三〇名が参加し、計画・不足・転換を主題にして制度変化にかかわるコルナイ理論の応用が検討された。同書は市場と組織、移行理論、移行過程の再考といった三部からなるものである。

二つ目は、保険・年金危機に直面した二〇一六年に刊行された、ベラーズ・ハモリとミクローシュ・ロスタを編者とする論集である（Balázs Hámori and Miklós Rosta eds., *Constraints and Driving Forces in Economic Systems: Studies in Honour of János Kornai*, Cambridge Scholars Publishing）。ラースロー・チャバによるイントロダクション（László Csaba, Economic systems: constraints and driving forces of change）は、経済システムは変化しうるものであり、市場経済と民主主義は必ずしも親和的に存在するものではないこと、比較経済学が技術変化、イノベーションを内生化しうるという点で新古典派・主流派に大きく優ることを指摘し、経済分析における政治的要素の関連性、政治経済学の有効性・正統性を強調している。ここでチャバが提起する事例として、市場経済であっても、また選挙があっても、国民は為政者・官僚・エリートから遮断されている非自由主義的民主主義（illiberal democracies）が浮かび上がる。これはまさに、ウクライナを侵攻するロシアそのものである。

同論集に収められたピーター・ミハイの論考（Péter Mihályi, János Kornai's Anti-Equilibrium, A harbinger of evolutionary economics）においても、もうひとつ興味深い点が指摘されている。それは、主流派経済学が物理学志向であるのと対照的に、コルナイの『反均衡』では経済システムを考察するうえで生物学が援用されていることである。とりわけ、「適応」、「選択」がキーワードになっているという。

そして三つ目は、二〇二〇年に、コルナイ九〇歳を記念して（Kornai90）刊行された（Dóra Piroska and Miklós Rosta eds., *Systems, Institutions, and Values in East and West: Engaging with János Kornai's Scholarship*, Budapest-New York, Central European University Press）。特定の経済学派に属さないコルナイはきわめて広範囲かつ長期にわたる影響をもたらしたとするこの論集では、コルナイの学識に依拠して経済システム・制度・価値観における「概念的イノベーション」が探求されている。収録された論考のひとつ（Gérard Roland, Thinking capitalism with János Kornai）では、本邦訳書のテーマである資本主義システム論に関して、私的所有、市場的調整、ハードな予算制約による不断の超過供給経済であることを指摘するとともに、資本主義が生き残るうえでの民主主義の重要性、資本主義の政治的持続性、資本主義システムにおける個々の文化の役割に注目している。また、ヒエラルキーのなかでの能力主義と幹部のローテーションが結合した独裁国家中国資本主義に関しても、文化と政治の違いが先進国との摩擦の種になるが、平和裏に対処しなければならないと結論している。

この九〇歳記念論集には、二〇一八年二月に開催されたカンファレンスでのコルナイ自身による講演原稿 About the value of democracy and other challenging research topics が含まれている。そこでは、自分の問題関心が本書に集約されていると述べるとともに、ハンガリーとポーランドを多様な価値観、民主主義の実験室として指摘している。そのうえで、複雑な価値選択のディレンマを考えるうえで、「政治経済学者になるべきであり」、自分の仕事はまだ完了していないと結んでいる。

いま紹介した三冊の記念の著書とは別に、コルナイの仕事を俯瞰するものとして、二〇二一年四月に刊行された *Public Choice* 誌の特別号もある（Special issue in honor of János Kornai, *Public Choice*, Volume 187, issue 1-2, April 2021, Springer, Edited by Mehrdad Vahabi）。これは、コルナイの理論的枠組みと、ソフトな予算制約および政治経済学への応用という二つのパートで構成されており、この構成は経済学の漂流そのものを照らし出していると言えよう。

編者による序文は、マルクスとハイエクの影響を強く受けたコルナイの思想・経済学上の位置を述べた上で、「コルナイの知的遺産は『全能の』国家の政治経済の因果・結果を解明する上でとくに重要なもの」と結論している。また、この特別号には、コルナイ自身による一九五六年ハンガリー革命に関するペーパーが含まれており、当時の経済研究所、自身の「知的な未成熟さ」への言及が盛り込まれている。

システム・パラダイムに注目した本書は、まさに資本主義を、経済システムをどう見るべきかという大きな問いの核心に接近している。

二一世紀に入り、経済システムを考える上での大きな課題として、成長目覚ましい中国の存在が浮かび上がっている。本書にあるように、イノベーションを駆動力として経済成長を可能とするのが資本主義であるが、それを達成した中国において、そうでありながら民主主義が育たないのであれば、いったいそれはいかなるものと言いうるのか。まさに、資本主義と社会主義の境界が再び問い直されることになる。

コルナイは当初、システムを有機的な総体としてとらえる視点に立って、一党独裁、公的所有による生産手段支配、官僚主義的調整の優勢を社会主義システムの基準に据えたが、その後副次的に不足経済、労働力不足、緩慢な技術進歩、低位の所得格差、ソフトな予算制約、腐敗の六つを加えている（János Kornai, The system paradigm revisited. Clarification and additions in the light of experiences in the post-socialist region, *Acta Oeconomica*, 66（4）, 2016, 547-596）。さらに中国を念頭に置けば、党－国家体制、個人支配、世襲的所有権、職場での党組織、集団的文化、高い投資性向、移動の自由の制限、通貨交換制限、閉鎖経済、土地の公的所有、イデオロギーベースの外交の一一項目の特徴がそれに加わり、合計二〇項目の特徴が挙げられよう（Péter Mihályi and Iván Szelényi, Kornai on the affinity of systems: Is China today an illiberal capitalist system or a communist dictatorship?, *Public Choice*, 187 (1-2), 2021, 197-216)。こうした特徴が有機的にシステムを構成するため、市場経済化が自動的に民主主義を産み落とすわけではなかった。

コルナイに依拠して一一項目を付加したピーター・ミハイと、イワン・セレーニィ (The six competing types of domination in the early 21st century: Towards a new Weberian taxonomy, *International Political Anthropology Journal*, Vol. (14) 2, 2021, 175-189) は、政治体制に基づいて資本主義を以下のように分類している。すなわち、自由主義型（アングロサクソンを代表とする自由市場経済、戦後ドイツを想定した保守的調整市場経済、北欧の社会民主主義的な調整市場経済）、反自由主義型（二〇一〇年以降のハンガリー、日本、エリツィン期のロシア、シンガポールなど）、独裁あるいは非選挙型専制（プーチン期のロシア、二〇一二年までの中国、旧ソ連圏など）、そしてそれらとは別に独裁（二〇一二年以降の中国、北朝鮮など）である。こうして、中国は独裁体制にUターンしたと捉えられているのである。

中国の改革・開放をリードする思想は、コルナイ自身が提供したものであった。二〇一九年七月一一日付「フィナンシャル・タイムズ」誌に掲載された彼の論考「フランケンシュタインの道義的責任」（小林拓磨・伏田寛範訳、『比較経済体制研究』第二六号、二〇一九年）においては、中国という怪物を生みだした自身の責任を認め、「封じ込め」を提起している。

制度からシステム・パラダイムへ——こうした課題意識は、主流派経済学の中からは生まれることはない。二一世紀の転換点とも言うべきロシアのウクライナ侵攻は、国際経済秩序はもちろんのこと、既存の経済システムそのものの見方に再考を迫ることとなった。資本主義システムの属性と政治との関係を考察することも、今後の課題に含まれるだろう。コルナイが本書で提起した課題は、社会科学がリアルな現実をいかにして分析しうるのかを問うものであった。コルナイは、経済学は今後どこに向かうべきかを問い直していたようにも思える。

＊

このたびの学術文庫版刊行に際し、二〇一六年に刊行された原本を、訳者一同であらためて丹念に読み返し、誤訳、不正確あるいはあいまいな箇所はできる限り修正したつもりである。それでもなお誤りがあれば御教示願いたい。それは私たちの責任であり、お詫び申し上げる。

コルナイに対する良き理解者であり鋭い批判者でもあった、訳者の一人である堀林巧は二〇一八年に他界した。堀林を含め訳者一同、コルナイ・ヤーノシュの最後の単著となった本書を文庫として再刊できること、心からよろこばしく思うとともに、二〇二一年一〇月に逝去したコルナイに哀悼の意を表する。最後に、コルナイ・ヤーノシュの研究業績に注目いただき、講談社学術文庫からの再刊を担当してくださった講談社学術図書編集部の青山遊氏にも心からお礼申し上げたい。

二〇二三年三月一〇日

訳者一同

# 参考文献


Acemoglu, Daron, Philippe Aghion, Claire Lelarge, John Van Reenen, and Fabrizio Zilibotti. 2007. "Technology, Information, and the Decentralization of the Firm." *The Quarterly Journal of Economics* 122 (4): 1759-1799.

Aghion, Philippe, and Peter W. Howitt. 1998. *Endogenous Growth Theory.* Cambridge, MA: MIT Press.

Akerlof, George A., and Robert J. Shiller. 2009. *Animal Spirits: How Human Psychology Drives the Economy, and Why It Matters for Global Capitalism.* Oxford, UK: Princeton University Press.〔『アニマルスピリット』山形浩生訳、東洋経済新報社、二〇〇九年〕

Allain, Olivier, and Nicolas Canry. 2008. "Growth, Capital Scrapping, and the Rate of Capacity Utilisation." Working Paper, 12th Conference of the Research Network, Macroeconomics and Macroeconomic Policies, Berlin.

Amann, Ronald, and Julian Cooper, eds. 1982. *Industrial Innovation in the Soviet Union.* New Haven and London: Yale University Press.

Amann, Ronald, Julian Cooper, and R. W. Davies, eds. 1977. *The Technological Level of Soviet*

*Industry.* New Haven and London: Yale University Press.

Antal, László. 1980. “Fejlődés kitérővel. A magyar gazdasági mechanizmus a 70-es években” [Development with a Detour. The Hungarian Economic Mechanism in the 1970s]. *Gazdaság* 14 (2): 28-56.

Arthur, William Brian. 1994. *Increasing Returns and Path Dependence in the Economy.* Ann Arbor: University of Michigan Press.

Artus, Patrick. 2009. “China: The Vicious Circle of Excess Capacity.” *Flash Economics,* no. 115, March 11, 209. Natixis Economic Research. Accessed May 26, 2013. http://cib.natixis.com/flushdoc.aspx?id=45810

Atkin, David J., Tuen-Yu Lau, and Carolyn A. Lin. 2006. “Still on hold? A retrospective analysis of competitive implications of the Telecommunication Act of 1996, on its 10th year anniversary.” *Telecommunications Policy* 30 (2): 80-95.

Azariadis, Costas. 1975. “Implicit contracts and underemployment equilibria.” *Journal of Political Economy* 83 (6): 1183-1202.

Balcerowicz, Leszek. 1995. *Socialism Capitalism Transformation.* Budapest: Central European University Press.〔『社会主義、資本主義、体制転換』家本博一・田口雅弘訳、多賀出版、二〇〇〇年〕

Ball, Laurence, and Gregory N. Mankiw. 1995. “A Sticky-Price Manifesto.” *NBER Working*

*Papers* 4677, National Bureau of Economic Research.

Bartelsman, Eric J., John Haltiwanger, and Stefano Scarpetta. 2004. "Microeconomic Evidence of Creative Destruction in Industrial and Developing Countries." Working Paper. Washington DC: World Bank.

Bauer, Reinhold. 1999. *Pkw-Bau in der DDR: Zur Innovationsschwäche von Zentral-verwaltungswirtschaften.* Frankfurt am Main: Peter Lang.

Baumol, William J. 2002. *The Free-Market Innovation Machine: Analyzing the Growth Miracle of Capitalism.* Princeton: Princeton University Press.〔『自由市場とイノベーション――資本主義の成長の奇跡』足立英之監訳、勁草書房、二〇一〇年〕

Baumol, William J., and Alan S. Blinder. 2009. *Economics: Principles and Policy.* Mason, OH: South-Western Cengage Learning.

Baumol, William J., Robert Litan, and Carl J. Schramm. 2007. *Good Capitalism, Bad Capitalism, and the Economics of Growth and Prosperity.* New Haven and London: Yale University Press.〔『良い資本主義　悪い資本主義――成長と繁栄の経済学』原洋之介監訳、田中健彦訳、書籍工房早山、二〇一四年〕

Baumol, William J., and Melissa A. Schilling. 2008. "Entrepreneurship." In *The New Palgrave Dictionary of Economics,* 2nd ed, Edited by S. N. Durlauf and L. E. Blume. London: Palgrave Macmillan.

Benassy, Jean-Pascal. 1982. *The Economics of Market Disequilibrium.* New York: Academic Press.

Berliner, Joseph. 1976. *The Innovation Decision in Soviet Industry.* Cambridge, MA: MIT Press.

Berners-Lee, Tim. 1999. *Weaving the Web.* San Francisco: Harper.

Bhaduri, Amit. 2007. *Growth, Distribution and Innovations.* London and New York: Routledge.

Bhagwati, Jagdish. 2004. *In Defense of Globalization.* Oxford: Oxford University Press.〔『グローバリゼーションを擁護する』鈴木主税・桃井緑美子訳、日本経済新聞社、二〇〇五年〕

Bils, Mark, and Peter J. Klenow. 2004. "Some Evidence on the Importance of Sticky Prices." *Journal of Political Economy* 112 (5): 947-985.

Blanchard, Olivier, and Jordi Gali. 2007. "Real Wage Rigidities and the New Keynesian Model." *Journal of Money, Credit and Banking* 39: Supplement, 35-65.

Blinder, Alan S., Elie R. Canetti, David E. Lebow, and Jeremy B. Rudd. 1998. *Asking about Prices: A New Approach to Understanding Price Stickiness.* New York: Russell Sage Foundation.

Bojár, Gábor. 2007. *The Graphisoft Story: Hungarian Perestroika from an Entrepreneur's Perspective.* Budapest: Manager Könyvkiadó.

Bolton, Patrick, and Mathias Dewatripont. 2005. *Contract Theory.* Cambridge, MA: MIT Press.

Bower, Joseph L., and Clayton M. Christensen. 1995. "Disruptive Technologies: Catching the

Wave". *Harvard Business Review* 73 (1): 43-53.

Bureau of Labor Statistics. 2012. "Job Openings and Labor Turnover Survey (JOLTS)." Accessed October 11, 2010. http://www.bls.gov/jlt/#data

Bygrave, William, and Jeffry Timmons. 1992. *Venture Capital at the Crossroads*. Boston: Harvard Business School Press. 〔『ベンチャーキャピタルの実態と戦略』日本合同ファイナンス（株）訳、東洋経済新報社、一九九五年〕

Castells, Manuel. 1996-98. *The Information Age: Economy, Society, and Culture*. Vols. 1-3. Oxford: Blackwell.

Ceruzzi, Paul E. 2000. *A History of Modern Computing*. Cambridge, MA: MIT Press. 〔『モダン・コンピューティングの歴史』宇田理・高橋清美監訳、未来社、二〇〇八年〕

Chamberlin, Edward H. 1962 [1933]. *The Theory of Monopolistic Competition*. Cambridge, MA: Harvard University Press. 〔『独占的競争の理論――価値論の新しい方向』青山秀夫訳、至誠堂、一九六六年〕

Chantrill, Christopher. 2010. "US Government Spending." Accessed November 30, 2010. http://www.usgovernmentspending.com/numbers#usgs302

Chao, Loretta. 2009. "China Squeezes PC Makers." *Wall Street Journal*, June 8.

Chekhov, Anton. 1973 [1894]. "Letter to Alexei Suvorin, Yalta, March 27, 1894." In *Anton Chekhov's Life and Thought: Selected Letters and Commentary*, Edited and annotated by

Simon Karlinsky. Evanston, IL: Northwestern University Press: 261-263.

Chikán, Attila. 1984. *A vállalati készletezési politika* [Inventory Policy of Enterprises]. Budapest: Közgazdasági és Jogi Könyvkiadó.

Chopra, Sunil, and Peter Meindl. 2003. *Supply Chain Management.* Upper Saddle River, NJ: Prentice Hall.

Christensen, Clayton. 1997. *The Innovator's Dilemma: When New Technologies Cause Great Firms to Fail.* Boston, Mass: Harvard Business School Press.

Clavel, Laurent, and Christelle Minodier. 2009. "A Monthly Indicator of the French Business Climate." INSEE, Paris. Accessed January 12, 2011. http://www.insee.fr/fr/publications-et-services/docs_doc_travail/G2009-02.pdf

Clower, Robert W. 1965. "The Keynesian Counter-Revolution: A Theoretical Appraisal." In *The Theory of Interest Rates,* Edited by Frank H. Hahn and P. R. Brechling, 103-125. London: Macmillan.

Clower, Robert W. 1967. "A Reconsideration of the Microfoundations of Monetary Theory." *Western Economic Journal* 6 (1): 1-8.

Cooper, Julian. 2009. *Russia as a Populous Emerging Economy: A Comparative Perspective.* Birmingham: CREF, University of Birmingham. Draft mimeographed manuscript.

Corrado, Carol, and Joe Mattey. 1997. "Capacity Utilization." *Journal of Economic Perspectives*

11 (1): 151-167.

Coutts, David A. 2010. "Darwin's Views on Malthus." Accessed December 3, 2010. http://members.optusnet.com.au/exponentialist/Darwin_Malthus.htm

Cowan, Robin, and Mario J. Rizzo. 1996. "The Genetic-Causal Tradition and Modern Economic Theory." *Kyklos* 49 (3): 273-317.

Crotty, James. 2001. "Structural Contradictions of Current Capitalism: A Keynes-Marx-Schumpeter Analysis." Accessed December 1, 2010. http://people.umass.edu/crotty/india-rev-May25.pdf

Crotty, James. 2002. "Why There is Chronic Excess Capacity." *Challenge* 45 (6): 21-44.

CS Ad Dataset. 2007. "US Internet (online) advertising expenditure in millions of U.S. dollars." Accessed December 1, 2010. http://www.galbithink.org/cs-ad-dataset.xls

Davila, Tony, Marc J. Epstein, and Robert Shelton. 2006. *Making Innovation Work: How to Manage It, Measure It, and Profit from It.* Philadelphia: Wharton School.〔『イノベーション・マネジメント――成功を持続させる組織の構築（ウォートン経営戦略シリーズ）』スカイライトコンサルティング訳、英治出版、二〇〇七年〕

Davis, Christopher, and Wojciech Charemza, eds. 1989. *Models of Disequilibrium and Shortage in Centrally Planned Economies.* London: Chapman and Hall.

Dentsu. 2009. "Advertising Expenditures in Japan 1999-2009." Accessed December 1, 2010.

http://www.dentsu.com/marketing/index.html

Diamond, Peter A. 1982. "Aggregate Demand Management in Search Equilibrium." *Journal of Political Economy* 90 (5): 881-894.

Djankov, Simeon, and Peter Murrell. 2002. "Enterprise Restructuring in Transition: A Quantitative Survey." *Journal of Economic Literature* 40 (3): 739-792.

Domar, Evsey D. 1989. "The Blind Men and the Elephant: An Essay on Isms." In *Capitalism, Socialism, and Serfdom,* Edited by Evsey D. Domar, 29-46. Cambridge: Cambridge University Press.

Drávucz, Péter. 2004. "Ez nagyobb dobás lesz a floppinál" [This is gonna be a greater hit than the floppy]. *Magyar Hírlap,* March 20.

Ehrlich, Éva. 1985. "Economic Development Levels, Proportions and Structures." Manuscript. Budapest: MTA Világgazdasági Kutatóintézet.

Erkel-Rousse, Hélène, and Christelle Minodier. 2009. "Do Business Tendency Surveys in Industry and Services Help in Forecasting GDP Growth? A Real-Time Analysis on French Data." INSEE, Paris. Accessed January 12, 2011. http://insee. fr/fr/publications-et-services/docs_doc_travail/G2009-03.pdf

Etter, Richard, Michael Graff, and Jürg Müller. 2008. "Is 'Normal' Capacity Utilisation Constant Over Time? Analyses with Macro and Micro Data from Business Tendency Surveys." ETH

Zurich, KOF Swiss Economic Institute, Zurich. Accessed December 1, 2010. http://www.cesifogroup.de/portal/page/portal/ifoContent/N/event/Conferences/conf_nd/2008-11-20-Third-Workshop-MacroeconomicsandBusinessCycle/work-makro3-graff-m.pdf

Eurobarometer. 2005. "Special survey on science and technology" (fieldwork: January-February 2005). http://ec.europa.eu/public_opinion/archives/eb_special_240_220_en.htm

Fallenbuchl, Zbigniew M. 1982. "Employment Policies in Poland." In *Employment Policies in the Soviet Union and Eastern Europe,* Edited by Jan Adam. London: Macmillan.

Farkas, Katalin. 1980. "A vállalati készletek szerepváltozása" [The Change in the Role of Inventories]. In *Vállalati rnagatartás, vállalati környezet,* Edited by Márton Tardos. Budapest: Közgazdasági és Jogi Könyvkiadé.

Federal Reserve Bank of St. Louis. 2010. "Federal Reserve Economic Data (Gross domestic product)." Accessed December 3, 2010. http://research.stlouisfed.org/fred2/series/GDPA?cid=106

Federal Reserve Statistical Release. 2010. "Industrial Production and Capacity Utilization." Accessed December 1, 2010. http://www.federalreserve.gov/releases/g17/current/table11.htm and http://www.federalreserve.gov/releases/g17/current/table12.htm

Feenstra, Robert C. 1998. "Integration of trade and disintegration of production in the global economy." *Journal of Economic Perspectives* 12 (4): 31-50.

Finansy i Statistika. 1988. *SSR i zarubezhnye strany 1987* [The USSR and foreign countries 1987]. Moscow: Finansy i Statistika.

Flaschel, Peter. 2009. *The Macrodynamics of Capitalism: Elements for a Synthesis of Marx, Keynes and Schumpeter.* Heidelberg: Springer.

Francas, David, Mirko Kremer, Stefan Minner, and Markus Friese. 2009. "Strategic process flexibility under lifecycle demand." *International Journal of Production Economics* 121 (2): 427-440.

Freedom House. 2010. "Freedom in the World: 2010 Survey Release." Accessed December 3, 2010. http://www.freedomhouse.org

Freeman, C., and Luc Soete. 2003. *The Economics of Industrial Innovation.* Cambridge, MA: MIT Press.

Friedman, Milton. 1968. "The role of monetary policy." *American Economic Review* 58 (1): 1-17.

Frisch, Walter. 2003. "Co-Evolution of Information Revolution and Spread of Democracy." *Journal of International and Comparative Economics* 33: 252-255.

Fuchs, Christian. 2008. *Internet and Society.* New York and London: Routledge.

Galbraith, John K. 1952. *A Theory of Price Control.* Cambridge, MA: Harvard University Press.

Galbraith, John K. 1998 [1958]. *The Affluent Society.* Boston: Houghton Mifflin. 〔『ゆたかな社

会』鈴木哲太郎訳、岩波書店、一九六〇年；同時代ライブラリー、一九九〇年；決定版、岩波現代文庫、二〇〇六年〕

Gomulka, Stanislaw. 1983. "The Incompatibility of Socialism and Rapid Innovation." *Millennium: Journal of International Studies* 13（1）: 16-26.

Google Company. 2013. "Our History in Depth." Accessed July 23, 2013. http://www. google.com/about/company/history

Gorodnichenko, Yuriy, Jan Svejnar, and Katherine Terrell. 2010. "Globalization and Innovation in Emerging Markets". *American Economic Journal: Macroeconomics* 2: 194-226.

Griliches, Zvi. 1957. "Hybrid Corn: An Exploration in the Economics of Technological Change." *Econometrica* 25（4）: 501-522.

Grossman, Gene M., and Elhanan Helpman. 1991. *Innovation and Growth in the Global Economy.* Cambridge, MA: MIT Press.〔『イノベーションと内生的経済成長――グローバル経済における理論分析』大住圭介監訳、創文社、一九九八年〕

Grover, Varun, and Jon Lebeau. 1996. "US Telecommunications: Industries in Transition." *Telematics and Informatics* 13（4）: 213-231.

Hall, Peter A., and David Soskice, eds. 2001. *Varieties of Capitalism: The Institutional Foundations of Comparative Advantage.* Oxford: Oxford University Press.〔『資本主義の多様性――比較優位の制度的基礎』遠山弘徳・安孫子誠男・山田鋭夫・宇仁宏幸・藤田菜々子訳、ナ

カニシヤ出版、二〇〇七年〕

Hall, Peter A., and David Soskice, eds. 2003. "Varieties of Capitalism and Institutional Change: A Response to Three Critics." *Comparative European Politics* 1 (2): 241-250.

Hámori, Balázs, and Katalin Szabó. 2012. *Innovációs verseny. Esélyek és korlátok* [Competition in Innovation: Chances and Constraints]. Budapest: Aula.

Hanson, Philip. 1981. *Trade and Technology in Soviet-Western Relations.* London: Macmillan.

Hanson, Philip, and Keith Pavitt. 1987. *The Comparative Economics of Research Development and Innovation in East and West: A Survey.* Chur, London, Paris, New York, and Melbourne: Harwood.

Harrison, Ian. 2003. *The Book of Firsts.* London: Cassell Illustrated.

Harrison, Ian. 2004. *The Book of Inventions.* London: Cassell Illustrated.

Haug, Wolfgang F. 2003. *High-Tech-Kapitalismus.* Hamburg: Argument.

Haugh, David, Annabelle Mourougane, and Olivier Chatal. 2010. "The Automobile Industry in and Beyond the Crisis." Working Paper No. 745. OECD Economics Department.

Hayek, Friedrich. 1948. "The Meaning of Competition." In *Individualism and Economic Order,* Edited by Friedrich Hayek, 92-106. Chicago and London: The University of Chicago Press. 〔『個人主義と経済秩序』嘉治元郎・嘉治佐代訳、新版ハイエク全集I―3、春秋社、二〇〇八年〕

Heertje, Arnold. 2006. *Schumpeter on the Economics of Innovation and the Development of*

*Capitalism.* Cheltenham: Elgar.

Heilbroner, Robert L. 1986. “Economics and Political Economy: Marx, Keynes and Schumpeter.” In *Marx, Schumpeter, and Keynes,* Edited by Suzanne W. Helburn and David F. Bramhall, 13-25. Armonk, NY: ME Sharpe.

Helburn, Suzanne W., and David F. Bramhall, eds. 1986. *Marx, Schumpeter, and Keynes: A Centenary Celebration of Dissent.* Armonk, NY: ME Sharpe.

Helpman, Elhanan, and Paul R. Krugman. 1985. *Market Structure and Foreign Trade.* Cambridge, MA: MIT Press.〔『現代の貿易政策――国際不完全競争の理論』大山道広訳、東洋経済新報社、一九九二年〕

Hirschman, Albert O. 1970. *Exit, Voice, and Loyalty.* Cambridge: Harvard University Press.〔『離脱・発言・忠誠――企業・組織・国家における衰退への反応』矢野修一訳、ミネルヴァ書房、二〇〇五年〕

Hodgson, Geoffrey M. 1993. *Economics and Evolution: Bringing Life Back into Economics.* Cambridge: Polity Press, and Ann Arbor, MI: University of Michigan Press.〔『進化と経済学――経済学に生命を取り戻す』西部忠・森岡真史・田中英明・吉川英治・江頭進訳、東洋経済新報社、二〇〇三年〕

Holzmann, Robert. 1990. “Unemployment Benefits during Economic Transition: Background, Concept and Implementation.” Manuscript. OECD Conference Paper. Ludwig Boltzman

Institut für Ökonomische Analyse, Vienna.

Huang, Haizhou, and Chenggang Xu. 1998. “Soft Budget Constraint and the Optimal Choices of Research and Development Projects Financing.” *Journal of Comparative Economics* 26: 62-79.

ILO. 2010. “Key Indicators of the Labor Market.” EAPEP Database. International Labour Organization, Genf: International Labour Organization.

ILO. 2012. “Key Indicators of the Labor Market.” Accessed May 29. 2013. http://www.ilo.org/empelm/what/WCMS_114240/lang-en/index.htm

IMF. 2010. “International Financial Statistics (Gross domestic product).” International Monetary Fund. Accessed December 3, 2010. http://www.imfstatistics.org/imf/

International Telecommunication Union. 2006. *World Telecommunication/ICT Development Report: Measuring ICT for Economic and Social Development,* 104-112. Genf: International Telecommunication Union.

International Telecommunication Union. 2007. “Telecommunication Indicators. Telephones, Cellular Phones, and Computers by Country: 2006.” Accessed December 3, 2010. http://www.census.gov/compendia/statab/cats/international_statistics/telecommunications_computers.html

Isaacson, Walter. 2011. *Steve Jobs.* New York: Simon and Schuster. 〔『スティーブ・ジョブズ』

1・2、井口耕二訳、講談社、二〇一五年〕

Jones, Lamar B. 1989. “Schumpeter versus Darwin: In re Malthus.” *Southern Economic Journal* 56 (2): 410-422.

Kahneman, Daniel, and Amos Tversky. 1979. “Prospect Theory: An Analysis of Decision under Risk.” *Econometrica* 47 (2): 263-291.

Kahneman, Daniel, and Amos Tversky. 1991. “Loss Aversion in Riskless Choice: A Reference-Dependent Model.” *The Quarterly Journal of Economics* 106 (4): 1039-1061.

Kaldor, Nicholas. 1972. “The Irrelevance of Equilibrium Economics.” *Economic Journal* 82 (328): 1237-1255.

Kaldor, Nicholas. 1981. “The Role of Increasing Returns, Technical Progress and Cumulative Causation.” *Economie Appliquée* 34 (6): 593-617.

Kalecki, Michal. 1971. *Selected Essays on the Dynamics of the Capitalist Economy.* Cambridge: Cambridge University Press.〔『資本主義経済の動態理論』浅田統一郎・間宮陽介訳、日本経済評論社、一九八四年〕

Kapitány, Zsuzsa. 2010. “Számítások a szocialista gazdaságok 1989 előtti autóhiányáról” [Calculations on car shortage in Eastern Europe before 1989]. Manuscript.

Karvalics, László Z. 2009. “The Information (Society) Race.” Manuscript. Budapest: BKE

Kedzie, Christopher R. 1997a. “Democracy and Network Interconnectivity.” In *Culture on the*

*Internet,* Edited by S. Kiesler. Mahwah, NJ: Erlbaum.

Kedzie, Christopher R. 1997b. "The Case of the Soviet Union: The Dictator's Dilemma." Chapter 2 in *Communication and Democracy: Coincident Revolutions and the Emergent Dictator's Dilemma.* Rand. Accessed August 31, 2009. http://www.rand.org/pubs/rgs_dissertations/RGSD127/sec2.html

Keen, Steve. 2002. *Debunking Economics.* New York: Zed Books and St Martin's Press.

Keynes, John M. 1967 [1936]. *The General Theory of Employment, Interest and Money.* London: Macmillan. 〔『雇用・利子および貨幣の一般理論』普及版、塩野谷祐一訳、東洋経済新報社、一九九五年；上下巻、間宮陽介訳、岩波文庫、二〇〇八年〕

King, John L., and Joel West. 2002. "Ma Bell's Orphan: US Cellular Telephony, 1947-1996." *Telecommunications Policy* 26 (3-4): 189-203.

Kirman, Alan. 1992. "Whom or What Does the Representative Individual Represent?" *Journal of Economic Perspectives* 6 (2): 117-136.

Kirzner, Israel M. 1973. *Competition and Entrepreneurship.* Chicago and London: University of Chicago Press. 〔『競争と企業家精神――ベンチャーの経済理論』田島義博監訳、千倉書房、一九八五年〕

Kirzner, Israel M. 1985. *Discovery and the Capitalist Process.* Chicago: University of Chicago Press.

Kornai, János. 1994 [1959]. *Overcentralization in Economic Administration.* Oxford: Oxford University Press.

Kornai, János. 1971. *Anti-Equilibrium.* Amsterdam: North-Holland.〔『反均衡の経済学』岩城博司・岩城淳子訳、日本経済新聞社、一九七五年〕

Kornai, János. 1979. “Resource-Constrained versus Demand-Constrained Systems.” *Econometrica* 47 (4): 801-819.

Kornai, János. 1980. *Economics of Shortage.* Amsterdam: North-Holland.

Kornai, János. 1982. *Growth, Shortage and Efficiency.* Oxford: Basil Blackwell, and Berkeley and Los Angeles: University of California Press.

Kornai, János. 1992. *The Socialist System: The Political Economy of Communism.* Princeton: Princeton University Press and Oxford: Oxford University Press.

Kornai, János. 1993. “Transformational Recession: A General Phenomenon Examined through the Example of Hungary’s Development.” *Economie Appliquée* 46 (2): 181-227.

Kornai, János. 2001. “Ten Years After ‘The Road to a Free Economy’: The Author’s Self Evaluation.” In *Annual Bank Conference on Development Economics 2000,* Edited by B. Pleskovic and N. Stern. Washington, DC: World Bank.

Kornai, János. 2006a. *By Force of Thought: Irregular Memoirs of an Intellectual Journey.* Cambridge, MA: MIT Press.〔『コルナイ・ヤーノシュ自伝——思索する力を得て』盛田常夫訳、

日本評論社、二〇〇六年）

Kornai, János. 2006b. "The Great Transformation of Central and Eastern Europe: Success and Disappointment." *Economics of Transition* 14 (2): 207-244.

Kornai, János. 2008. *From Socialism to Capitalism.* Budapest: Central European University Press.

Kornai, János. 2009a. "Marx through the Eyes of an East European Intellectual." *Social Research* 76 (3): 965-986.

Kornai, János. 2009b. "The Soft Budget Constraint Syndrome and the Global Financial Crisis: Some Warnings of an East European Economist." http://www. kornai-janos.hu

Kornai, János. 2010. "Hiánygazdaság - Többletgazdaság" [Shortage Economy - Surplus Economy]. *Közgazdasági Szemle* 57 (11-12): 925-957, 1021-1044.

Kornai, János, and Karen Eggleston. 2001. *Welfare, Choice and Solidarity in Transition: Reforming the Health Sector in Eastern Europe.* Cambridge: Cambridge University Press.

Kornai, János, and Béla Martos. 1973. "Autonomous Control of Economic Systems." *Econometrica* 41 (3): 509-528.

Kornai, János, and Béla Martos, eds. 1981. *Non-price Control.* Amsterdam: North-Holland.

Kornai, János, Eric Maskin, and Gérard Roland. 2003. "Understanding the Soft Budget Constraint." *Journal of Economic Literature* 41 (4): 1095-1136.

Kornai, János, and Susan Rose-Ackerman, eds. 2004. *Building a Trustworthy State in Post-Socialist Transition.* New York: Palgrave Macmillan.

Kornai, János, Bo Rothstein, and Susan Rose-Ackerman, eds. 2004. *Creating Social Trust in Post-Socialist Transition.* New York: Palgrave Macmillan.

Kovács, Győző. 1999. "Egy elpuskázott találmány. Jánosi Marcell és a kazettás 'floppy'" [A messed up invention: Marcell Jánosi and the cassette-floppy]. Exhibition poster. Budapest.

KPMG. 2009. "Momentum: KPMG's Global Auto Executive Survey 2009." Accessed December 17, 2010. http://www.kpmg.com/Global/en/IssuesAndInsights/ArticlesPublications/Momentum/Documents/Momentum-AutoExec-2009.pdf

Kürti, Sándor, and Gábor Fabiány, eds. 2008. *20 éves a KÜRT, az Infostrázsa* [20 Years of KÜRT, the Info-Guard]. Budapest: Kürt Információmenedzsment.

Lachmann, Ludwig M. 1976. "From Mises to Shackle: An Essay on Austrian Economics and the Kaleidic Society." *Journal of Economic Literature* 14 (1): 54-62.

Laki, Mihály. 1984-85. "Kényszerített innováció" [Forced innovation]. *Szociológia* 12: 45-53.

Laki, Mihály. 2009. "Interjú a Kürti-fivérekkel" [Interview with the Kürti brothers]. Manuscript. MTA Küzgazdaságtudományi Intézet, Budapest.

Lange, Oskar. 1968 [1936-37]. "On the Economic Theory of Socialism." In *On the Economic Theory of Socialism,* Edited by Benjamin E. Lippincott, 57-143. New York, Toronto, and

London: MacGraw Hill.

Latvijas Statistika. 2012. "Population and Social Process Indicators." Accessed December 14, 2010. http://www.csb.gov.1v/node/30604

Lavoie, Don. 1985. *Rivalry and Central Planning.* Cambridge: Cambridge University Press. 〔『社会主義経済計算論争再考——対抗と集権的計画編成』吉田靖彦訳、青山社、一九九九年〕

Layard, Richard, Stephen Nickell, and Richard Jackman. 1991. *Unemployment.* Oxford: Oxford University Press.

Lee, Frederic S. 1998. *Post Keynesian Price Theory.* Cambridge: Cambridge University Press.

Leijonhufvud, Axel. 1968. *On Keynesian Economics and the Economics of Keynes.* New York: Oxford University Press,〔『ケインジアンの経済学とケインズの経済学——貨幣的理論の一研究』日本銀行ケインズ研究会訳、東洋経済新報社、一九七八年〕

Leijonhufvud, Axel. 1973. "Effective Demand Failures." *Swedish Journal of Economics* 75 (1): 27-48.

Leijonhufvud, Axel. 2009. "Out of the Corridor: Keynes and the Crisis." *Cambridge Journal of Economics* 33 (4): 741-757.

Lovász, László, and Michael D. Plummer. 2009. *Matching Theory*. Providence, RI: American Mathematical Society.

Malinvaud, Edmond. 1977. *The Theory of Unemployment Reconsidered.* Oxford: Blackwell.

Mankiw, N. Gregory. 1985. "Small Menu Costs and Large Business Cycles: A Macroeconomic Model of Monopoly." *The Quarterly Journal of Economics* 100 (2): 529-538.

Mankiw, N. Gregory. 2009. *Principles of Economics.* Mason, OH: South-Western Cengage Learning.〔『マンキュー入門経済学』足立英之他訳、東洋経済新報社、二〇一四年〕

Marx, Karl. 1978 [1867-94]. *Capital.* Volume 1. London : Penguin.〔『資本論』岡崎次郎訳、国民文庫、二〇〇〇年ほか〕

McCall, J. J. 1970. "Economics of Information and Job Search." *The Quarterly Journal of Economics* 84 (1): 113-126.

McCloskey, Deirdre N. 1998. *The Rhetoric of Economics.* University of Wisconsin Press; 2nd edition.

McCloskey, Deirdre N. 2002. *The Secret Sins of Economics.* Prickly Paradigm.

McCraw, Thomas K. 2007. *Prophet of Innovation: Joseph Schumpeter and Creative Destruction.* Cambridge, MA and London: Harvard University Press.〔『シュンペーター伝――革新による経済発展の預言者の生涯』八木紀一郎・田村勝省訳、一灯舎、二〇一〇年〕

McGraw, A. Peter, Jeff T. Larsen, Daniel Kahneman, and David Schkade. 2010. "Comparing Gains and Losses." *Psychological Science* 21 (10): 1438-1445.

Median. 2007. "Internethasználat otthon" [Use of Internet at home]. http://www.median.hu/object.b28bc0d6-0483-4294-b9a5-a006ce40891f.ivy

Milgrom, Paul, and John Roberts. 1992. *Economics, Organization and Management.* Englewood Cliffs, NJ: Prentice Hall.〔『組織の経済学』奥野正寛・伊藤秀史・今井晴雄・西村理・八木甫訳、NTT出版、一九九七年〕

Milward, Alan S. 1979. *War, Economy, and Society 1939-1945.* Berkeley: University of California Press.〔『両大戦におけるイギリスの経済的帰結』水上健造訳、文化書房博文社、一九九〇年〕

Morin, Norman, and John J. Stevens. 2004. "Diverging Measures of Capacity Utilization: An Explanation." Working Paper, 3-4. Federal Reserve Board, Finance and Economics Discussion Series, Washington, DC.

Mortensen, Dale T. 1986. "Job Search and Labor Market Analysis." In *Handbook of Labor Economics,* Vol. II, Edited by O. Ashenfelter and R. Layard. Amsterdam: Elsevier Science Publishers.

Mortensen, Dale T., and Christopher A. Pissarides. 1994. "Job Creation and Job Destruction in the Theory of Unemployment." *Review of Economic Studies* 61 (1): 397-415.

Nelson, Richard R., and Sidney G. Winter. 1982. *An Evolutionary Theory of Economic Change.* Cambridge, MA: Harvard University Press.〔『経済変動の進化理論』角南篤・田中辰雄・後藤晃訳、慶応義塾大学出版会、二〇〇七年〕

Neumann, John von. 1955. "The Impact of Recent Developments in Science on the Economy and on Economics." *Looking Ahead* 4 (11).

Nilsson, Ronny. 2001. "Harmonization of Business and Consumer Tendency Surveys World-Wide." Paris: OECD.

North, Douglass C. 1990. *Institutions, Institutional Change and Economic Performance.* Cambridge: Cambridge University Press.〔『制度・制度変化・経済成果』竹下公視訳、晃洋書房、一九九四年〕

North, Douglass C. 1991. "Institutions." *Journal of Economic Perspectives* 5 (1): 97-112.

Nyíri, Kristóf J. 2004. "Review of Castells, The Information Age." In *Manuel Castells,* Vol. 3, Edited by F. Webster and B. Dimitriou, 5-34. London: Sage.

OECD. 2003. "Business Tendency Surveys: A Handbook." Accessed December 12, 2010. Accessed December 14, 2011. http://www.oecd.org/dataoecd/29/61/31837055.pdf

OECD. 2009. "Responding to the Economic Crisis: Fostering Industrial Restructuring and Renewal." Accessed December 14, 2011. http://www.oecd.org/dataoecd/58/35/43387209.pdf

OECD. 2012. "Registered Unemployment and Job Vacancies." Accessed December 14, 2010. http://stats.oecd.org/Index.aspx?DataSetCode=MEI_LAB_REG1

Office for National Statistics. 2012. "Job vacancies - ONS Vacancy Survey." Accessed October 13, 2010. http://www.statistics.gov.uk/STATBASE/Product.asp?vlnk=9390

Olson, Mancur Jr. 1963. *The Economics of the Wartime Shortage.* Durham, NC: Duke

University Press.

Orsato, Renato J., and Peter Wells. 2006. "U-turn: The Rise and Demise of the Automobile Industry." *Journal of Cleaner Production* 15 (11-12): 994-1006.

Orwell, George. 1949-50. *Nineteen Eighty-Four.* New York: Penguin. 〔『一九八四年』新訳版、高橋和久訳、早川書房、二〇〇九年〕

Phelps, Edmund S. 1968. "Money-Wage Dynamics and Labor-Market Equilibrium." *Journal of Political Economy* 76 (4), Part 2: 678-711.

Phelps, Edmund S. 2008. "Understanding the Great Changes in the World: Gaining Ground and Losing Ground since World War II." In *Institutional Change and Economic Behaviour,* Edited by J. Kornai, M. László, and G. Roland. New York: Palgrave Macmillan.

Phelps, Edmund S., George C. Archibald, and Armen A. Alchian. 1970. *Microeconomic Foundations of Employment and Inflation Theory.* New York: Norton.

Piac & Profit. 2013. "Feje tetejére állt az európai piac" [The European market stood upside down]. Accessed February 16, 2013. http://www.autoblog.hu/hirek/feje-tetejere-allt-az-europai-autopiac/

Pissarides, Christopher A. 2000. *Equilibrium Unemployment Theory.* Cambridge, MA: MIT Press.

Portes, Richard, Richard E. Quandt, David Winter, and Stephen Yeo. 1987. "Macroeconomic

Planning and Disequilibrium: Estimates for Poland, 1955-1980." *Econometrica* 55 (1): 19-41.

Portes, Richard, and David Winter. 1980. "Disequilibrium Estimates for Consumption Goods Markets in Centrally Planned Economies." *Review of Economic Studies* 47 (1): 137-159.

Prékopa, András. 1995. *Stochastic Programming*. Budapest: Kluwer.

Qian, Yingyi, and Chenggang Xu. 1998. "Innovation and Bureaucracy under Soft and Hard Budget Constraints." *Review of Economic Studies* 65 (1): 151-164.

Ramey, Valerie A., and Kenneth D. West. 1999. "Inventories." In *Handbook of Macroeconomics,* Vol. 1, Edited by John B. Taylor and Michael Woodford, 863-923. Amsterdam: Elsevier.

Relman, Arnold. 2010. "Health Care: The Disquieting Truth." *New York Review of Books* 57 (14) : 45-48.

Robinson, Joan V. 1969 [1933]. *The Economics of Imperfect Competition.* London: Macmillan.〔『不完全競争の経済学』加藤泰男訳、文雅堂書店、一九五七年〕

Rogers, Everett M. 1995. *Diffusion of Innovations.* New York: The Free Press.〔『イノベーションの普及』三藤利雄訳、翔泳社、二〇〇七年〕

Rose, Richard. 2005. *Insiders and Outsiders: New Europe Barometer 2004.* (Fieldwork: October 1, 2004 - February 27, 2005.) Centre for the Study of Public Policy, University of Aberdeen, Aberdeen. http://www.abdn.ac.uk/cspp/view_item.php?id=404

Rosser, J. Barkley, Richard P. F. Holt, and David Colander, eds. 2010. *European Economics at a Crossroads.* Cheltenham: Edward Elgar.

Roth, Alvin E. 1982. "The Economics of Matching: Stability and Incentives." *Mathematics of Operations Research* 7 (4): 617-628.

Samuelson, Paul A. 1980 [1948]. *Economics.* New York and London: McGraw-Hill.〔『経済学』都留重人訳、岩波書店、一九八一年〕

Schumpeter, Joseph A. 1939. *Business Cycles.* New York and London: McGraw-Hill.〔『景気循環論』金融経済研究所・吉田昇三訳、有斐閣、二〇〇一年〕

Schumpeter, Joseph A. 1954. *History of Economic Analysis.* New York: Oxford University Press.〔『経済分析の歴史』上中下、東畑精一・福岡正夫訳、岩波書店、二〇〇五—〇六年〕

Schumpeter, Joseph A. 1968 [1912]. *The Theory of Economic Development: An Inquiry into Profits, Capital, Credit, Interest, and the Business Cycle.* Cambridge: Harvard University Press.〔『経済発展の理論』塩野谷祐一・東畑精一・中山伊知郎訳、岩波書店、一九七七年〕

Schumpeter, Joseph A. 2010 [1942]. *Capitalism, Socialism and Democracy.* Milton Park: Routledge.〔『資本主義・社会主義・民主主義』新装版、中山伊知郎・東畑精一訳、東洋経済新報社、一九九五年〕

Scitovsky, Tibor. 1985. "Pricetakers' Plenty: A Neglected Benefit of Capitalism." *Kyklos* 38 (4): 517-536.

Shane, Scott. 1994. *Dismantling Utopia: How Information Ended the Soviet Union.* Chicago:

Ivan R. Dee.

Shapiro, Carl, and Joseph E. Stiglitz. 1984. “Equilibrium Unemployment as a Worker Discipline Device.” *American Economic Review* 74 (3): 433-444.

SHARE. 2010. “Survey of Health, Ageing and Retirement in Europe.” Accessed January 16, 2010. http://www.share-project.org

Siciliani, Luigi, and Rossella Verzulli. 2009. “Waiting Times and Socioeconomic Status among Elderly Europeans: Evidence from SHARE.” *Health Economics* 18 (11): 1295-1306.

Statistikos Departamentas. 2012. “Population and Social Statistics.” Accessed December 14, 2010. http://www.stat.gov.lt/en/pages/view/?id=2326

Stiglitz, Joseph E., Amartya Sen, and Jean-Paul Fitoussi, eds. 2009. “Report by the Commission on the Measurement of Economic Performance and Social Progress.” Accessed September 28, 2012. http://www.stiglitz-sen-fitoussi.fr/documents/rapport_ anglais.pdf〔『暮らしの質を測る——経済成長率を超える幸福度指標の提案』福島清彦訳、金融財政事情研究会、二〇一二年〕

Stokes, Raymond G. 2000. *Constructing Socialism: Technology and Change in East Germany, 1945-1990.* Baltimore: Johns Hopkins University Press.

Stolyarov, Gennady. 2008. *Liberation by Internet.* Auburn, AL: Ludwig von Mises Institute. http://www.mises.org/story/3060

Szabó, Katalin. 2012. “Az invenciótól az innovációig” [From invention to innovation]. In

*Innovációs verseny. Esélyek és korlátok* [Competition in Innovation: Chances and Constraints], Edited by B. Hámori and K. Szabó, 21-46. Budapest: Aula.

Szabó, Katalin, and Balázs Hámori. 2006. *Információgazdaság: Digitsális kapitalizmus vagy új gazdasági rendszer?* [Information Richness: Digital Capitalism or New Economic System?] Budapest: Akadémiai Kiadó.

Teece, David J., Gary Pisano, and Amy Shuen. 1997. "Dynamic Capabilities and Strategic Management." *Strategic Management Journal* 18 (7): 509-533.

Thomke, Stefan. 2003. *Experimentation Matters: Unlocking the Potential of New Technologies for Innovation.* Boston, MA: Harvard Business School Press.

Timmer, John. 2009. "China to Mandate Web Filtering Software on All New PCs." Ars Technica. Accessed July 27, 2009. http://arstechnica.com/tech-policy/news/2009/06/china-to-mandate-web-filtering-software-on-all-new-pcs.ars

Toomey, John W. 2000. *Inventory Management: Principles, Concepts and Techniques.* Norwell, MA: Kluwer.

Transparency International. 2010. "The 2010 Corruption Perception Index." Accessed December 3, 2010. http://www.transparency.org/policy_research/surveys_indices/cpi/2010

United Nations Statistics Division. 2009a. "Fixed telephone lines per 100 inhabitants." Accessed December 3, 2010. http://data.un.org/Data.aspx?q=telephone&d=ITU&f=ind1Code

%3aI91

United Nations Statistics Division. 2009b. "Industrial Commodity Statistics Database (radio, television and communication equipment and apparatus)." Accessed July 16, 2009. http://data.un.org/Data.aspx?d=ICS&f=cmID%3a47220-1

U.S. Census Bureau. 2012. "Vacancy Rates for the United States: 1965 to 2010." Accessed February 15, 2010. http://www.census.gov/hhes/www/housing/hvs/qtr210/files/tabl.xls

Vahabi, Mehrdad. 2004. *The Political Economy of Destructive Power.* Cheltenham: Edward Elgar.

Vámos, T. 2009. "Social, organizational, and individual impacts of automation." In *Handbook of Automation,* Edited by Shimon Y. Nof, 71-92. New York: Springer.

van Brabant, Jozef M. 1990. "Socialist Economics: The Disequilibrium School and the Shortage Economy." *Journal of Economic Perspectives* 4 (2): 157-175.

Veblen, Thorstein B. 1898. "Why Is Economics Not an Evolutionary Science." *The Quarterly Journal of Economics* 12 (4): 373-397.

Veblen, Thorstein B. 1975 [1899]. *The Theory of the Leisure Class.* New York and London: Macmillan.〔『有閑階級の理論』増補新訂版、高哲男訳、講談社学術文庫、二〇一五年〕

WARC. 2007. "World Advertising Trends (Advertising Expenditures)." Accessed July 21, 2011. http://www.warc.com/LandingPages/Data/AdspendByCountry.ask

Webster, Frank, Raimo Blom, Erkki Karvonen, Harri Melin, Kaarle Nordenstreng, and Ensio Puoskari, eds. 2004. *The Information Society Reader.* London: Routledge.

Weitzman, Martin. 2000. "On Buyers' and Sellers' Markets under Capitalism and Socialism." In *Planning, Shortage, and Transformation,* Edited by Eric Maskin and András Simonovits, 127-140. Cambridge, MA: MIT Press.

Wikipedia. 2009a. "Google." Accessed July 23, 2009. http://en.wikipedia.org/wiki/Google

Wikipedia. 2009b. "Internet censorship." Accessed August 19, 2009. http://en.wikipedia.org/wiki/Internet_censorship

Wikipedia. 2012a: "Shortage economy." Accessed September 28, 2012. http://en.wikipedia.org/wiki/Shortage_economy

Wikipedia. 2012b. "Eastern Bloc economies." Accessed September 15, 2012. http://en.wikipedia.org/wiki/Eastern_Bloc_economies#Shortages

World Bank. 2008. *World Development Indicators.* Washington, DC: World Bank.

World Bank. 2009. *Doing Business 2009.* World Bank and the International Finance Corporation. Washington, DC: Palgrave Macmillan.

World Bank. 2010. "World Development Indicators and Global Development Finance (Gross Domestic Product per capita)." Accessed November 12, 2010. http://databank.worldbank.org/ddp/home.do?Step=2&id=4&DisplayAggregation=N&SdmxSupported=Y&CNO=2&SET

_BRANDING=YES

World Bank. 2012. *World Development Indicators.* Washington, DC: World Bank. Accessed June 25, 2012. http://databank.worldbank.org/ddp/home.do?Step=2&id=4&DisplayAggregation=N&SdmxSupported=Y&CNO=2& SET_BRANDING=YES

## ラ



## ワ



## アルファベット

# 索 引

## ア



## カ

## サ

## タ

## ナ



## ハ

## マ



## ヤ

【訳者略歴】

溝端佐登史（みぞばた　さとし）
京都大学名誉教授、立命館大学客員教授、日本学術会議会員。一九八七年京都大学大学院経済学研究科博士後期課程退学。博士（経済学）。著書に『ロシア経済・経営システム研究――ソ連邦・ロシア企業・産業分析』（法律文化社）、編著書に『国家主導資本主義の経済学』（文眞堂）など。*The Journal of Comparative Economic Studies*, *Society and Economy*, *Annals of Public and Cooperative Economics*, *Economic Systems* などに論文を多数発表。

堀林　巧（ほりばやし　たくみ）
金沢大学名誉教授。一九八一年大阪市立大学大学院経済学研究科後期博士課程退学。博士（経済学）。著書に『中東欧の資本主義と福祉システム――ポスト社会主義からどこへ』（旬報社）、『自由市場資本主義の再形成と動揺――現代比較社会経済分析』（世界思想社）など。*The Journal of Comparative Economic Studies*、『比較経済体制研究』、『ロシア・東欧研究』、『海外社会保障研究』などに論文を多数発表。二〇一八年一月他界。

林　裕明（はやし　ひろあき）

立命館大学経済学部教授。二〇〇一年京都大学大学院経済学研究科博士後期課程退学。博士（経済学）。著書に『ロシア社会の体制転換——階層構造の変化に着目して』（国際書院）、論文に“State Capitalism in Russia,” in Mike Wright et al. eds, *The Oxford Handbook of State Capitalism and the Firm*, Oxford University Press, 2022, “Market transition without an accompanying industrial revolution: A reexamination,” *Annals of Corporate Governance*, Vol. 4, No. 3, 2019（ともに共著）など。

里上三保子（さとがみ　みほこ）
創価大学経営学部准教授。二〇一四年京都大学大学院経済学研究科博士後期課程退学。博士（経済学）。論文に“Changes in the Female Labour Market in German New Länder,” *The Journal of Comparative Economic Studies*, Vol.6, 2011、「ドイツ統一コストの再検討——旧東独地域における社会的コストの観点から」『ロシア・東欧研究』47号など。

KODANSHA

本書の原本は、二〇一六年にＮＴＴ出版より刊行されました。文庫化にあたり、訳文を改訂しました。

コルナイ・ヤーノシュ（Kornai János）
1928年生まれ。ハンガリー科学アカデミー会員，ハーヴァード大学およびコルヴィヌス大学名誉教授。2021年逝去。「不足の経済学」などの新たな概念を提起した。『コルナイ・ヤーノシュ自伝』など邦訳著書多数。
http://www.kornai-janos.hu/

講談社学術文庫

定価はカバーに表示してあります。

資本主義《しほんしゅぎ》の本質《ほんしつ》について
イノベーションと余剰経済《よじょうけいざい》

コルナイ・ヤーノシュ
溝端佐登史《みぞばたさとし》・堀林《ほりばやし》 巧《たくみ》・林《はやし》 裕明《ひろあき》・里上三保子《さとがみみほこ》 訳

2023年５月11日　第１刷発行
2023年10月６日　第２刷発行

発行者　髙橋明男
発行所　株式会社講談社
東京都文京区音羽 2-12-21 〒112-8001
電話　編集（03）5395-3512
販売（03）5395-5817
業務（03）5395-3615
装　幀　蟹江征治
印　刷　株式会社広済堂ネクスト
製　本　株式会社国宝社
本文データ制作　講談社デジタル製作

Printed in Japan



ISBN978-4-06-530784-7

# 「講談社学術文庫」の刊行に当たって

これは、学術をポケットに入れることをモットーとして生まれた文庫である。学術は少年の心を養い、成年の心を満たす。その学術がポケットにはいる形で、万人のものになることは、生涯教育をうたう現代の理想である。

こうした考え方は、学術を巨大な城のように見る世間の常識に反するかもしれない。また、一部の人たちからは、学術の権威をおとすものと非難されるかもしれない。しかし、それはいずれも学術の新しい在り方を解しないものといわざるをえない。

学術は、まず魔術への挑戦から始まった。やがて、いわゆる常識をつぎつぎに改めていった。学術の権威は、幾百年、幾千年にわたる、苦しい戦いの成果である。こうしてきずきあげられた城が、一見して近づきがたいものにうつるのは、そのためである。しかし、学術の権威を、その形の上だけで判断してはならない。その生成のあとをかえりみれば、その根は常に人々の生活の中にあった。学術が大きな力たりうるのはそのためであって、生活をはなれた学術は、どこにもない。

開かれた社会といわれる現代にとって、これはまったく自明である。生活と学術との間に、もし距離があるとすれば、何をおいてもこれを埋めねばならない。もしこの距離が形の上の迷信からきているとすれば、その迷信をうち破らねばならぬ。

学術文庫は、内外の迷信を打破し、学術のために新しい天地をひらく意図をもって生まれた。文庫という小さい形と、学術という壮大な城とが、完全に両立するためには、なおいくらかの時を必要とするであろう。しかし、学術をポケットにした社会が、人間の生活にとってより豊かな社会であることは、たしかである。そうした社会の実現のために、文庫の世界に新しいジャンルを加えることができれば幸いである。

一九七六年六月

野間省一

## 政治・経済・社会

511
# 社会主義
マックス・ウェーバー著／濱島《はましま》　朗《あきら》訳・解説

歴史は合理化の過程であるというウェーバーは、マルクスの所有理論に基づく資本主義批判に対して、支配の社会学が欠如していることを指摘し、社会主義の歴史的宿命は官僚制の強大化であると批判する。

730
# スモール イズ ビューティフル
人間中心の経済学
E・F・シューマッハー著／小島慶三・酒井　懋《つとむ》訳

一九七三年、著者が本書で警告した石油危機はたちまち現実のものとなった。現代の物質至上主義と科学技術の巨大信仰を痛撃しながら、体制を超えた産業社会の病根を抉った、予言に満ちた知的革新の名著。

873・874
# 社会分業論（上）（下）
E・デュルケム著／井伊玄太郎訳

機械的連帯から有機的連帯へ。個人と社会との関係において分業の果たす役割を解明し、幸福の増進と分業との相関をふまえ分業の病理を探る。闘争なき人類社会への道を展望するフランス社会学理論の歴史的名著。

1122
# 世界経済史
中村勝己著

ギリシア・ローマの古代から中世を経て近代に至る東西の経済発達史を解説。とくに資本主義の成立とその後の危機を掘り下げ、激変する世界経済の行方を示す好著。経済の歩みで辿る人類の歴史―刮目の経済史。

1130
# 昭和恐慌と経済政策
中村隆英著

経済史の泰斗が大不況の真相を具体的に解明。金輸出解禁をきっかけに勃発した昭和恐慌。その背景には井上準之助蔵相の緊縮財政と政党間の対立抗争があった。平成不況の実像をも歴史的に分析した刮目の書。

1207
# 経済史の理論
J・R・ヒックス著／新保　博・渡辺文夫訳

古代ギリシアの都市国家を分析し、慣習による非市場経済から商人経済が誕生した背景を証明。その後の市場経済の発展と、現代の計画経済との並立を論述した名著。理論経済学の泰斗が説いた独自の経済史論。

## 政治・経済・社会

1280

**アダム・スミス**　自由主義とは何か

水田　洋著

自由主義経済の父A・スミスの思想と生涯。英国の資本主義勃興期に「見えざる手」による導きを唱え、経済学の始祖となったA・スミス。その人生と主著『国富論』や『道徳感情論』誕生の背景と思想に迫る。

1425

**スモール　イズ　ビューティフル再論**

E・F・シューマッハー著／酒井　懋《つとむ》訳

人間中心の経済学を唱えた著者独特の随筆集。ベストセラー『スモール　イズ　ビューティフル』以後に雑誌に発表された論文をまとめたもの。人類にとって本当の幸福とは何かを考察し、物質主義を徹底批判する。

1440

**恋愛と贅沢と資本主義**

ヴェルナー・ゾンバルト著／金森誠也訳

資本主義はいかなる要因で成立・発展したか。著者はかつてM・ウェーバーと並び称された経済史家。「贅沢こそが資本主義の生みの親の一人であり、人々を贅沢へと向かわせたのは女性」と断じたユニークな論考。

1465

**プラトンの呪縛**

佐々木　毅著

理想国家の提唱者か、全体主義の擁護者か。西欧思想の定立者・プラトンをめぐる論戦を通して、二十世紀の哲学と政治思想の潮流を検証し、現代社会に警鐘を鳴らす注目作。和辻哲郎文化賞、読者論壇賞受賞。

1604

**現代政治学入門**

バーナード・クリック著／添谷育志・金田耕一訳（解説・藤原帰一）

「政治不在」の時代に追究する、政治の根源。政治は何をなしうるか。我々は政治に何をなしうるか。そして政治とは何か。現代社会の基本教養・政治学の最良の入門書として英国で定評を得る一冊、待望の文庫化。

1689

**君主論**

ニッコロ・マキアヴェッリ著／佐々木　毅全訳注

大文字版

近代政治学の名著を平易に全訳した大文字版。乱世のルネサンス期、フィレンツェの外交官として活躍したマキアヴェッリ。その代表作『君主論』を第一人者が全訳し、権力の獲得と維持、喪失の原因を探る。

## 政治・経済・社会

1700
**経済学の歴史**
根井雅弘著

スミス以降、経済学を築いた人と思想の全貌。創始者のケネー、スミスからマルクスを経てケインズ、シュンペーター、ガルブレイスに至る十二人の経済学者の生涯と理論を解説。珠玉の思想と哲学を発掘する力作。

電P

1930
**比較制度分析序説**
経済システムの進化と多元性
青木昌彦著

普遍的な経済システムはありえない。アメリカ型モデルはどう進化していくか。日本はどう「変革」すべきか。制度や企業組織の多元性から経済利益を生み出すための「多様性の経済学」を、第一人者が解説する。

電

1935
**世界大恐慌**
1929年に何がおこったか
秋元英一著（解説・林　敏彦）

一九二九年、ニューヨーク株式市場の大暴落から始まった世界的大恐慌。株価は七分の一に下落、銀行倒産六千件、失業者一千万人。難解な専門用語や数式を用いず、庶民の目に映った米国の経済破綻と混乱を再現。

電P

1956
**タテ社会の力学**
中根千枝著

不朽の日本人論『タテ社会の人間関係』で「タテ社会」というモデルを提示した著者が、全人格的参加、無差別平等主義、儀礼的序列、とりまきの構造等の事例から日本社会のネットワークを描き出した社会学の名著。

電P

1965
**シチリア・マフィアの世界**
藤澤房俊著（解説・武谷なおみ）

名誉、沈黙、民衆運動、ファシズム……。大土地所有制下、十八世紀に台頭した農村ブルジョア層は、暴力と脅迫でイタリア近・現代政治を支配した。過酷な風土と圧政が育んだ謎の組織の誕生と発展の歴史を辿る。

電P

1997
**戦争と資本主義**
ヴェルナー・ゾンバルト著／金森誠也訳

軍需による財政拡大は資本形成を促し、武器の近代化は産業の成長をもたらす。戦争なくして資本主義はなかった——。近代軍隊の発生から十八世紀末にかけて、戦争が育んだ資本主義経済の実像を鋭く論究する。

電P

## 西洋の古典

2090
**国家と革命**
レーニン著／角田安正訳（解説・白井　聡）
世界を震撼させたロシア十月革命の指導者による革命権力マニフェスト。代議制の欺瞞を暴き立て、直接民主主義の徹底を訴えてあらゆる妥協論を弾劾する。原則を忘れたい我々をおびやかす、歴史的挑発の書。
電P

2091
**権力と支配**
マックス・ウェーバー著／濱嶋　朗訳（解説・橋本　努）
希望はカリスマを生む。だがそれは日常化する――。支配する側よりも、服従する側の動機、正当性のタイプから「支配」の本質に迫るスリリングな論考。官僚制化の必然を感じ取らせる、社会科学の必読入門書。
電P

2098
**生命の劇場**
J・v・ユクスキュル著／入江重吉・寺井俊正訳
ダーウィニズムと機械論的自然観に覆われていた二〇世紀初頭、人間中心の世界観を退けて、著者が提唱した「環世界」とは何か。その後の動物行動学や哲学、生命論に影響を及ぼした、今も新鮮な生物学の古典。
電P

2100
**雇用、利子、お金の一般理論**
ジョン・メイナード・ケインズ著／山形浩生訳
なぜ市場は機能しなくなることがあるのか。この問いに正面から挑み、ついにマクロ経済学を誕生させた、この社会科学史上の偉業を正確かつ明快な訳文で。クルーグマンの序文とヒックスの関連重要論文も収録。
電

2161
**カント「視霊者の夢」**
金森誠也訳（解説・三浦雅士）
霊界は空想家がでっち上げた楽園である――。同時代の神秘思想家スヴェーデンボリの「視霊現象」を徹底検証し、哲学者として人間の「霊魂」に対する見解を示す。『純粋理性批判』へのステップとなった重要著作。
電P

2176
**道徳感情論**
アダム・スミス著／高　哲男訳
『国富論』に並ぶスミスの必読書が、読みやすい訳文で登場！「共感」をもベースに、個人の心に「義務」「道徳」が確立される、新しい社会と人間のあり方を探り、「調和ある社会の原動力」を解明した必読書！
電P

《講談社学術文庫　既刊より》